Diogenes Taschenbuch 21602

Henry Slesar

Das Morden ist des Mörders Lust

Geschichten
Aus dem Amerikanischen von
Barbara Rojahn-Deyk und
Jobst-Christian Rojahn

Diogenes

Copyright © 1988 by Henry Slesar
Umschlagzeichnung von
Tomi Ungerer

Walter Wrobel

Deutsche Erstausgabe

Alle deutschen Rechte vorbehalten
Copyright © 1988 by
Diogenes Verlag AG Zürich
80/89/36/2
ISBN 3 257 21602 5

Inhalt

Die Voodoo-Puppe 7
Voodoo Doll – $ 1.98

Ein Kuß für den Sieger 17
A Kiss for the Conqueror

Der Job 24
The Job

Ein Akt der Barmherzigkeit 35
Act of Mercy

Weint um die Schuldigen 42
Weep for the Guilty

Das Geburtstagsgeschenk 80
The Birthday Present

Dons Baby 93
The Saturday Man

Ein volles Programm 103
Heavy Schedule

Ein Glied in der Kette 110
The Traveling Couch

Ehen werden in Detroit geschlossen 127
Marriages Are Made in Detroit

Die besondere Gabe der Iris Lloyd 136
The Girl Who Found Things

Tödliche Eifersucht 169
The Man With the Green Eyes

Die Läuterung des Salvadore Ross 176
The Self-Improvement of Salvadore Ross

Verabredung auf Zimmer 806   192
  Appointment in 806

Eine neue Antwort   199
  Another Answer

Es wird euch leid tun, wenn ich tot bin   211
  You'll be Sorry When I'm Dead

Die Voodoo-Puppe

Amalie war den ganzen Abend vollauf damit beschäftigt, die Männer im Arbeitszimmer mit kochendheißem Kaffee zu versorgen, wobei sie geheimnisvolle jamaikische Flüche vor sich hin murmelte. Claire Pfeifer wußte, daß ihre Hausangestellte am glücklichsten war, wenn sie über die Demütigungen ihrer Stellung schimpfen konnte, und kümmerte sich folglich gar nicht darum. Sie steckte nur um halb zwölf den Kopf ins Arbeitszimmer, um ihren Mann und dessen Partner daran zu erinnern, daß die Kaffeequelle nicht unerschöpflich war.

Bill Pfeifer antwortete ihr nicht einmal, aber Joey Krantz blickte auf, sein jungenhaftes Gesicht voller Schuldbewußtsein, und entschuldigte sich, daß er jedermann wachhielt. Mrs. Pfeifer brachte Joey abwinkend zum Schweigen. Sie war an diese nächtlichen Konferenzen gewöhnt; seit Gründung der Firma für Spielwaren und Geschenkartikel hatte es schon viele von ihnen gegeben. Bill meinte, dies sei der Preis, wenn man für sich selbst arbeitete, man könne sich nicht mehr an die geregelte Arbeitszeit eines Arbeitnehmers halten. Es störte sie nicht wirklich. Die Luft knisterte, wenn die beiden sich über einem neuen Projekt in Begeisterung redeten. Eine solche Atmosphäre hatte niemals geherrscht, als Bill seine Brötchen noch als Vertreter für Spielwaren verdient hatte. Und außerdem brachte das Geschäft etwas ein. Das konnte sie schon an ihrem Kleiderschrank ablesen. Lächelnd lief Claire die Treppe hinauf, um im Kinderzimmer einen letzten mütterlichen Blick auf Poppys Engelsgesichtchen zu werfen.

Joey Krantz im Arbeitszimmer lächelte nicht. Er schüttelte störrisch den Kopf.

»Du mit deiner Phantasie«, sagte er bitter. »Wäre es nicht an der Zeit, die Phantasie mal ruhen zu lassen und einen *vernünftigen* Artikel rauszubringen?«

»Was ist los mit dir?« Sein Partner fuhr sich mit den Fingern durch sein glattes Haar. Er war acht Jahre älter als Joey, aber manchmal tat Joey, als wäre er neunzig. »Sag mir mal, wie wir aus den Startlöchern gekommen wären ohne diese Phantasie? Ohne das Spukhaus wären wir einfach nur ein unbedeutender Spielzeugladen unter vielen, das solltest du doch ganz genau wissen. Und diese Masche ist *besser*, Joey, das fühle ich hier.« Er schlug sich auf seine breite Brust.

»Und ich fühle es dort«, sagte Joey, auf seine Brieftasche klopfend. »All diese makabren Gags laufen sich doch schnell tot. Wir brauchen etwas Solides. Kriegsspielzeug. Vielleicht ein paar gute Spiele.«

»Du verkalkst allmählich. Zwei Jahre im Geschäft und du wirst konservativ.«

»Aber diese Idee ist nicht bloß *makaber*, sie ist schlichtweg pervers.« Er nahm den großen weißen Bogen hoch, auf dem Bill Pfeifer seine Bleistiftskizze gemacht hatte. »Eine Voodoo-Puppe, heiliger Strohsack! Was für ein Irrer soll denn so was kaufen?«

»Der gleiche Irre, der das Spukhaus gekauft hat«, sagte Bill geduldig. »All die Irren, die jährlich eine Million Dollar für geschmacklose Glückwunschkarten und solches Zeug ausgeben. Aber du verstehst nicht, worum es geht, Joey. Das soll kein fabrikmäßig hergestellter Schund werden, zum Teufel. Wir würden wahrscheinlich kein Gros davon verkaufen, wenn wir sie in Syracuse, New York, herstellen ließen. Dies hier werden *echte* Voodoo-Puppen sein, made in Haiti.«

»Ich dachte, euer Mädchen käme aus Jamaika?«

»Amalie? Tut sie auch, aber sie weiß ebenso darüber Bescheid. Sie nennen es dort Obeah, aber es dreht sich um die gleiche Sache.«

Joey grunzte. »Jetzt holen wir uns unsere Ideen schon von Dienstmädchen. Mann, muß es uns schlecht gehen!«

»Die Idee ist von mir. Zwar haben mich Amalies Geschichten darauf gebracht, aber die Idee ist von mir.« Er griff nach seiner Kaffeetasse und leerte sie in drei großen Schlucken. »Paß auf«, sagte er, »ich habe schon geprüft, ob es möglich ist, daß Crosby die Puppen für uns herstellen läßt. Sie machen eine Menge Geschäfte mit Haiti, importieren hauptsächlich für Frankreich. Die Eingeborenen können die Puppen praktisch für Pfennige herstellen, und die sind dann so echt, wie man es sich nur wünschen kann.«

»Ich dachte, diese Puppen müßten aussehen wie das Opfer?«

»Nicht unbedingt. Ich meine, wenn wir jetzt in die technischen Details gehen wollen, sie sollten etwas Haar und ein paar abgeschnittene Nägel von dem Typen enthalten, den man verhexen will. Aber zum Teufel auch, Joey, es ist doch bloß ein Gag. Wir können ihnen ja einen Zettel mit Instruktionen beigeben, irgendwas Komisches, du weißt schon. Und dann können wir den ganzen Klimbim für einen Dollar achtundneunzig verkaufen. Ist dir klar, was für einen Profit wir selbst nach allen Abzügen bei einem Preis von einem Dollar achtundneunzig machen können?«

Joey Krantz sah noch immer zweifelnd drein, aber im Grunde seines Herzens war er ein Buchhalter. Er rieb sein Kinn, kratzte sich im Nacken und trank schließlich seinen Kaffee aus. Als er seine Tasse niedersetzte, wußte Bill, daß er ihn gewonnen hatte.

»Die ganze Geschichte ist mir äußerst unheimlich, wenn du es genau wissen willst. Aber wenn du so scharf darauf bist, dann werde ich halt mitmachen.«

»Jetzt bist du wieder ganz der Alte«, sagte Bill vergnügt.

Es war halb zwei durch, als er geräuschlos ins Schlafzimmer schlüpfte. Als er die Decke zurückschlug, murmelte Claire etwas, und er streichelte ihre Schulter. Sie brachte mit energischen Faustschlägen ihr Kopfkissen in Form und sagte: »Poppy möchte ein neues Lamm haben.«

»Hm?«

»Sie möchte, daß du ihr morgen ein neues Lamm mitbringst. Das andere hat sie zerbrochen. Das mit der Spieluhr.«

Er lachte leise. »Ich weiß wirklich nicht, warum ich diesem Kind überhaupt etwas mitbringe. Wir sollten sie in unserer Testabteilung einsetzen.«

»Ist Joey nach Hause gegangen oder übernachtet er hier?«

»Er ist nach Hause gegangen.«

»Wir sollten Joey verheiraten«, sagte sie behaglich, ihr Kopfkissen umarmend. »Ich glaube nicht, daß er glücklich ist, so als Junggeselle.«

»Ich werde ihm ausrichten, daß er unglücklich ist.«

»Er verdient doch jetzt genug Geld. Warum heiratet er nicht diese Stillwell?«

»Weiß nicht. Nehme an, sie hat ihn noch nicht gefragt.«

»Ach du ... du Spielwarenhersteller.«

Er küßte sie aufs Ohr. »Dafür, weil du so nett bist. Und weil du Amalie eingestellt hast.«

»Wie?«

»Gute Nacht«, sagte Bill Pfeifer zufrieden.

Am nächsten Morgen verstellte er Amalie in der Küche den Weg und fragte sie. Sie schüttelte den Kopf und rollte in übertriebener Angst die Augen, aber Bill wußte, daß sie willens war. »Ihr könnt sie beschaffen, Amalie«, sagte er zuversichtlich. »Sag deinem Freund, daß ich ihm zehn – nein, fünfzehn Dollar für die Puppe zahle.«

»Mein Freund ist ganz komisch, Mr. Pfeifer.«

»Also, sagen wir fünfundzwanzig.«

»Oh, so meine ich nicht komisch. Ich meine, er hat Prinzipien. Er will nicht, daß Leute mit Sachen rumspielen, die sie nicht verstehen.«

»Also sag deinem Freund, daß ich niemanden verhexen will. Ich möchte einfach nur eine Puppe haben. Dir vertraut er doch, nicht wahr?«

Amalie kicherte, und Bill tätschelte ihren fetten Arm.

Joey war bereits im Büro und in fröhlicher Stimmung. Zuerst dachte Bill, die erfreulichen Ergebnisse auf seiner Rechenmaschine wären die Ursache, aber am späteren Vormittag erfuhr er den wirklichen Grund. Joey war in der vergangenen Nacht nicht direkt nach Hause gefahren, sondern hatte Sally Stillwell noch einen späten Besuch abgestattet, in dessen Verlauf er ihr plötzlich einen Heiratsantrag gemacht hatte. Bill gratulierte ihm, bestand darauf, ihn zum Essen einzuladen, und rief Claire an, um ihr die gute Nachricht mitzuteilen. Seine Frau brach in Tränen aus, und er fand, daß er die Frauen nie verstehen würde – zumindest nicht Claire.

Es blieb ein so vollkommener Tag, denn Amalie hatte bei ihrem Freund Erfolg gehabt und zog nun den Prototyp hervor, den Bill hatte haben wollen. Er gab einen Freudenjodler von sich, als sie ihm die sorgfältig in Zeitungspapier eingewickelte Puppe übergab. Sie war nicht besonders eindrucksvoll, aber gerade ihre Primitivität ließ sie authentisch aussehen. Sie war ungefähr zwanzig Zentimeter lang und aus dunkelblauem Stoff gefertigt. Mit dickem, farbigem Garn waren die Umrisse von Gesicht und Händen eingestickt. Es war nur eine Stoffpuppe, aber sie war fremdartig genug, um Bill davon zu überzeugen, daß man sie als das akzeptieren würde, was sie war. Natürlich müßte sie noch ein ›Made in Haiti‹-Etikett tragen und eine Echtheitsgarantie. Er fragte sich schon, ob ein Dollar achtundneunzig nicht zu wenig war.

Um neun kam Joey Krantz und brachte Sally mit. Claire und die zukünftige Braut lagen sich eine Zeitlang weinend in den Armen und gingen dann in die Küche, um Stammesgeheimnisse auszutauschen. Bill drängte Joey ins Arbeitszimmer und holte die Puppe hervor. Joeys Gesichtsausdruck war merkwürdig.

»Stimmt was nicht?« fragte Bill.

»Ich weiß nicht.« Er schürzte die Lippen. »Ich mag das Ding einfach nicht, das ist alles.«

»Sie ist echt...«

»Das bestreite ich ja nicht. Bloß kriege ich bei ihrem Anblick eine Gänsehaut. Bei solchen Sachen immer.«

Bill lachte unsicher. »He, du glaubst doch nicht wirklich an diesen Quatsch, oder?«

»Nein, natürlich nicht.«

»Also?«

»Ich bin mir nicht sicher, was ich fühle. Ich für mein Teil glaube nicht daran. Aber wer bin ich schon? Ich bin in meinem ganzen Leben nicht aus New York rausgekommen, vier Wochen in Fort Benning ausgenommen. Was weiß ich über Voodoo-Puppen? Was sollte mir das Recht geben zu sagen, sie funktionierten nicht?«

Sein Partner lachte. »Also wirklich, das ist eine neue Platte. Ich wußte ja, daß du auf die Sache nicht scharf bist, aber nicht, daß so was dahinterstecken könnte.«

»Okay, ich hab ne Meise, ich kann's nicht ändern.«

»Nein, nein, ich verstehe dich schon, Joey. Ich meine, ich kann deine Gefühle respektieren. Ich bin ja auch kein Experte in Sachen Aberglaube. Ich halte das alles zwar für Käse, aber hast du mich schon mal gesehen, wenn ich Salz verschütte? In Null Komma nix über die Schulter damit. Bloß um alles in der Welt, eine Voodoo-Puppe...«

»Würdest du mir einen einzigen Gefallen tun?« sagte Joey plötzlich. »Es wird verrückt klingen.«

»Sag's schon.«

»Laß uns das verdammte Ding ausprobieren.«

»Was?«

»Wir probieren es aus. Gleich jetzt.«

»Wie meinst du das, ausprobieren?«

»Ich stelle mich zur Verfügung. Ich gebe dir ein paar abgeschnittene Fingernägel und etwas Haar, und du stopfst das alles in die verdammte Stoffpuppe, und dann sehen wir, was passiert.«

»Hast du den Verstand verloren?«

»Okay, ich habe den Verstand verloren.« Joey runzelte die

Stirn. »Nur um mich zu vergewissern, stelle ich mich freiwillig zur Verfügung. Wir machen eine richtige Voodoo-Puppe daraus, und du steckst eine kleine Nadel rein. Wenn ich dann nicht au sage, wird mir bei dem ganzen Projekt wohler sein.«

Bill sah ihn eine Weile an, als versuchte er herauszufinden, wie ernst es ihm sei. Als sich Joeys Gesichtsausdruck nicht veränderte, zuckte er mit den Achseln und ging zu seinem Schreibtisch. In der Tiefe der Schublade fand er eine kleine Schere und brachte sie seinem Partner. Ernsthaft schnitt Joey ein wenig von den Nägeln seiner linken Hand ab und dann eine kleine Strähne seines blonden Haars. Bill untersuchte die Puppe einen Augenblick lang und zerteilte dann den blauen Stoff auf der Vorderseite, um an die Füllung zu kommen. Er stopfte das Haar und die Fingernägel hinein und zog den Stoff ringsherum wieder straff.

»Okay«, sagte er. »Und was nun?«

»Hast du eine Nadel?«

Bill suchte herum, aber auf seinem vollgehäuften Schreibtisch fand sich alles, bloß keine Nadel. Schließlich war er gezwungen, die im Flüsterton abgehaltene Konferenz in der Küche zu unterbrechen und Claire um eine Nadel zu bitten. Ohne sich in ihrem Satz zu unterbrechen, zog sie eine aus ihrer Schürze heraus und gab sie ihm. Er ging mit ihr ins Arbeitszimmer zurück, wo Joey noch genauso in seinem Sessel saß wie vorher.

Bill nahm die Puppe in die linke Hand. »Wohin willst du sie haben?« fragte er leichthin.

»Ins Bein. Und mach's um Gottes willen vorsichtig; mir wird schon ganz anders, wenn ich bloß dran denke.«

Bill nahm die Nadel und berührte mit ihrer Spitze langsam und vorsichtig das Stoffbein der Puppe.

Joey atmete hörbar ein.

»Du hast es gespürt?« stieß Bill hervor.

Joey rieb sein rechtes Bein. »Nein«, sagte er mit hochgezogener Augenbraue. »Nicht das geringste.«

Bill seufzte erleichtert und fing dann an zu lachen. »Junge, einen Augenblick lang...«

»Probieren wir's noch mal. Stich diesmal richtig zu.«

Bill tat, was er sollte, und beobachtete dabei das Gesicht seines Partners. Als Joey keine Reaktion zeigte, wurde er kühner und stach die Puppe in die rechte Schulter. Immer noch nichts. Schließlich durchstach er ihren Stoffleib.

»Mann«, sagte Joey, »komm ich mir blöd vor.« Dann lachte er laut. Bill fiel in sein Lachen ein, und sie hörten erst auf, als die Frauen, neugierig geworden, ins Arbeitszimmer kamen und wissen wollten, was ihnen entgangen sei.

Der nächste Tag war ein Sonnabend, aber trotz Claires umfangreicher Liste mit häuslichen Jobs, die sie die Woche über für ihn aufgespart hatte, verbrachte Bill den gesamten Nachmittag an seinem Zeichenbrett und entwarf die Pläne für eine Serie Kriegsspielzeug. Claire gab es schließlich auf und nahm Amalie mit zum Supermarkt. Zwei Stunden später kamen sie mit einer nicht enden wollenden Reihe von Einkaufstüten zurück. Ihre geräuschvolle Geschäftigkeit bildete einen angenehmen Hintergrund für seine Arbeit. Um sechs kam Amalie ins Arbeitszimmer und fragte ihn, ob er Kaffee wolle. Er lächelte und sagte ja, dann rief er sie zurück.

»Sag mal, Amalie«, fragte er, »bist du ganz sicher, daß dich dein Freund da nicht behumpst hat?«

»Wie meinen Sie das, Mr. Pfeifer?«

Er erzählte ihr von dem Experiment, aber Amalie schien nicht weiter beunruhigt zu sein.

»Das war was anderes«, sagte sie.

»Was anderes? Wieso?«

»Na, Sie waren eben nicht der Richtige, Mr. Pfeifer, das ist das ganze Geheimnis. Obeah, das funktioniert bei Ihnen nicht.«

»Was stimmt denn mit mir nicht?« fragte Bill. »Ich bin über einundzwanzig.«

»Vielleicht liegt's daran, Mr. Pfeifer. Ich meine, die Leute, die Obeah machen, die haben alle nicht diese erwachsenen Gedanken, die Sie haben. Verstehen Sie, was ich meine? Sie sind zu...« Sie gestikulierte hilflos mit ihren dicken Fingern.

»Intellektuell? Oder vielleicht ist zynisch das richtige Wort?«

»Ganz wie Sie meinen, Mr. Pfeifer.« Sie seufzte und trat einen Schritt zurück ins Wohnzimmer. »Wollen Sie bloß ne Tasse, oder soll ich eine Kanne voll machen?«

»Mach eine Kanne voll«, sagte Bill fröhlich. »Mr. Krantz wird in einer Viertelstunde hier sein.«

»Dann mach ich lieber zwei Kannen«, brummelte Amalie.

Es war eine gute Vorhersage gewesen; Joey kam genau zum genannten Zeitpunkt und beglückte Bill durch seinen immer größer werdenden Enthusiasmus angesichts seiner militärischen Entwürfe. Bill begeisterte sich seit seiner Kindheit für alles Militärische und kannte sich in Waffen aus. Der Stoß Zeichnungen bestand aus rund dreißig Blättern, und Joey wollte sie sich alle ansehen. Während er also im Sessel sitzend, eine Kanne Kaffee auf dem Fußboden neben sich, zurückblieb, ging Bill in die Küche, um nachzusehen, was Claire machte. Er fand sie in ernstem Gespräch mit dem Mädchen, und Amalie verließ den Raum, als Bill eintrat. »Amalie hat mir gerade von der Voodoo-Puppe erzählt«, sagte sie. »Ich wußte nicht einmal, daß dein neues Spielzeug so was ist.«

»Doch, das ist eine Voodoo-Puppe«, meinte er lächelnd und küßte sie auf die Wange. »Und zwar eine völlig echte. Sag mal, wo ist das Ding überhaupt?«

»Ich hab sie heute morgen im Arbeitszimmer gefunden und mich gefragt, was das ist.«

»Hast du sie dagelassen? Auf meinem Schreibtisch war sie nicht.«

»Nein, Poppy hing mir den ganzen Morgen am Schürzenzipfel und wurde ganz aufgeregt, als sie die Puppe sah. Was kann man dazu noch sagen? Du bringst ihr die teuersten Puppen mit, aber nein, es muß so ein kleines Stoffding sein! Wir sollten wirklich nicht unser Geld zum Fenster rauswerfen. Sie macht das gute Spielzeug doch bloß kaputt.«

»Poppy?« sagte Bill. »Poppy hat die Puppe?«

»Aber ja, sie spielt schon den ganzen Tag damit. Durfte sie das nicht?«

»Poppy hat sie?« wiederholte Bill mit seltsamer Stimme. Seine Füße und Hände wurden eiskalt. Er drehte sich um und blieb vor der Türöffnung stehen, so als wisse er nicht, was er zuerst tun solle. Dann ging er zurück ins Wohnzimmer. Claire folgte ihm auf den Fersen.

»Wieso soll sie das denn nicht? Was ist denn los, Bill?«

Er blieb am Fuß der Treppe stehen und blickte hinauf. Dann beschloß er, ins Arbeitszimmer zurückzugehen. Er öffnete die Tür. Joeys Hände hielten noch immer die Zeichnungen, und sein Körper hing noch immer lässig im Sessel. Das war das Schlimmste daran, das Grauenhafteste. Aber vielleicht genauso entsetzlich war die Tatsache, daß sein junges Gesicht noch immer diesen eifrigen, angespannten Ausdruck trug, dort auf dem Teppich, wo der Kopf lag, halbwegs zwischen Tür und Sessel.

Ein Kuß für den Sieger

»Heute nacht oder nie«, sagte Bolgar.

Er duckte sich, um sein Gesicht in der Spiegelscherbe sehen zu können, die an der Barackenwand hing. Es war ein schmales und hungriges Gesicht; die Höhlungen in den mageren Wangen wurden nur durch einen drei Tage alten Stoppelbart verdeckt.

Er konnte im Spiegel das hämische Grinsen von Sergeant Pulley sehen.

»Du glaubst, ich mache Scherze?« Bolgar strich mit seinen Handflächen das lange schwarze Haar hinter seine Ohren. Es gab nur wenige Kämme auf der Welt.

»Ich meine, du bist verrückt«, sagte Pulley von seinem Bett her. Er trug ein zerschlissenes T-Shirt. Der Orden mit seinem schreienden, grünlich verkrusteten Adler sah, so an seine Brust geheftet, lächerlich aus. Aber Pulley würde sich niemals von ihm trennen.

»Wir werden sehen«, sagte Bolgar finster. »Kann ich mal deinen Rasierer benutzen?«

Pulley zuckte mit den Achseln. »Einmal mehr, was macht das schon noch aus. Ich würde tausend Gutscheine für ein ordentliches Messer und einen Streichriemen geben.«

»Da kannste lange drauf warten«, sagte Bolgar. Er zog sich seine metallisch-graue Uniformjacke aus und warf sie aufs Bett. Dann ging er zu dem braun gefleckten Ausguß und drehte den einzig funktionierenden Wasserhahn auf. Das herauströpfelnde eiskalte Wasser hatte eine kupferne Färbung.

»Ionenpistole«, sagte er knapp.

Pulley zog das Ding aus dem Hüfthalter und warf es seinem Stubengefährten zu.

Bolgar richtete die Pistole auf das Wasser, bis es klar war.

»Rasierer«, sagte er.

Pulley warf ihm auch den zu. Das Metall war so widerlich grün wie die ewige Medaille des Mannes. Bolgar besah ihn sich angeekelt, wobei er mit dem Daumen über die Klinge fuhr, ohne sich die Haut zu ritzen.

»Könnte man nicht mal Schweineschmalz mit schneiden«, sagte er mit verächtlichem Schnauben. Dennoch begann er mit der schmerzhaften Prozedur des Rasierens.

Pulley sah ihm fasziniert zu. »Dich hat es aber schlimm erwischt«, sagte er verwundert. »Dieses Risiko einzugehen – bloß wegen einem lausigen Kuß. Was ist denn an dem Weibstück so Aufregendes dran?«

»Ich kann's nicht erklären. Sie sieht verdammt gut aus – aber das ist es nicht allein. Ich habe sie beobachtet, wie sie rumstolziert und dabei ihren kleinen...« Er schnitt sich und fluchte. »Ich bin mal stehengeblieben, um mit ihr zu reden. Es war da was in ihrem Gesicht... dasselbe, was du in *allen* ihren Gesichtern sehen kannst...«

»Jaha«, sagte Pulley bitter. »Ich kenne diesen Blick.«

»Wirklich?« Der andere drehte sich um. »Was siehst *du* darin? Haß?«

»Ja, was denn sonst?«

»Nein.« Bolgar schüttelte den Kopf und betrachtete sich verstimmt in der Glasscherbe. »Es ist nicht mehr Haß, Pulley. Der Haß ist schon vor langer Zeit in ihnen abgestorben – direkt nach dem Krieg, direkt nach der Verseuchung...«

»Sie hassen uns«, stellte Pulley kategorisch fest.

»Das glaube ich nicht. Ich glaube, daß das jetzt etwas anderes ist. Etwas Schlimmeres.« Er begann wieder, sich zu rasieren. »Verachtung«, sagte er.

Pulley ballte seine rechte Hand zur Faust und schlug sich damit aufs Knie. »Wir hätten sie alle totmachen sollen. Wir hätten sie auslöschen sollen!«

»Ich bat sie um ein Streichholz«, sagte Bolgar verträumt. »Bloß ein lumpiges Streichholz. Sie starrte mich an, als wär ich irgend so eine Art Mikrobe. Dann wickelte sie sich ihr verdammtes Cape ums Gesicht, als wollte sie verhindern, daß mein Atem sie streift.« Seine wachsende Wut ließ seine Hand zittern; er schnitt sich ein zweites Mal.

»Du willst sie also küssen, was?« spöttelte Pulley. »Warum erwürgst du das Mädel nicht? Warum schlägst du sie nicht zusammen? Oder fehlt dir dazu der Mumm?«

Bolgar richtete seinen Zorn auf ihn. »Nehmen Sie sich in acht, Sergeant!«

»Jetzt muß der Dienstgrad ran, was?« Das war der reinste Hohn.

»Halt's Maul!«

Pulley schwang seine in Stiefel steckenden Füße aufs Bett. »Okay, Kumpel.« Er lachte vor sich hin. »Mach, was du willst. Du kriegst eh die gleichen Schwierigkeiten... ob du sie nun küßt oder killst...«

»Ich werde sie küssen«, sagte Bolgar einfach, sich das Gesicht mit einem schmutzigen Tuch abtupfend. »Ich werde ihr beim Kasino auflauern. Sie kommt jeden Abend gegen zehn aus der Unterkunft in der Barton Street. Sie geht dann quer über den Platz zur Pitcher Street. Es ist ganz schön einsam da, um die Zeit. Ich werde vorspringen und...«

»Operation Kuß.« Pulley lachte und spielte mit dem Orden auf seiner Brust. »Der letzte Sieg des Krieges...«

Bolgar zog sich seine Uniformjacke an. Das ungebleichte Tuch war schäbig und abgetragen, aber die Knöpfe waren noch immer strahlend blank. Die Insignien der 505. Armee – eine eiserne Hand, die ein paar gezackte Blitze umklammerte – funkelten metallisch. Auch er hatte Orden, und sie klirrten, als er die Jacke bis hinauf zu dem engen Kragen zuknöpfte. Wenigstens wurden seine Medaillen da getragen, wo sie hingehörten, dachte er.

»Wau!« sagte Pulley spöttisch. »Sie sehen schick aus, Lieutenant.«

»Wo ist mein Schiffchen?«

»Am Haken, hinter dir.«

Bolgar setzte das Schiffchen auf und rückte es zurecht. Er trat vom Spiegel zurück, um zu prüfen, ob es richtig saß.

»Wunderhübsch!« sagte Pulley.

»Nun mach mal ne Pause. Wie spät ist es?«

»Zwanzig vor zehn. Du gehst besser. Deine Freundin wartet.«

»Ich gehe«, sagte Bolgar und streifte sich seine Uhr übers Handgelenk. Klirrend schritt er auf die Tür zu, wandte sich aber noch einmal um, bevor er hinausging. »Dieser Raum stinkt. Wir müßten ihn irgendwann einmal saubermachen.«

»Klar«, sagte Pulley faul. Er warf sich auf dem durchgelegenen Bettgestell herum und wandte sein Gesicht der Wand zu. »Einen netten Abend wünsch ich, Lieutenant.« Sein Kichern ging in ein Gähnen über.

Das Gelände war so verlassen, wie Bolgar es vorausgesehen hatte.

Er ging im Geschwindschritt auf das Kasino zu, wobei er hoffte, daß ihn niemand beobachtete, und bedauerte, daß er dieses Bündel Orden an der Uniform baumeln hatte. Er wußte, daß diese Zeichen des Kampfes offiziell mißbilligt wurden; zugleich aber wußte er auch, daß es eine zusätzliche Befriedigung bedeuten würde, diese harten Stücke aus Messing und Eisen gegen die wogende Brust des Mädchens zu pressen...

Als er Schritte hörte, verbarg er sich schnell hinter einem Gebäude.

Zwei Frauen gingen an ihm vorbei. Sie unterhielten sich leise, und ihre Röcke raschelten in der Stille der Nacht.

Er hielt den Atem an, bis sie fort waren, und schoß dann aus seinem Versteck hervor, um seinem Ziel noch schneller zuzustreben.

Das Kasino war keine hundert Meter von dem Drahtzaun entfernt, der die Sicherheitsgrenze bildete. Selbst von seinem augenblicklichen Standort aus konnte er das rot beschriftete

Schild erkennen, das Sieger und Besiegte gleichermaßen vor dem Betreten des strahlenverseuchten Gebiets warnte.

Bolgar fiel plötzlich ein, daß er seine Ionenpistole vergessen hatte. Der Gedanke bekümmerte ihn aber kaum, hatte er doch Wichtigeres zu bedenken.

Es war schon eine merkwürdige Rache, auf die er aus war.

Das Kasino bildete einen undeutlichen schwarzen Schatten. Seine Front war den baufälligen Hütten zugewandt, die sich über eine Strecke von fünfhundert Metern aneinanderreihten. Das waren *ihre* Unterkünfte; schmutziger, häßlicher und weit weniger gut ausgestattet als die Kasernen, um dem grausamen Wetter standzuhalten; irgendwie aber sahen sie auch wärmer, freundlicher und glücklicher aus. Er haßte ihren Anblick.

Er tauchte in die alles verhüllende Dunkelheit hinter dem Kasino ein, einen flüchtigen Blick auf das beleuchtete Zifferblatt seiner Uhr werfend. Seine nächtliche Wache begann.

In wenigen Minuten würde *sie* erscheinen.

Die Zeit verging nur langsam.

Dann sah er sie. Sie verabschiedete sich leise von den Leuten, mit denen sie Abend für Abend zusammen war. Jetzt war es Zeit zu gehen – eine halbe Stunde vor dem Zapfenstreich.

Er sah, wie sie mit jener den Frauen von alters her eigenen Bewegung ihren Umhang über den Kopf zog.

Dann ging sie eilig von der Hütte weg über den Platz, und ihre niedrigen Absätze rutschten immer wieder auf dem lockeren Kiesbelag.

Der Mond schien, und sein mildes Licht auf ihrem Gesicht betonte sanft die traurige Schönheit ihrer Züge.

Als sie sich etwa zwanzig Meter entfernt hatte, ging Bolgar ihr nach.

Er ging auf Zehenspitzen.

Sie hörte ihn nicht, bis es zu spät war.

Seine Hand schoß hervor und riß das Cape von ihren Schultern zu Boden. Einen Arm schlang er um ihre Taille, mit der freien rechten Hand fuhr er zu ihrem Gesicht.

Aber sie wehrte sich und trat kräftig mit dem Fuß nach ihm.
»Nur einen Kuß, Baby!«
Er beugte sich lachend über sie und ersetzte die auf ihre Lippen gepreßte Hand durch seinen eigenen, hungrigen Mund.

Sein Kuß war von einer Wildheit, die Liebe oder sexuelle Begierde weit hinter sich ließ. Er glich einem Schlag, einem vernichtenden Angriff, einem Bombardement der Gefühle.

»Du ... du *Tier*!« rief sie aus.
»Hör mich an ...«
»Hilfe!« schrie sie.
»Nein, du verstehst nicht ...«
»Hör auf!« rief sie.

Er drehte sich um, außer sich über die Geräusche, die sich in seinem Rücken erhoben. Er sah die Gestalten, die auf sie zukamen.

Als die Hände ihn ergriffen, wurde er schlaff und still und ließ sich widerstandslos abführen.

Das Tribunal erhob schnell Anklage.

Die Wachen, ihre Gewehre fest gegen die Brust gedrückt, betrachteten ihn weder mit Haß noch mit Feindseligkeit.

Die Richter waren weniger leidenschaftslos.

»Lieutenant Bolgar?«
Er starrte über ihre Köpfe hinweg.
»Janice Damon?«
Das Mädchen trat vor, noch immer schluchzend.
»Ja ...« sagte sie. »Das ist er. Er hat mich beobachtet. Ich weiß es. Ich habe ihn da bei den Unterkünften herumlungern sehen.«

Die Frau in der seidenen Uniform blickte ernst drein.

»Ihnen sind viele Privilegien zugestanden worden, Lieutenant«, sagte sie scharf. »Aber es hat den Anschein, als wenn *Männer*« – sie sprach das Wort mit Widerwillen aus – »ihre Privilegien stets ausnützen müßten. Haben Sie etwas zu sagen?«

Er schüttelte den Kopf.

»Es ist Gier, wissen Sie«, sagte die Frau vertraulich. Die

anderen Frauen des Tribunals nickten zustimmend. »Gier ist der Untergang *aller* Männer. Wie viele Kriege müßt ihr noch verlieren, bis ihr das kapiert habt?«

Er sagte nichts.

»Schickt ihn in die Zuchtstation«, sagte die Frau gleichgültig. »Er wird für seinen Kuß bezahlen.«

Sie sah das Mädchen voller Mitgefühl an.

»Dein Lippenstift ist verschmiert, Schätzchen.«

Der Job

Chris hatte es kommen sehen. Er kannte dieses väterliche Leuchten in Professor Danes Augen. Und kaum hatte die Glocke den anderen ihre Freiheit geschlagen, da deutete Dane auch schon mit dem Bleistift auf ihn und sagte: »Ach, Chris, würdest du bitte nach dem Unterricht einen Augenblick hierbleiben?« Chris nickte mürrisch, zerrte an dem Riemen um seine Bücher und streckte die Beine in den Gang aus.

Dane raschelte noch ein wenig mit irgendwelchen Papieren, ehe er zur Sache kam. Demokratisch begab er sich auf Chris' Ebene, indem er zu ihm nach hinten kam und sich mit übergeschlagenen Beinen auf einem Tisch in seiner Nähe niederließ.

»Vielleicht weißt du schon, was läuft«, lächelte er. Dane war für einen außerordentlichen Professor noch jung, aber seine Versuche, mit Chris in der Sprache der Achtzehnjährigen zu sprechen, wirkten auf den Jungen peinlich.

»Ich nehme an, mein alter Herr hat Sie angerufen«, sagte Chris bedrückt. »Er hält nicht gern Vorlesungen, er findet, das ist Ihr Job.«

»Ich will dir keine Vorlesung und auch keine Standpauke halten, ich will einfach nur mit dir reden.«

»Hören Sie, Professor, ich bin mit ein paar von den Jungs verabredet...«

»Was für Jungs, Chris?«

Dieser stieß die Luft aus. »Okay«, sagte er, »mit Nickie Cooke und seinem Bruder. Haben Sie was dagegen?«

»Das weißt du ganz genau.« Dane beugte sich zu ihm vor. »Chris, ich mache mir Sorgen um dich. Ich frage mich, was du nach dem Unterricht treibst mit deinen Spezis da. Ich kenne Nickie Cooke, ich war an dem Tag auf dem Campus, als er Professor Wald niederschlug und vom College geschmissen wurde. Auch seinen Bruder Hal kenne ich. Der ging mit fünfzehn von der High-School ab. Seine weitere Erziehung verdankt er dem staatlichen Landerziehungsheim für jugendliche Straftäter. Ist das die Art von Gesellschaft, in der du dich wohlfühlst?«

»Es sind meine Freunde.«

Dane seufzte. »Was ist mit dir im letzten Jahr passiert, Chris? Im ersten Semester warst du der vielversprechendste Student von allen. Kannst du dich noch an unsere Gespräche erinnern? Übers Unterrichten?«

»Ich erinnere mich«, sagte dieser mürrisch.

»Damals dachtest du, der Lehrberuf wäre der tollste Beruf auf der ganzen Welt. Du warst bereit, hart zu arbeiten, um dann auf die Pädagogische Hochschule zu gehen. Du hattest das Zeug dazu, und du hast es noch immer.«

»Aber jetzt bin ich nicht mehr daran interessiert, Professor. So einfach ist das.«

»Was hat dich denn dazu gebracht, deine Meinung zu ändern? War es dein alter Herr?«

Chris schnaubte. »Mein *Vater* hat nichts damit zu tun. Der kann doch kaum bis drei zählen.«

»Ich meine, weil er seinen Job verloren hat. Es muß um die Zeit gewesen sein, als deine Mutter wieder zu arbeiten begann, daß du anfingst, mit Cooke rumzulaufen. War das die Ursache?«

»Vielleicht. Oder vielleicht hatte ich einfach die Nase davon voll, dauernd nur hinter Büchern zu hocken. Vielleicht wollte ich mal was vom Leben haben.« Er war fest entschlossen, sich auf keine Auseinandersetzung einzulassen, aber irgend etwas kochte in ihm hoch. »Hören Sie, Professor, erzählen Sie mir nicht diesen Schmarren, von wegen wie wundervoll dieser Beruf ist. Was ist denn so wundervoll an hundertzwanzig Eiern die Woche, können Sie mir das sagen?«

Dane fuhr zurück wie vor einem Schlag. »Ach, so ist das. Unterrichten bringt dir nicht genug ein.«

»Einhundertzwanzig Dollar«, sagte Chris mit beißendem Spott. »Und wie viele Jahre mußten Sie arbeiten, um die zu kriegen? Zehn, fünfzehn? Ich bin bloß klüger geworden, Professor, das ist alles.«

»Klüger nennst du das?« Dane faltete seine Hände wie im Gebet. »Chris, hör mir zu. Du hast recht, was das Geld anbetrifft. Soll ich ehrlich sein? Die Bezahlung ist miserabel. Wenn ich hätte reich werden wollen, wäre ich bestimmt nicht Lehrer geworden. Du findest, deiner Familie geht es schlecht? Ich habe vier Kinder mit großen Mägen und eine Frau, die seit sechs Jahren keinen neuen Wintermantel mehr bekommen hat. Die unbezahlten Rechnungen stapeln sich bis zur Decke. Ich tue, was ich kann, aber es ist nicht leicht...«

»Dann verstehen Sie also?« sagte Chris. »Sie verstehen, was ich meine?«

»Nein«, sagte Dane bestimmt. »Ich verstehe dich nicht. Wenn du unterrichten willst, dann wirst du auch unterrichten. Wenn das Gehalt so gekürzt wird, daß es nur noch für Brot und Margarine reicht, wirst du trotzdem unterrichten, Chris, oder du bist es nicht wert, vor einer Klasse zu stehen. Aber wir können noch etwas tun...«

»Was?«

»Wir können hoffen, mein Lieber. Man denkt über das Problem nach. Die Leute bilden Komitees, machen sich in den gesetzgebenden Körperschaften bemerkbar. Vielleicht bekomme ich im nächsten Jahr sogar eine Gehaltserhöhung. Und bis du soweit bist, wer weiß? Du könntest dann sogar mehr als ein Fernfahrer verdienen.«

»Vielleicht«, sagte Chris, »und vielleicht nicht.«

»Glaubst du, Nickie Cooke kann dir helfen? Glaubst du, du erreichst irgend etwas, wenn du dich mit Rowdies rumtreibst?«

»War das alles, was Sie mir zu sagen hatten, Professor?«

Dane stand auf, legte die Hände auf den Rücken und sagte: »Das ist alles, Chris.«

Nickie und sein Bruder Hal balgten sich am Bordstein, als Chris zu ihnen stieß. Hal war größer, vierschrötiger, aber Nickie, der drahtiger war, hatte Hal einen Arm auf den Rücken gedreht und langte nach den Schlüsseln in seiner anderen Hand.

»Gib sie her«, sagte Nickie. »Los, du Blödmann, rück schon die Schlüssel raus.«

»Du hast mir versprochen, ich könnte fahren«, greinte Hal. »Du hast es versprochen, Nickie.« Er sah Chris hoffnungsvoll an. »He, Chris, hat er mir nicht versprochen, ich könnte fahren?«

Chris sah die alte Klapperkiste an, die da ohne Motorhaube an der Bordkante stand, und trat gegen einen der abgefahrenen Reifen. »Das ist doch völlig wurscht«, sagte er und warf seine Bücher auf den Rücksitz. »Wir haben ja sowieso kein Benzin.«

»Das denkst du«, grinste Nickie. »Der Tank ist voll, und das hier hab ich noch übrig.« Er zog einen Fünfer aus der Tasche.

»He!« sagte Hal mit großen Augen. »Wo hast du denn das her, Mann?«

»Gib mir die Schlüssel, und ich sag's dir.«

Hal händigte sie ihm aus, und Nickie kletterte hinters Steuer. Chris setzte sich neben ihn, und Hal ging nach hinten. Die Zündung tat's noch, wenn auch schwächlich, und der Motor keuchte, hustete, sprang jedoch nicht an.

»Der ist im Eimer«, sagte Nick fluchend. »Ich hab die Kontakte saubergemacht und alles, aber es hilft nicht.«

»Fahr ihn zum Schrottplatz«, sagte Chris, »vielleicht kriegst du noch 'n Appel und 'n Ei dafür.«

»Wenn wir fünfzig Dollar hätten«, sagte Hal träumerisch. »Mann, wenn wir fünfzig Mäuse hätten, da steht ein neunundvierziger Olds in Berrys Schuppen. Er sagt, er würde ihn für fünfzig rausrücken. Ist ne schnuckelige Karre.«

»Klar«, sagte Nick. »Wenn wir fünfzig hätten. Hast du ne

Ahnung, was ich machen mußte, um an die fünf hier ranzukommen? Ich hab die Nähmaschine meiner alten Dame verkauft.«

Chris versuchte, gleichgültig dreinzuschauen. »Du hast sie ihr geklaut?«

»Ich hab sie nicht geklaut, ich hab sie verkauft, wie sie mir gesagt hat. Siebenundzwanzig hab ich gekriegt, und zwanzig hab ich ihr gegeben. Kommission, verstehst du?« Er gluckste vor Vergnügen, als der Motor doch noch ansprang. »Auf geht's, Leute!«

Als es acht Uhr war, hatten sie die fünf Dollar bereits ausgegeben. Bei einer Raststätte hatten sie angehalten und doppelte Hamburger gegessen und dazu Bier getrunken. Dann hatte Nickie etwas Kleingeld in den Musikautomaten gesteckt, und sie hatten am Fenster gestanden und gewartet, ob nicht ein paar rumziehende Mädchen vorbeikämen. Als niemand aufkreuzte, fütterten sie ein Tisch-Bowling mit Zehncentstücken und begleiteten ihre Spiele mit Johlen und Hohngelächter. Um acht Uhr dreißig brachen sie auf, Nick fuhr.

»Fahr'n wir einfach so rum«, sagte er. »Versuchen wir, 'n paar Weiber aufzureißen, eh's zu spät wird.«

»Ich darf nicht zu spät nach Hause kommen«, meinte Chris unruhig. »Ich hab's meinem Alten versprochen.«

»Wassen los, Pauker?« Hal grinste spöttisch. »Mußt wohl noch lernen?«

Plötzlich gab das alte Vehikel ein paar Explosionsgeräusche von sich und dann den Geist auf. Nickie fluchte und stieg aus. Er beugte sich über den Motor und verbrannte sich die Hand an dem heißen Metall. Vor Wut brüllend, trat er gegen den Kotflügel, wodurch sich dessen Schrauben noch weiter lockerten. »Dieser verdammte Schrotthaufen!« schrie er. »Wir müssen uns einen fahrbaren Untersatz beschaffen, aber einen ordentlichen.«

Sie kriegten das Auto wieder in Gang, aber da war es schon neun. Um jetzt noch jemand aufzugabeln, war es zu spät. Es war praktisch für alles zu spät in diesem ruhigen Nest. Ihre Stimmung war auf dem Nullpunkt.

Schließlich fuhr Nickie rechts ran und drehte sich zu den anderen beiden um. »Hört mal«, sagte er angespannt, »wir haben letzte Woche darüber geredet – 's wär an der Zeit, daß mal was passiert. Wollen wir das Ding heute abend drehn, was meint ihr?«

»Was für'n Ding?« fragte Chris.

»He, Mann, haste das schon vergessen? Weißte nich mehr, worüber wir geredet haben?«

»Ich war blau an dem Abend...«

»Aber heute abend sind wir alle nüchtern«, sagte Nickie grob, »also sollten wir's machen. Fünfzig Mäuse kriegten wir doch so.« Er schnipste mit den Fingern. »Und vielleicht auch mehr.«

»Du hast doch ne Meise«, sagte Chris. »Du kannst doch nich 'n Laden überfallen, wenn du keine Kanone hast.«

Nickie sah seinen Bruder an, und Hal kicherte. Nickie sagte: »Wie kommst du auf die Idee, daß wir keine Ausrüstung haben?« Er nickte Hal zu, der sich sportlich vom Rücksitz schwang und zum Kofferraum ging. Als er zurückkam, hielt er eine abgesägte Schrotflinte in den Händen. Überrascht sah Chris von ihr zu Nickie.

»Wo hast du denn das Ding her?«

»Gehört meinem Pa. Aber der geht nich mehr auf die Jagd, also hab ich sie abgesägt und ne richtige Kanone draus gemacht.«

»Ta-ta-ta-ta-ta«, machte Hal und führte sie wie ein Maschinengewehr. »Wen legen wir um, Nickie, hm? Wie wär's mit diesem Pizzafritzen?«

»Zu voll da«, sagte sein Bruder und beobachtete dabei Chris' Gesicht. »Was is los, Kumpel, du siehst nich glücklich aus.«

»Ich weiß nicht, ob ich was damit zu tun haben möchte...«

»Na komm schon, Pauker«, spottete Hal, »'s wird ein Kinderspiel. Du kannst ja das Fluchtauto fahrn.« Er lachte unbändig. Die Vorstellung erregte ihn plötzlich, und er hielt die Waffe fest an sich gedrückt.

»Dann könnten wir morgen den Olds kaufen«, sagte Nickie. »Wir können dann endlich mal richtig leben. Los, Mann, sei kein Feigling. Ich weiß auch schon, wo . . .«

»Wo?«

Nickie lächelte. »Da, wo ich heut morgen getankt hab. Marvies Tankstelle, direkt am Stadtrand. Nachts ha'm sie da bloß einen Typ an der Zapfsäule, und wir sind drei.«

»Und sie hier«, sagte Hal, die Schrotflinte streichelnd, »vergiß die hier nich, Nickie.«

»Bist du dabei?«

Chris biß die Zähne zusammen.

»Okay, gehn wir.«

Am Tag war Marvies Tankstelle nicht anzusehen: eine verwitterte Baracke, die man mit einer falschen Backsteinfassade und einem Panoramafenster ›modernisiert‹ hatte. Bei Nacht jedoch, wenn nur eine schwache Birne das Büro und die Zapfsäulen beleuchtete, war sie fast schmuck.

Als sie sich ihr von der Kreuzung kommend auf der Route 17 näherten, konnten sie schwach die einsame Gestalt des Tankwarts in seiner weißen Uniform ausmachen. Chris, der am Steuer saß, knirschte mit den Zähnen. Sein Fuß auf dem Gaspedal war eiskalt.

»Langsam jetzt«, warnte Nickie.

Chris fuhr den Wagen zur ersten Zapfsäule. Die Reifen holperten über das Signalkabel auf dem Zementboden, und im Büro klingelte eine Glocke.

»Der Typ kommt nich raus«, sagte Hal.

»Dann holen wir ihn uns drinnen«, antwortete Nickie.

Er sah seinen Bruder an, und Hal versteckte die abgesägte Schrotflinte unter seiner Lederjacke, deren Reißverschluß er bis oben zuzog. »Du wartest hier, Chris«, befahl Nickie. »Und laß den Motor laufen.«

»Was ist, wenn er mich im Stich läßt?« sagte Chris nervös. »Mir gefällt das nicht, Nickie...«

»Du hast die Hosen voll«, sagte Nickie verächtlich. Dann schlug er Hal auf die Schulter, und die beiden kletterten aus dem Auto und marschierten auf das Büro zu.

Chris konnte die Stimme des Tankwarts hinter der Tür hören. »Komme gleich, Jungs.«

»Keine Eile«, antwortete Nickie, »wir möchten bloß die Toilette benutzen.«

Sie gingen hinein.

Chris wurde von Minute zu Minute kälter, das Lenkrad in seinen Händen fühlte sich wie Eis an. Er wußte, daß es nur die Nerven waren, aber das machte es nicht besser. Er zitterte und blies sich auf die Finger und wünschte sich Gott weiß wohin. Aus irgendeinem Grund mußte er auf einmal an das College denken und an den warmen, überheizten Unterrichtsraum.

Er versuchte herauszubekommen, was drinnen vor sich ging, aber in seinem Gesichtsfeld bewegte sich nichts. Dann sah er Hal zum Coca-Cola-Automaten hinübergehen. Der Tankwart stapelte Ölkanister auf. Wo war Nickie?

Dann sah er ihn. Er kam aus einer Seitentür und ging zu Hal hinüber. Sie unterhielten sich einen Augenblick an dem Getränkeautomaten; Hal trank einen Schluck, ließ die Flasche in eine Kiste fallen und langte dann nach dem Reißverschluß seiner Jacke.

Da passierte etwas Verrücktes – Chris hörte sich schreien. Er schrie laut, ohne Worte, wußte nicht einmal, ob es ein Warnschrei sei. Er sprang aus dem Auto und rannte auf die Tankstelle zu, er sah den Tankwart vor Überraschung zusammenzucken, sah ihn herumfahren, gerade als Hal die Waffe hervorzog. Als Chris die Tür erreichte, war der Wärter zu Boden gesunken, vom Gewehrkolben getroffen, sein Gesicht auf dem Zementboden.

»Du Ratte!« schrie ihn Nickie an. »Was fällt dir denn ein!«

»Du hast ihn umgebracht!« sagte Chris mit einem Blick auf

die daliegende Gestalt. »Du hast den Burschen umgebracht...«

Der Tankwart stöhnte, und seine Hand bewegte sich. Hal blubberte etwas, und Nickie boxte ihn auf den Arm.

»Die Kasse! Hol die Kasse!«

Hal ging zur Kasse und öffnete sie mit einem Faustschlag. Gierig, mit beiden massigen Händen schaufelte er das Geld heraus, die Münzen zuerst. Sein Gesicht wurde lang vor Enttäuschung. »Teufel, hier sind bloß zwölf Dollar, Nickie, bloß zwölf.«

»Nimm sie!« rief Nickie. »Nimm sie und dann nichts wie weg! Du kommst mit«, sagte er und schubste Chris vor sich her.

Chris sah sich noch einmal nach dem Tankwart um, der versuchte aufzustehen. Dann rannten sie zum Auto. Der Motor bockte und beschwerte sich, als Nickie den Gang einlegte, aber dann waren sie unterwegs.

»Zwölf Dollar«, meuterte Hal, »zwölf lausige Dollar. Dafür kriegen wir doch nicht den Olds, Nickie.«

»Besser als gar nichts.« Er sah Chris voller Verachtung an. »Wenigstens wissen wir jetzt, wer auf unserer Seite ist, oder?«

»Du hättest den Mann nicht niederschlagen sollen. Das war die Sache nicht wert.«

»Hast du vor, Ärger zu machen?«

Chris sackte in sich zusammen. »Ich mach keinen Ärger«, sagte er mürrisch.

Chris brauchte keinen Ärger zu machen, er hatte ihn schon. Gerade als er am nächsten Morgen aus dem Haus kam, unterwegs zum College, blockierten zwei Männer seinen Weg. Er kannte ihren offiziellen Status, auch wenn sie keine Dienstabzeichen oder Uniformen trugen, und er war froh, daß sein Vater nicht sah, was geschah.

»Bin ich verhaftet?«

»Noch nicht«, sagte einer von ihnen. »Aber wir möchten

uns mit dir auf dem Revier unterhalten. Mit dir und ein paar anderen.«

Die anderen waren Nickie und sein Bruder. Hal hatte soviel Angst, daß er bloß wimmerte, aber Nickies Augen waren trocken und seine Lippen fest zusammengepreßt.

Man ließ sie eine halbe Stunde warten, bis ein Lieutenant namens Summers Zeit für sie hatte. Er war ein großer, weißhaariger Mann mit einer lässigen Art.

»Schön, Jungs«, sagte er salopp, »wir wissen, was ihr gestern abend angestellt habt, also raus mit der Geschichte.«

»Wir ham gar nichts gemacht«, sagte Nickie ausdruckslos. »Wir ham keine Ahnung, wovon Sie reden, nich, Leute?«

Hal stotterte etwas, das eine Zustimmung sein sollte, und Summers runzelte die Stirn.

»Ich hatte gedacht, es ginge auch so«, sagte er. Dann zog er eine Kladde aus der Tasche und fing an vorzulesen. »Gegen neun Uhr fünfundvierzig steuertet ihr auf der Route 17 Marvies Tankstelle an, in einem neununddreißiger Plymouth, Kennzeichen J 50013. Du«, sagte er, auf Chris zeigend, »hast am Steuer gesessen, als deine Kumpels hineingingen. Ihr schlugt den Tankwart mit dem Kolben einer Schrotflinte nieder. Dann nahmt ihr zwölf Dollar und siebzig Cent aus der Kasse und verschwandet.« Er klappte das Buch zu. »Und ehe ihr anfangt zu leugnen, Jungs, will ich euch noch eins sagen: ihr seid hundertprozentig identifiziert worden.«

»Der Tankwart«, sagte Chris behutsam, »ist der okay?«

Summers nickte. »Der ist okay. Er hat zwar Kopfschmerzen, aber er ist soweit in Form, daß er euch Rowdies dahin schicken kann, wohin ihr gehört.« Der Lieutenant wandte sich an einen wartenden Polizisten. »Bringen Sie ihn herein, Slim. Damit die Jungs ihr Opfer kennenlernen.«

Der Polizist brauchte nicht lange. Der Mann, den er mitbrachte, sah müde aus, und sein Hinterkopf war kreuzweise bandagiert.

»Das ist der, von dem ich Ihnen erzählt habe«, sagte Professor Dane, auf Chris deutend. »Er hat versucht, die anderen aufzuhalten, hat versucht, mich vor ihrem Angriff zu warnen.«

»Sind Sie da ganz sicher, Professor?«

»Ganz sicher«, sagte Dane und sah Chris direkt in die verwirrten Augen. »Ich kenne den Jungen, der würde so etwas nie tun. Er wird einmal Lehrer werden, glaube ich.« Dane berührte seinen verbundenen Kopf und lächelte. »Selbst wenn er sich einen Nachtjob suchen muß, wie zum Beispiel Autos auftanken. Sagen Sie, Lieutenant, gibt's hier irgendwo ein Aspirin?«

Ein Akt der Barmherzigkeit

Whit Skinner trank nicht, nicht ernsthaft. Stand eine Leiter gegen das Gebäude in der Madison Avenue gelehnt, in dem er arbeitete, ging er darunter hindurch. Fakten lagen ihm mehr als Flüge der Phantasie, und er glaubte nicht an Gespenster. Diese Seiten seiner Persönlichkeit leisteten ihm in seinem Beruf (er war Redakteur eines Nachrichtenmagazins) gute Dienste, aber sie halfen ihm überhaupt nicht, als ihn das Gefühl beschlich, ständig von einem Taxi verfolgt zu werden.

Es war nicht das einzige Taxi in der unmittelbaren Umgebung seines Büros. In der Nähe des Eingangs gab es einen Taxistand, und die leuchtend bunten Fahrzeuge kamen fortwährend herangeflitzt oder brausten davon. Aber nach ein paar Tagen fing er an, es wiederzuerkennen. Es sah aus wie all die anderen Taxis, aber wenn man nach Unterschieden Ausschau hielt, konnte man sie entdecken. Die Windschutzscheibe war immer trübe. Der rechte Scheinwerfer stand auf leicht verwegene Weise schief, und die eine hintere Tür zeigte einen V-förmigen Kratzer.

Whit selbst sah aus wie so viele der gescheiten jungen Männer, die man auf den Straßen der Innenstadt antreffen konnte, bis man nach Unterschieden Ausschau hielt. Seine eigenen Windschutzscheiben von Bausch & Lomb waren immer spiegelblank, so daß man dahinter deutlich die freundlichen blauen Augen erkennen konnte. Er trug den üblichen grauen Anzug, es sei denn, der erste wirkliche Frühlingstag beflügelte ihn, sich in einen Anzug zu werfen, den man wirklich nur als grün bezeichnen konnte. Er bereute das auch immer sehr schnell. Seine Oberfläche zeigte keine sichtbaren Kratzer, aber er neigte zu einer nervösen Grimasse, die wie ein Lächeln aussah, was ihm den Ruf eintrug, ein ungewöhnlich netter Mensch zu sein.

Eines Tages erzählte er einer Kollegin namens Janet über einem seiner seltenen Feierabend-Martinis von seinem Problem.

»Dieses Taxi«, sagte er, »es sieht so aus, als ob es mir hinterherfährt.«

»Ja, und?« sagte Janet, während sie ihn mit aufgestützten Ellenbogen seelenvoll anstarrte und sich fragte, wie er wohl seinen Morgenkaffee mochte.

»Ja, ich kann's nicht verstehen. Dasselbe Taxi, jeden Tag.«

»Was Sie brauchen«, sagte Janet weise, »ist zur Abwechslung mal eine ordentliche, selbstgekochte Mahlzeit.«

»Was hat das denn damit zu tun?« fragte Whit.

Als er die Bar verließ und in den linden Abend hinaustrat, hatte er plötzlich Lust, zu Fuß nach Hause zu gehen. Er wohnte nur acht Häuserblocks vom Büro entfernt. Aber als er die Ecke 84./Lexington Avenue erreichte, bemerkte er, daß mit ihm zusammen ein Auto um die Ecke bog. Er brauchte nicht zweimal hinzusehen, um zu wissen, daß es dasselbe allgegenwärtige Taxi war, das ihn seit Tagen verfolgte.

Whit Skinner wußte, daß der Augenblick der Wahrheit gekommen war. Er hob die Hand. Das Taxi machte einen scharfen Schwenk und kam vor ihm zum Stehen wie ein eifriger junger Hund.

»He, hören Sie mal zu«, sagte er zu dem Fahrer.

»Steigen Sie ein«, war die Antwort.

»Aber ich will mit Ihnen reden.«

»Ich red nur, wenn der Zähler läuft.«

Whit zog eine Grimasse, öffnete die Tür und stieg ein. Das Auto schoß in östlicher Richtung davon und fuhr immer weiter. Er warf einen Blick auf das in Plastik eingeschweißte Namensschild und las: VINCENT G. FUNDELLO, 988597. Im Rückspiegel konnte er Fundellos grobgeschnittenes, dunkeläugiges, blauwangiges, südländisches Gesicht sehen.

»Jetzt hören Sie mal zu«, sagte Whit streng. »Damit hier

Klarheit herrscht – ich weiß ganz genau, daß Sie mir gefolgt sind. Und ich möchte wissen, warum.«

»Gleich, Mister, gleich«, sagte der Fahrer heiser.

Inzwischen waren sie schon ein gutes Stück über die 54. Straße hinaus, und Whit begriff, daß er nicht nach Hause gefahren wurde. Seine scharfen Einwände blieben unbeantwortet. Panikartig kam ihm der Gedanke an Entführung. Schließlich und endlich hatte er ein gutes Einkommen und, da er unverheiratet war, ganz respektable Rücklagen. Jedesmal, wenn sie sich einer Verkehrsampel näherten, hoffte er auf Rot, aber Fundello schaffte es mit Geschick, vorher durchzukommen.

Schließlich mußte er doch auf der 85. Straße anhalten, und Whit stürzte sich auf den Türgriff. Fundello fuhr herum und ließ mit einem gewaltigen Fluch seine Hand auf den Verriegelungsknopf fallen. Dann sprang die Ampel um, und er fuhr an.

Whit lehnte sich mit einem Seufzer in die Polster zurück. »Bitte, würden Sie mir endlich sagen, was das alles soll?«

»Wenn wir an der 100. Straße vorbei sind«, sagte der Taxifahrer grimmig. »Wenn Sie keinen Ärger mehr machen, dann sag ich's Ihnen.«

Whit wartete. Als sie die 100. Straße überquerten, erinnerte er den Fahrer an sein Versprechen, und Fundello sagte:

»Okay. Ich weiß, es ist ziemlich beschissen von mir, Ihnen so durch die ganze Stadt nachzufahrn. Aber wenn Sie hörn warum, halten Sie mich vielleicht nich für son schlechten Kerl. Es ist von wegen meiner Schwester.«

»Ihrer Schwester?«

»Ja, Carla. Sehn Sie, meine Schwester Carla, die is vor ungefähr acht Monaten von Sizilien rübergekommen, 'n wirklich schönes Mädchen, wie Hedy Lamarr im Gesicht und wie Marilyn Monroe überall sonst. Nu würde man doch denken, son nettes, hübsches Mädchen, das wär auch glücklich, nich? Und das war Carla zuerst auch, sogar als sie in dieser lausigen

Knopffabrik in der Seventh Avenue arbeitete. Weil, Carla is schön, aber sie war nie aufm College und kann kein Englisch, und da mußte sie ihren Lebensunterhalt eben in der Fabrik verdien. Aber wennen Mädchen so schön is, da kommt sicher irgend'n Typ daher und schnappt sie sich, da könn Sie Gift drauf nehm. Ja, das passierte dann auch.

Carla heiratete also diesen wirklich netten Typ, diesen Tony, und ein netteres Paar ham Sie in Ihrem ganzen Leben nich gesehn. Könn Sie mir folgen? Also jedenfalls heiraten die beiden, und ein paar Wochen lang is alles in Butter. Carla is glücklich, Tony is glücklich, ich bin glücklich. Aber dann passiert diese schreckliche Sache. Was der Tony is, der knallt doch mit seim Auto gegen son Brückengeländer und weg isser. Auto, Tony – in hohem Bogen. Sie fischen ihn aussem Fluß, und er is so tot, toter geht's nich. Und was meinen Sie passiert jetzt mit Carla? Als die das hört, Mister, da flippt die doch völlig aus. Sie ißt nicht mehr, redet nich, tut nichts mehr von dem, wassen nettes, hübsches Mädchen so tut. Sie sitzt einfach Tag und Nacht da inner Wohnung, die sie und Tony in der Bronx gemietet ham, und wartet drauf, daß er nach Hause kommt. Bloß daß der natürlich nich nach Hause *kommt*, weil, wenn Sie sich annen ersten Teil der Geschichte erinnern, dann wern Sie noch wissen, daß dieser Tony tot is. Aber Carla glaubt das einfach nich, auch wenn wir ihr das tausendmal erzähln. Sie sitzt einfach so da, weint nich oder so, sitzt bloß da und wartet und sieht die Tür an. Weil sie nämlich denkt, der Tony kommt eines Abends durch diese Tür reinspaziert, genau das denkt sie, die dumme Nuß.«

Vincent Fundello holte tief Atem und fuhr an die Seite, um einen Lastwagen vorbeizulassen. Whit Skinner war zu fasziniert, um einen Fluchtversuch zu machen. »Reden Sie weiter«, drängte er. »Was habe ich damit zu tun?«

»Dazu komm ich jetzt«, sagte Fundello würdevoll. »Diese Geschichte, von der ich Ihnen erzählt hab, die passierte vor rund sechs Monaten, und es wird und wird nich besser. Ich hab versucht, Carla zu einem dieser Gehirnklempner zu schleppen, aber sie will nich. Als ich dann vorn paar Wochen Sie zu sehn gekriegt hab, da hab ich mir selbst was überlegt, wie man Carla heilen kann.«

»Mich? Wieso mich?«

Fundello drehte sich um und griente ihn an.

»Weil Sie, Mister, dem Tony Savantino gleichen wie ein verfluchtes Ei dem andern. Sie ham dieselben Augen und dieselbe Nase, und Sie tragen sogar sone Brille wie der Tony. Als ich Sie das erste Mal in der Madison Avenue gesehn hab, also ich schwör Ihnen, ich hätte auf der Stelle tot umfalln könn. Ich dachte, mamma mia, da geht Tonys Geist. Aber Sie sind kein Gespenst, oder?«

»Ich heiße Whitman Skinner«, sagte Whit.

»Na ja, dafür könn Sie ja nichts. Aber als ich Sie gesehn hab, da hab ich zu mir gesagt, Vincent, hab ich gesagt, das is die Antwort. Ich denk mir das so: Carla hatte einen furchtbaren Schock, klar? Und um sie zu heilen, braucht sie einen zweiten furchtbaren Schock. Verstehn Sie, was ich meine?«

»Moment mal. Sie wollen sagen, ich sehe Carlas Mann *so* ähnlich?«

»Sie könnten Zwillinge sein«, sagte Fundello leidenschaftlich. »Wenn meine Schwester von irgendwas gesund werden könnte, Mann, dann von Ihrem Anblick.«

Whit rutschte nervös hin und her. »Aber ich wüßte gar nicht, was ich zu ihr sagen sollte. Ich kann doch nicht wirklich so tun, als wäre ich ihr Mann.«

Fundello gluckste. »Mister, Sie mein, das würde schwer sein? Warten Sie, bis Sie Carla kennlern. Wie ich sage, sie hätte ein Mannekwin sein könn, aber die wolln ja immer Bohnstangen. Carla is keine Bohnstange. Aber das könn Sie selbst sehn, wir sind gleich da.«

Gleich hieß fünf Minuten. Fundello parkte sein Taxi vor einem Sandsteinhaus in einer angenehm von Bäumen beschatteten

Straße der Bronx. Er hielt seinem Fahrgast die Tür auf, und Whit stieg zögernd aus.

»Komm Sie«, sagte Fundello grinsend, »es wird schon nich so schlimm wern.«

Er ging hinter dem Taxifahrer die Stufen zur Haustür hinauf und dann eine steile, teppichbelegte Treppe bis zu der einzigen Tür im zweiten Stock.

»Gehn Sie rein«, sagte der Taxifahrer. »S'is sozusagen ein Akt der Barmherzigkeit.«

»Ja«, sagte Whit und trat ein.

Zuerst konnte er das Gesicht des Mädchens, das da an dem kunststoffbeschichteten Küchentisch saß, nicht erkennen; das schwarze Haar fiel ihr kaskadenartig über die Wange. Sie trug ein schwarzes Kleid, das ein oder zwei Nummern kleiner war, als es hätte sein sollen, wodurch Fülle hier und Rundungen dort betont wurden und sich ein Anblick von solch sinnlicher Üppigkeit bot, daß Whit Skinners klare Brillengläser beschlugen. Dann blickte sie auf, und er sah ihre dunklen, leuchtenden Augen und den feuchten roten Mund.

»Gu...gu...ten«, sagte Whit, »A..a..«

Er brauchte keine Worte zu finden. Carla schoß vom Küchenstuhl hoch und kam auf ihn zugedonnert wie eine dreidimensionale Erfüllung aller Wünsche. Ihr voller roter Mund war leicht geöffnet, ihre Augen glühten ekstatisch, ihr angespannter Körper bebte vor Erwartung. Sie warf sich auf ihn. Anfangs war er verkrampft, dann entspannte er sich. Entspannung war etwas Wunderbares. Er hatte nicht gewußt, wie wunderbar. Er hörte nicht einmal, wie Fundello das Haus verließ.

Eine Stunde später klopfte Fundello leise an die Wohnungstür. Clara machte auf, sagte ein paar Worte zu ihm auf Italienisch, und er winkte Whit mit dem Finger heraus.

Im Flur sagte der Taxifahrer:

»Na, hab ich Sie angelogen, als ich gesagt hab, wie schön?«

»Nein.« Skinner schluckte. »Überhaupt nicht.«

»Sie gefällt Ihnen, richtig?«

»Sie gefällt mir, richtig. Ich... ich dachte, ich könnte morgen abend wiederkommen. Ihr vielleicht... ein bißchen Englisch beibringen.«

Fundello griente. »Sie sind ein echter Kumpel, Mr. Skinner. Ein richtiger, guter Samariter.«

»Sicher«, sagte Whit Skinner.

Nachdem er weg war, klopfte Fundello an Carlas Schlafzimmertür und fragte auf Italienisch, ob er hereinkommen könnte. Sie sagte ja, und ihre Stimme klang hell.

»Na?« fragte er händereibend. »Wie gefällt dir dieser hier, Carla?«

Sie war gerade dabei, sich vor dem Spiegel die Haare zu bürsten. Sie hielt inne und schloß die Augen. Ihr Lächeln war ihm Antwort genug.

»Na prima«, sagte Fundello. »Ich hab son Gefühl, daß es diesmal klappt. Ich hab dir ja gesagt, es kommt gar nich in Frage, daß meine Schwester bei nem Taxifahrer oder som Würstchen ausser Fabrik landet. No, Sir.« Er gluckste. »Ich besorg dir ein von diesen Jungs im grauen Flanell, Carla, wart's nur ab.« Er tätschelte ihr liebevoll den Rücken und ging. Pfeifend stieg er die Sandsteinstufen hinab.

Weint um die Schuldigen

Der Lastwagen von Edalia war um elf Uhr fällig, aber Johnny Bree hatte keine Armbanduhr, die ihm gesagt hätte, wann es soweit war. Uhren waren allgemein nicht gestattet, und die Stunden bemaßen sich nach den Befehlen und Pfiffen der Aufseher. Aber jetzt, an diesem sonnenheißen Morgen, brauchte Johnny eine, wie er da in der rotbraunen Erde stand und zu dem entfernt liegenden Kornspeicher hinüberblickte, wo sich die Straße nach Edalia am Horizont verlor.

Fisher drehte ihm den Rücken zu und fuhr herum, als er sich ihm näherte. Als er sah, wer es war, entspannte er sich. Johnny machte keinen Ärger. »Was ist los, Sonnenschein?« fragte er.

»Magen«, sagte Johnny. Er verschränkte die Hände über seinem blauen Hemd und verzog das Gesicht. »Hab nen Krampf oder so was. Könnte ich wohl in den Schuppen gehen und mich ein Weilchen ausruhen?«

Fishers großes, mildes Gesicht nahm einen zweifelnden Ausdruck an. Dann sagte er: »Klar, geh schon.«

Johnny dankte ihm und ging hinein.

Der Schuppen war dunkel und kühl und roch nach Bauernhof. Johnny ging zum Ausgußbecken und schüttete sich Wasser übers Gesicht. Er blickte auf seine tropfnassen Hände und sah, daß sie zitterten. Seit Wochen hatte er im Geist diesen Augenblick geprobt, aber nun war er nervös und hatte Angst, daß es schiefgehen würde.

Fünf Minuten später hörte er das Räderrauschen des sich nähernden Lastwagens. Eilig schob er eine Egge in die dunkelste Ecke und baute sich ein Versteck. In der nächsten Minute würde der Laster draußen zum Stehen kommen und das Ausladen beginnen. Er hatte den Vorgang seit Monaten beobachtet.

Wenn die Kisten ausgeladen waren, würden sich der Fahrer und sein Gehilfe auf eine Zigarettenlänge mit Fisher oder einem der anderen unterhalten. Das war der Moment, wo er handeln mußte.

Der Laster stand, und die Türen des Schuppens öffneten sich. Die beiden Männer erledigten ihre Arbeit ganz methodisch. Schließlich war die letzte Kiste gestapelt. Als die Männer gingen, machten sie die Türen hinter sich zu.

Johnny wartete und ging dann zu den Türen. Von der Stille ermutigt, öffnete er eine von ihnen einen Spaltbreit und sah die Rückseite des Lasters, offen.

Es war jetzt oder nie.

Mit seinen langen Beinen schaffte er es mit drei Sprüngen, kletterte hinein und kroch auf allen vieren bis zum anderen Ende, wo es dunkel war. Er fand eine lose Plane und zog das schwere, feuchte Material über sich.

Dann verdunkelte eine Gestalt die hintere Öffnung, und eine Hand warf die Türen zu. Er fühlte, wie der Lastwagen schwankte, als die beiden Männer ins Führerhaus kletterten. Er lauschte auf das leiernde Geräusch des Anlassers und betete. Und als der Motor ansprang, schluchzte er fast vor Erleichterung. Sie fuhren.

Als sie nach seiner Schätzung zehn Meilen von der Farm entfernt waren, stieß er die Ladetüren auf und sah zu, wie die Straße unter den Rädern fortglitt. Er wartete, bis es bergauf ging, sprang und rollte in den Splitt.

Erika Lacy war in einer Stimmung, in der nur noch Geschwindigkeit half: Auf der ebenen, einsamen Strecke zwischen Sycamore Hills und der Stadt holte sie das Letzte aus ihrem Wagen heraus, ohne an die Ermahnungen ihres Onkels zu denken. »Trink niemals und fahr auch nicht Auto, wenn du wütend bist«, hatte er gesagt, und Onkel Bell kannte sich mit Wütendsein aus, er war da Experte. Er hatte ihr ein schlechtes Beispiel gegeben, und als Erika an Huey Brockton und ihren Streit auf dem Tanzboden von Point Placid am gestrigen Abend dachte, trug sie den gleichen verbiesterten Ausdruck zur Schau, den sie so oft auf dem Gesicht ihres Onkels gesehen hatte. Mit ihren rotgoldenen, im Fahrtwind ihres Kabrioletts flatternden Haaren sah sie aus wie ein Feuerwerkskörper auf seinem Weg zur Explosion.

Onkel Bell selbst war der Gegenstand des Streits gewesen. Huey empfand eine deutliche Abneigung gegen Erikas Vormund, und es lag auf der Hand, woher er sein Vorurteil hatte. Sein Vater, Howard Brockton, war Onkel Bells Geschäftspartner und Hauptgegner, und ihre anhaltende Fehde lieferte Point Placid seit drei Jahren einen interessanten Gesprächsstoff.

Wusch! Das Kabriolett fegte an einer Reihe junger Chausseebäume vorbei, die sich in seinem Fahrtwind neigten. In einiger Entfernung kreuzte ein Lastwagen den Highway bei der Abzweigung nach Edalia, und widerstrebend verlangsamte sie ihre Fahrt. Doch hatte sie sich inzwischen etwas abreagiert. Sie dachte an das bevorstehende Mittagessen in der Stadt mit Onkel Bell. Er hatte ihr versprochen, mit ihr in den exklusiven und nur für männliche Mitglieder gedachten Iron Club zu gehen, und sie freute sich darauf. Als sie die einsame, irgendwie mitleiderregende Gestalt des jungen Mannes mit dem ausgestreckten Daumen erblickte, war sie fast schon freundlicher Stimmung. Aus diesem Grunde hielt sie an und ignorierte damit ein weiteres Edikt Onkel Bells: *Nimm niemals einen Anhalter mit.*

»Fahren Sie in die Stadt?«

Er hinkte, als er auf sie zukam und mit staubverkrustetem Gesicht ein Lächeln versuchte. Er trug einen ausgeblichenen blauen Overall.

»Ja«, sagte sie. Dann setzte sie in einem plötzlichen Anfall von Mißtrauen hinzu: »Was machen Sie eigentlich hier so weit draußen?«

»Autopanne«, sagte er grinsend und öffnete die Wagentür.

Er setzte sich neben sie auf den Beifahrersitz, und Erika taxierte ihn rasch, ehe sie losfuhr. Er war ein gutaussehender junger Mann mit einem schiefen Lächeln, das keinerlei Unsicherheit verriet, und er hatte die gesunde braune Farbe eines Mannes, der im Freien arbeitet.

»Muß ganz schön heiß auf Ihrem Spaziergang gewesen sein«, sagte sie fröhlich. »Wir können an der Tankstelle halten, damit sich jemand um Ihr Auto kümmert, und Sie können da etwas trinken.«

»Das Auto interessiert mich nicht«, sagte er lachend.

»Wie bitte?«

»Ich geb die alte Karre auf. Soll'n die Krähen sie fressen, ich will den alten Schrotthaufen nie wiedersehen.«

Erika lachte ebenfalls. »Ich habe da im Handschuhfach ein paar saure Drops, vielleicht löschen die Ihren ersten Durst.«

»Danke«, sagte er und drückte auf den Knopf des Handschuhfaches. »Ich dachte schon, ich müßte den ganzen Weg bis zur Stadt zu Fuß gehen. Ich hab gerade in Delmar meinen Job aufgegeben und dachte, ich versuch's mal in Point Placid. Vielleicht finde ich da was Besseres.«

»Farmer?«

»Nicht mehr!« sagte er leidenschaftlich. »Von jetzt an nie mehr.« Er schraubte den Deckel von dem Bonbonglas ab und hielt es ihr hin. »Möchten Sie einen?«

Sie wollte gerade nein sagen, als sie plötzlich die scharfe Spitze von etwas Metallenem zwischen ihren Rippen spürte. Sie wurde steif und hätte fast das Lenkrad losgelassen.

»Ganz ruhig«, sagte der junge Mann. »Sehr scharf ist es nicht, aber es kann Ihnen wehtun. Fahren Sie einfach rechts ran und bleiben Sie ruhig, dann passiert Ihnen nichts.«

»Was soll das?« fragte sie wütend.

»Anhalten habe ich gesagt, Miss. Ich möchte Ihnen nicht gern wehtun, Sie sind sehr nett gewesen.« Er verstärkte den Druck seines Arguments, und Erika, Tränen der Wut in den Augen, bremste und brachte das Kabriolett zum Stehen. Als sie standen, blickte sie hinab und sah, daß seine Waffe aus einem kleinen Schraubenzieher bestand, den er aus dem Handschuhfach genommen hatte.

Sie sagte: »Das ist eine reizende Art, sich für einen Gefallen zu bedanken.«

»Steigen Sie aus, Miss.«

»Das werde ich nicht tun.«

»Dann werde ich Sie wahrscheinlich töten.«

Sie sah ihn an, und er schien so gelassen wie immer zu sein. Da bekam sie es mit der Angst zu tun; diese Gelassenheit erschreckte sie, und sie fand plötzlich, daß es außerhalb des Autos sicherer sei. Sie stieg aus und wartete auf seinen nächsten Befehl.

»Werfen Sie ihre Handtasche herüber.«

Sie warf sie ins Auto. »Sie werden nicht viel darin finden«, sagte sie verächtlich.

Er rutschte auf den Fahrersitz, legte die Tasche neben sich, löste die Handbremse und gab Gas. Das Kabriolett schoß davon.

»Du . . . Miststück!« rief Erika ihm nach. Dann fing sie an zu weinen. Bald jedoch gewann ein gesundes Gefühl der Entrüstung die Oberhand. Sie hörte auf zu weinen und versuchte nachzudenken. Bis Point Placid waren es noch fast dreizehn Kilometer, und die Chancen, auf dieser verlassenen Straße mitgenommen zu werden, waren gering. Sie machte sich auf den Weg.

Fünf Minuten später war ihr klar, daß ihre Bleistiftabsätze für diese Straße nicht taugten. Sie zog die Schuhe aus und trat barfüßig ihren Marsch in Richtung Zivilisation an, wobei sie sich verfluchte, daß sie Onkel Bells guten Rat in den Wind geschlagen hatte.

In der Ferne sah sie eine vielversprechende Staubwolke. Es war ein Auto, das in die falsche Richtung fuhr, aber trotzdem stellte sie sich in die Mitte der Straße und fing an, wie wild zu winken. Als es bis auf hundert Meter herangekommen war, sah sie, daß sie ihr eigenes Kabriolett anzuhalten versuchte.

Es fuhr an ihr vorbei. Wenige Meter hinter ihr riß der junge Mann im Overall das Lenkrad scharf herum und wendete. Er stellte den Motor ab und lehnte sich über die Tür.

»Es tut mir leid«, sagte er.

Sie humpelte über die Straße. Er stieg auf der anderen Seite aus und stand wie ein begossener Pudel einfach so da, wartend.

»Ich hab gesagt, es tut mir leid«, wiederholte er. »Ich weiß nicht, was mich dazu gebracht hat, es muß die Hitze gewesen sein. Da hab ich den Verstand verloren.«

Sie zog ihre Schuhe wieder an und setzte sich hinters Steuer. Aber sie ließ den Fuß vom Gas. »Ich begreif's nicht«, sagte sie rundheraus.

»Da gibt's nichts zu begreifen. Ich bin kein Dieb, ich habe einfach einen Fehler gemacht. In Ihrer Handtasche hab ich nichts angerührt. Wollen Sie's nachprüfen?«

Sie kaute auf ihrer Unterlippe herum. »Ich vertraue Ihnen.«

»Dazu haben Sie keinen Grund.«

»Sie sind zurückgekommen«, sagte Erika. »Ich denke, das ist Grund genug.« Sie wandte den Kopf und funkelte ihn an. »Steigen Sie schon ein. Der Fußmarsch würde Ihnen keine Freude machen. Das kann ich aus Erfahrung sagen.«

»Ist das Ihr Ernst?«

Sie legte den Gang ein. Schnell öffnete der junge Mann die Tür auf der Beifahrerseite und stieg ein.

»Ich heiße Johnny Brennan«, sagte er.

Sie wußte, daß er reden wollte und daß ihr Schweigen ihn am ehesten dazu ermutigen würde. Mehr noch, Erika wußte, daß sie zuhören wollte.

»Ich habe so etwas noch niemals getan«, sagte er. »Als meine alte Klapperkiste den Geist aufgab, da hat mir das den Rest gegeben, nehme ich an. Alles, was ich noch denken konnte, war: Bloß weg hier, irgendwo anders hin. Ganz was anderes anfangen.

Als ich den Job da in Delmar hinschmiß, da hab ich mir

geschworen, nie wieder ne Farm! Ich bin nicht dumm. Aber auf ner Farm kann man nicht denken, da ist man bloß noch wie eines von den Tieren.«

»Heutzutage arbeiten sogar Collegeabsolventen auf Farmen.«

Er lachte bitter. »Nicht auf meiner Sorte von Farm. Da macht der Farmer seinen Dreck alleine. Ich möchte zur Abwechslung mal ein weißes Hemd tragen. Aber wer stellt mich schon ein? Ich brauche doch bloß zur Tür reinzukommen, da riecht man schon das Heu. Und an allem ist der Krieg schuld...«

»Der Krieg?«

»Sie wissen wahrscheinlich gar nicht, von was für einem Krieg ich überhaupt rede; ich meine die Schweinerei, die wir drüben in Korea hatten. Mit sechzehn wurde ich Soldat, machte mich älter, als ich war, bloß um von zu Hause wegzukommen. Mit achtzehn war ich drüben. Ich war noch ein Kind, hatte keine Ahnung, worum's da ging. Das Ende vom Lied war, daß man mich kaputtgeschossen hat.«

»Das tut mir leid«, sagte Erika still.

»Ich war noch gut dran; ein Lazarett war immerhin besser als ein Schlachtfeld, bloß war's eine lange Zeit für mich. Sie brauchten acht Jahre, um mich wieder zusammenzuflicken. Und da ging's mir noch besser als Humpty-Dumpty.

Als sie mich schließlich gehen ließen, war ich blaß und abgemagert und brauchte dringend körperliche Bewegung. Die Militärärzte meinten, ich sollte eine Arbeit im Freien verrichten. Sie besorgten mir auch meinen ersten Farmjob. Seit damals versuche ich, davon wegzukommen. Verstehen Sie, wovon ich rede?«

»Ich glaube schon«, sagte Erika. »Ich bin vielleicht nicht Ihrer Ansicht, aber ich kann Ihre Gefühle begreifen. Mein Großvater war Farmer, aber mein Onkel, der Bruder meines Vaters, haßte dieses Leben. Mit achtzehn lief er von zu Hause weg.«

»Was wurde aus ihm?«

»Er hat's geschafft. Ihm gehört die Maschinenfabrik Lacy in Point Placid, beziehungsweise ihm und seinem Partner.«

Johnny stieß einen Pfiff aus.

»Ich war auf dem Weg dorthin, als Sie mich anhielten«, sagte Erika. »Um mit meinem Onkel Bell zusammen essen zu gehen. Bevor Sie Ihr Debut als Bandit gaben.« Sie lächelte. »Das, so fürchte ich, ist ein Beruf, in dem Sie keinen Erfolg haben werden.«

»Ich sehe schon, was Sie meinen.« Johnny griente. »Allerdings, wenn ich gewußt hätte, daß Sie eine Erbin sind, dann wäre ich vielleicht härter gewesen. Ich wette, Sie tragen eine Million Dollar in Ihrer Handtasche mit sich rum.«

»Schön wär's. Ich habe genau dreißig Dollar.«

»Na, das sind immerhin dreißig Dollar mehr, als ich habe. Als ich aus Delmar wegging, habe ich nicht mal auf den mir noch zustehenden Lohn gewartet. Ich besitze nicht einmal einen anständigen Anzug.«

Erika sah ihn von der Seite an und tat dann etwas sehr Impulsives. Sie nahm ihre Handtasche und ließ sie auf seinen Schoß fallen.

»Machen Sie sie auf«, sagte sie. »Nehmen Sie das Geld.«

»Nein«, entgegnete Johnny mit Entschiedenheit. »Ich wollte nicht, daß Sie das so auffassen. Wenn ich Ihren Kies haben wollte, hätte ich ihn stehlen können.«

»Ich möchte, daß Sie es nehmen«, sagte Erika. »Sie brauchen einen Anzug, wenn Sie auf Stellensuche gehen.«

»Ich wüßte nicht einmal, wo ich anfangen sollte zu suchen.«

Erika zögerte.

»Einen Ort wüßte ich«, sagte sie dann. »Da habe ich beim Boss einen Stein im Brett. Ich weiß zwar nicht, was für ein Job es sein könnte, vielleicht die Fußböden saubermachen. Aber ich könnte ein gutes Wort für Sie einlegen.«

Vor ihnen ragte der in der Sonne glänzende Hochhausturm des Point Placid Hotels empor, umgeben von niedrigeren

Fabrik- und Bürogebäuden. Auf deren Skyline starrte Johnny eine ganze Weile, ehe er antwortete.

»Sie meinen Ihren Onkel?« sagte er. »Das würden Sie für mich tun?«

»Normalerweise ist er beim Essen ganz umgänglich«, sagte sie leichthin, »und fragen kostet ja nichts. Los, nehmen Sie schon das Geld. Kaufen Sie sich einen grauen Anzug, grau ist Onkel Bells Lieblingsfarbe. Ich werde ihm sagen, daß Sie ihn um drei Uhr in seinem Büro aufsuchen werden. Er erwartet Sie dann.«

»Das ist völlig verrückt. Sie schulden mir doch nichts.«

»Nein, aber Sie schulden mir gleich dreißig Dollar. Wenn Sie erst arbeiten, möchte ich sie wiederhaben.« Sie lachte. »Die Adresse ist Main Street 300. Und Sie sollten lieber pünktlich sein, Onkel Bell legt auf Pünktlichkeit den allergrößten Wert. Und noch auf ein paar andere Sachen.«

Johnny Brennan sah die Handtasche an und runzelte die Stirn. Dann machte er sie auf.

Die Maschinenfabrik Lacy lag am Ende der Main Street. Ein hoher Drahtzaun und eine Reihe kämpferisch aussehender uniformierter Männer markierten ihre Grenzen. Die Fabrikanlage selbst erinnerte an ein Dominospiel, so wie sich das halbe Dutzend einstöckiger Gebäude, in rechten Winkeln gegeneinander gesetzt, vor den Augen des Betrachters ausbreitete. Als Johnny sich in einem schlechtsitzenden Anzug, der ihn zwanzig Dollar von Erikas Geld gekostet hatte, dem Haupteingang näherte und dabei durch den Maschendraht auf den unregelmäßig wuchernden Fabrikkomplex blickte, kam er zu der Überzeugung, daß Onkel Bell es in der Tat geschafft hatte.

Der Weg vorbei an den Pförtnern, Empfangsdamen und Sekretärinnen war ein rechtes Spießrutenlaufen, aber schließlich stand er vor der Mahagonitür zu Beldon Lacys Büro. Er klopfte, und eine barsche Stimme gebot ihm, einzutreten.

Er hatte irgend etwas Luxuriöses erwartet, entdeckte aber nur große Ausmaße und Unordnung. Es gab zwei große Schreibtische, von denen einer als Ablage für Papiere und Schutt diente. Der andere, der dem Fenster gegenüberstand, war beinahe genauso unordentlich. Hinter ihm befand sich ein Drehstuhl mit hoher Rückenlehne, und das Haupt, das auf seinem Lederpolster ruhte, war von bemerkenswerter Grimmigkeit. Es zeigte das Gesicht eines Kriegers, und der Eindruck schwand auch nicht, als Bell Lacy aufstand und die übliche gestreifte Krawatte und den eintönigen grauen Anzug des Geschäftsmannes sehen ließ. Unter einer hohen Stirn hingen schwere Augenbrauen über dunklen Augenhöhlen, eine große Nase fand ihre Entsprechung in einem vorspringenden Kinn. Beide Wangen wiesen kleine Narben auf. Es fiel Johnny schwer, Erika Lacys entzückenden Mund und ihre strahlenden Augen mit den Gesichtszügen ihres Onkels in Verbindung zu bringen.

»Mein Name ist Johnny Brennan«, sagte er schüchtern. »Ich sollte mich hier melden.«

Lacy wischte sich mit der Hand schnell über den Mund.

»Ja«, sagte er, »Erika hat mir von Ihnen erzählt. Bitte, machen Sie die Tür zu. Hier zieht's überall.«

»Ja, Sir.« Leise machte er die Tür zu.

»Kommen Sie doch einmal hierher«, sagte Lacy und kam um den Schreibtisch nach vorn. Dabei lächelte er merkwürdig.

Johnny ging zu ihm hin. Lacy stemmte beide Fäuste in die Hüften und sah ihn von oben bis unten an. Sein Lächeln wurde angespannter.

»So, Sie sind also Johnny, ja?«

»Ja, Sir.«

Lacy hatte keine Eile. Er schwang langsam seinen rechten Arm zurück, und Johnny hatte Zeit genug, die harte, geballte Faust wie einen Felsbrocken auf sich zukommen zu sehen. Als sie seitlich auf seinem Unterkiefer landete, flog er halbwegs bis zur Wand zurück. Er fiel über seine eigenen Füße, und als er versuchte, aufzustehen, wußte er nicht, wo oben und unten war.

Lacys Hand streckte sich ihm entgegen, und er zuckte zurück. Aber sie wollte ihm helfen. Nach kurzem Zögern nahm Johnny an. Er wurde hochgezogen, und Lacy sagte:

»Das war dafür, wie Sie meiner Nichte mitgespielt haben. So, und wenn Sie jetzt noch über einen Job mit mir reden wollen, dann setzen Sie sich.«

Johnny blickte in das Gesicht. Es zeigte weder Feindseligkeit noch Bedauern.

»Okay«, sagte er wie betäubt.

Zurückblickend konnte sich Johnny nur undeutlich an das Interview erinnern. Sein Kiefer tat ihm weh, und den Fragen, die Beldon Lacy mit der Schnelligkeit eines Maschinengewehrs auf ihn abfeuerte, konnte er kaum ausweichen.

»Wie alt sind Sie?«
»Achtundzwanzig.«
»Leben Ihre Eltern noch?«
»Weiß ich nicht.«
»Das wissen Sie nicht?«
»Ich meine ... ja. Ich glaube.«
»Jemals etwas anderes gemacht als Farmarbeit?«
»Ungefähr einen Monat lang habe ich bei einer Tankstelle gearbeitet.«
»Mechaniker?«
»Nein, Sir. Bloß die Scheiben geputzt, aufgetankt und so.«
»Können Sie an einer Drehbank arbeiten, eine Bohrmaschine bedienen?«
»Nein.«
»Büroarbeit? Schreibmaschine schreiben, ablegen?«
»Da hab ich nicht viel Ahnung.«
»Was können Sie denn überhaupt?«
Johnny rieb sich das schmerzende Gesicht.

»Im zweiten Stock ist eine Werksapotheke. Wenn Sie gehen, holen Sie sich dort ein Heftpflaster für die Prellung. Aber sagen Sie nicht, woher Sie die haben, ich habe hier sowieso schon einen ziemlich schlechten Ruf.«

»Ich hatte nicht vor, es jemand zu sagen.«

»Sie hätten noch sehr viel mehr verdient. Ich könnte Sie für das, was Sie getan haben, anzeigen.« Er stand auf und sah ihn finster an. »Wahrscheinlich ist es das Dümmste, was ich jemals getan habe«, sagte er, »und ich habe ne Menge Dummheiten gemacht. Ich werde Ihnen einen Job im Materiallager geben. Sie arbeiten dort unter einem alten Kauz namens Gabriel, der hat da die Leitung. Sie helfen ihm dabei, das Lager in Schuß zu halten und dafür zu sorgen, daß die Männer kriegen, was sie brauchen. Der Lohn ist sechzig Dollar die Woche. Wollen Sie den Job oder nicht?«

Johnny schluckte. »Ja«, sagte er, »ich will ihn.«

»Ich erwarte von Ihnen, daß Sie sich hier ganz besonders am Riemen reißen. Erika hält Sie für so eine Art Held, bloß weil Sie es sich anders überlegt und sie nicht ausgeraubt haben. Das reicht mir aber noch nicht.«

»Den Eindruck hatte ich«, sagte Johnny, seinen Unterkiefer bewegend.

Lacy lachte plötzlich.

»Der rechte Haken war nicht schlecht, was? Mit zwanzig war ich mal ne Zeitlang Berufsboxer. Damals galt eine Karriere im Ring soviel wie eine Mitgliedschaft in der Studentenverbindung Phi Beta Kappa. Mein erster Boß in der Eisenhütte stellte mich ein, weil ihm mein Stil gefiel. Es ging damals sehr viel rauher im Geschäftsleben zu. Aber«, setzte er bitter hinzu, »auch sehr viel anständiger. Okay, das wär's. Melden Sie sich Montag früh um neun Uhr in diesem Gebäude.«

»In Ordnung«, sagte Johnny.

»Es wird Ihnen hier gefallen«, spöttelte Lacy. »Ist hier wie im Kindergarten. Sie kriegen freien Krankenhausaufenthalt, Überstundengeld, Bonusse, Pension. Sie werden sogar umsonst ärztlich untersucht. Das ist für die Kollektivversicherung. Wir tun alles für Sie, nur nicht die Nase putzen.«

»Niemand braucht mir die Nase zu putzen.«

»Lohntag ist kommenden Freitag. Haben Sie irgendwas zum Leben?«

»Nicht viel.«

Lacy zog seine Brieftasche heraus und entnahm ihr zwei Zehner. »Das ist ein Vorschuß«, sagte er. »Wir ziehen ihn von Ihrem ersten Scheck ab.«

»Danke«, sagte Johnny.

Er verließ das Verwaltungsgebäude, ohne den Umweg über die Apotheke zu machen. Den restlichen Nachmittag über bummelte er ziellos durch die Stadt. Um sechs sah er in einem Fenster das Schild ZIMMER. Er erkundigte sich, und das billigste war ein Zimmer nach hinten raus für neun Dollar die Woche, zahlbar im voraus.

Er borgte sich Briefmarke, Briefbogen und Umschlag von seiner Wirtin, steckte einen Dollarschein in den Umschlag und suchte im Telefonbuch nach Erika Lacys Adresse. Er fand sie unter Beldon Lacy, RFD 1, Sycamore Hills. Dann schrieb er:

Liebe Erbin,

dies ist die erste Rate. Jetzt schulde ich Ihnen neunundzwanzig Dollar und Dank.

Johnny

P. S. Ich habe Arbeit. Kann ich Sie irgendwann sehen? Wie wär's mit Sonnabend?

Als Erika die Auffahrt zu dem Steinhaus am Berg hinauffuhr, sah sie Onkel Bells Wagen in der Garage stehen. Beldon Lacy kam unter der Woche selten nach Hause, sondern zog es vor, in seinem spartanischen Zimmer im Iron Club zu übernachten. Wenn er einmal auftauchte, dann trieb ihn für gewöhnlich seine üble Stimmung.

Sie traf ihn im Wohnzimmer vor einer ungeöffneten Flasche Whiskey und einem leeren Glas an.

»Hallo«, sagte sie und versuchte zu lächeln. »Was ist los? Bist du aus dem Club geflogen, weil du deine Getränkerechnung nicht bezahlt hast?«

»Ich hatte einfach Lust, nach Hause zu kommen.«

Sie nahm ihm gegenüber Platz und betrachtete ihn genau. »Dazu kenne ich dich zu gut. Irgend etwas macht dir Kummer. Ist es Brockton?«

»Ist es nicht immer Brockton? Bloß haben sich diesmal die Dinge zugespitzt.«

»Was hat er gemacht?«

»Es ist nicht, was er getan hat, sondern was er vorhat. Er kam heute in mein Büro und forderte mich auf, sein Angebot noch einmal zu überdenken. Ich sagte ihm, daß ich meine Beteiligung nicht für eine Million verkaufen würde, so wie ich es ihm schon immer gesagt habe. Aber das hat ihn überhaupt nicht beeindruckt.«

»Er kann dich doch nicht zwingen zu verkaufen...«

»Meinst du? Du kennst Brockton nicht. Er kann zwar ein Maul nicht von einer Muffe unterscheiden, aber er beherrscht mehr Tricks als Houdini.« Er nahm die Whiskeyflasche auf und besah sich das Etikett. »Er will eine außerordentliche Aktionärsversammlung einberufen. Er hat vor, den Kampf mit ihrer Hilfe weiterzuführen.«

»Wie meinst du das?«

»Er denkt, er bekommt genug Aktionäre auf seine Seite, um mich ein für allemal kaltzustellen. Wenn er mich nicht aufkaufen kann, kann er mich doch rauskleben, mich und meine altmodischen Methoden.«

»Das wird nicht funktionieren«, sagte Erika kategorisch. »Die Fabrik kommt ohne dich nicht aus, Onkel Bell. Selbst wenn Brockton das nicht begreift, die andern Aktionäre wissen das. Du hast das alles aufgebaut.«

»Unterschätze ihn nicht, Erika. Genau den Fehler habe ich

vor drei Jahren gemacht. Er weiß, wie er die Leute ködern kann. Er redet ihnen mit Dividenden und Veräußerungsgewinnen und all solchem Zeug die Köpfe zu.« Er machte die Flasche auf und goß sich einen Whiskey ein. »Ich habe nicht vor, mich bei dir auszuweinen. Ich werde mit Brockton schon fertig, mach dir keine Sorgen. Ich bin noch immer mit allem fertiggeworden.« Er trank sein Glas in einem Zuge aus und stand auf. »Ich denke, ich verzieh mich heute nicht so spät in meine Koje«, sagte er.

Sie zögerte mit ihrer nächsten Frage, bis er fast die Tür erreicht hatte. »Onkel Bell...«

»Ja?«

»Ist Johnny Brennan heute zur Arbeit erschienen?«

Er drehte sich um. »Ja, mit strahlenden Kinderaugen und quietschvergnügt. Wir haben ihn durch die Mangel gedreht, und morgen fängt er im Materiallager an. Ich muß Gabe noch sagen, daß er ihn im Auge behält, damit er nicht mit der Ladenkasse durchbrennt.«

»Das ist nicht fair«, sagte Erika. »Ich habe dir doch alles von ihm erzählt. Er ist kein Dieb.«

»Wieso bist du so sicher?«

»Weil sich kein Dieb so verhalten hätte wie er. Ich glaube, du kannst ihm trauen, Onkel Bell.«

»Traust du ihm?« fragte er zweifelnd.

»Ja.«

Ihr Onkel runzelte die Stirn. »Hast du mir nicht erzählt, er wäre so was wie ein Kriegsheld? In Korea?«

»Er hat nicht gesagt, daß er ein Held ist, sondern daß er böse verwundet war. Er war lange Zeit in einem Lazarett.«

»Komisch«, grunzte er. »Weil er nämlich bei der ärztlichen Untersuchung für die Versicherung großartig abgeschnitten hat. Diese Militärärzte müssen wirklich was geleistet haben.«

Erika zuckte zusammen. »Keine Verwundungen?«

»Keinerlei Narben, weder an den Armen noch an den Beinen, nirgends. Das wird dir eine Lehre sein, mein Mädchen. Du kennst die Menschen nicht so gut wie ich.« Er sah niedergeschlagen aus, als er sich wieder zur Tür wandte. Dort blieb er noch einmal stehen und sagte: »Es ist Post für dich da. Sie liegt auf dem Tisch in der Diele.«

Erika, nun allein im Wohnzimmer, versuchte nicht über Johnny Brennan nachzudenken, aber immer wieder kehrten ihre Gedanken zu ihm zurück. Daher war sie froh, als das Geräusch eines vorfahrenden Autos sie ablenkte.

Noch ehe sie die Diele erreicht hatte, wußte sie, daß es Huey Brockton war, denn sie kannte das verspielte Stakkato, mit dem der Summer betätigt wurde. Sie machte nicht auf, sondern lehnte sich gegen die Tür und sagte:

»Bedaure, niemand zu Hause.«

»Och, sei doch nicht so, Erika.«

»Geh weg, Huey, es ist schon spät.«

»Ich muß einen Augenblick mit dir reden. Bitte«, sagte er kläglich, »hier draußen ist es eiskalt.«

Sie konnte ein Lächeln nicht unterdrücken und öffnete. Huey, der an diesem warmen Augustabend ein seidiges Sporthemd mit aufgerollten Ärmeln trug, hatte die Arme um sich geschlagen.

»Brrr«, sagte er. »Muß ein früher Frosteinbruch sein.« Er schloß die Tür und langte nach ihr. Sie entzog sich ihm schnell. »Ein *sehr* früher Frosteinbruch.«

»Komm, laß das«, sagte sie. »Du hast ein kurzes Gedächtnis. Wenn ich mich recht erinnere, sagte ich, daß ich dich nicht wiedersehen will.«

»Wir alle machen mal Fehler«, meinte er grinsend und strich sich über sein glänzendes blondes Haar. »Außerdem bin ich hergekommen, um mich zu entschuldigen. Ich hab das alles nicht so gemeint, was ich da über deinen Onkel gesagt habe. Ich mag den alten Burschen wirklich leiden, Erika, ehrlich.«

»Und wie du ihn magst! Und dein Vater erst.«

»Also schau, ich kann doch nichts dafür, wenn Vater und

dein Onkel nicht miteinander auskommen. Das Beste, was wir tun können, ist doch, uns zu vertragen. Eine Art Friedensschluß.«

»Sehr rührend«, sagte Erika kühl. »Und ich nehme an, du weißt, was dein Vater gerade macht? Die Aktionärsversammlung?«

»Ich kümmere mich nie um diesen ganzen Quark.«

»Du weißt, was er versucht, nicht wahr? Er versucht, Onkel Bell auf die Straße zu setzen, oder stimmt das etwa nicht?«

»Geschäft ist Geschäft«, sagte Huey nüchtern. »Wenn dein Onkel damit nicht fertig wird, sollte er gehen. Also, würdest du jetzt bitte mal diese elende Fabrik aus dem Spiel lassen und über uns reden? Ich möchte mich mit dir am Sonnabend treffen.«

Erika wandte ihm den Rücken zu und ging zum Ablagetischchen. Dort lagen drei Briefe, die Adresse nach oben.

»Also, wie ist es?« fragte Huey.

Sie öffnete den ersten Brief und las seinen kurzen Inhalt.

»Ich habe gefragt, was nun ist«, sagte Huey gereizt. »Treffen wir uns Sonnabend abend?«

»Nein«, sagte Erika lächelnd. »Nein, tut mir leid, Huey. Ich bin schon verabredet.«

Wenn Gabriel Lesca nicht gewesen wäre, dann hätte Johnny seinen neuen Job bereits am zweiten Tag hingeschmissen. Das Materiallager von Lacy & Co. sah aus wie das Zentraldepot für das größte, komplizierteste Puzzlespiel der Welt. Es gab da an die zweitausend Behälter mit verschiedenen Werkzeugen und Maschinenteilen, und falls Lacy erwartet haben sollte, daß er sich die alle einpräge, dann mußte er nicht ganz dicht sein.

Aber der alte Gabe Lesca fältelte sein runzliges Gesicht zu einem verständnisvollen Lächeln. »Ganz ruhig bleiben, Junge«, sagte er. »Keiner erwartet, daß du gleich alles kapierst. Ich habe vierzig Jahre gebraucht, um hier durchzusteigen. Du machst einfach, was ich sage. Ich nehme die Ausgabezettel, und du suchst die Teile für mich raus nach den Zahlen auf den Behältern. Und an einem Abend in der Woche kannst du dann alles in die Bestandsliste aufnehmen.«

»Abends?«

»Ja, freitags abends arbeitest du bis acht; wir können die Bestandsliste nicht während der normalen Arbeitszeit führen. Aber mach dir man keine Sorgen«, lachte er, »du kriegst die Überstunden ja bezahlt.«

Gabe war der älteste Mann, den Johnny je hatte arbeiten sehen. Er hätte den Alten auf über siebzig geschätzt, aber als er ihn gut genug kannte, um ihn zu fragen, zwinkerte Gabe ihm zu und sagte vierundsechzig. Es überraschte Johnny nicht, als er hörte, daß Gabe der älteste Arbeitnehmer der Firma war, daß er an Beldon Lacys Seite in dessen erster, gerade gegründeter Maschinenfabrik gearbeitet hatte. Das war gegen Ende des Ersten Weltkrieges gewesen. Wenn Gabe vom Chef sprach, und das tat er oft, dann geschah es voller Ehrfurcht.

»Solche Leute wie Bell Lacy gibt's nicht mehr«, sagte Gabe eines Tages beim Mittagessen. »Bell hat diese Fabrik Stein für Stein aufgebaut. Ja, sicher, es gibt schon welche, die ihn nicht leiden können und vielleicht nicht ohne Grund, aber es gibt keinen, der das nicht anerkennt.«

»Was ist eigentlich mit diesem Brockton?« fragte Johnny. »Der Name scheint hier so eine Art Schimpfwort zu sein.«

»Das stimmt«, sagte der alte Mann bitter. »So um 1958, als die Zeiten schlecht waren, geriet die Firma in Schwierigkeiten. Der Absatz war schleppend, Aufträge wurden storniert, und Bell saß mit einem Haufen neuer Maschinen da, die er nicht bezahlen konnte.

Und da kam dieser Brockton ins Spiel. Er hatte etwas, was Bell gerade da dringend brauchte – Geld. Er bot an, sich einzukaufen, den neuen Maschinenpark zu bezahlen und die Fortzahlung der Löhne zu garantieren, wenn Bell ihn zum Teilhaber machte. Na ja, was anderes blieb Bell kaum übrig.

Seitdem versucht Brockton, die Firma nach und nach gänzlich an sich zu bringen. Er war es, der Bell dazu überredet hat, Firmenanteile zu verkaufen, und wir haben jetzt mehr verdammte Besitzer als man in den Hintern treten kann. Das wird Bell noch Ärger machen, du wirst schon sehen.«

»Es ist ein Geschäft, oder nicht?« sagte Johnny. »Solange Brockton seine Sache gut macht...«

»Er will Bells Skalp!« sagte der alte Mann ärgerlich. »Und das ist sein einziges Ziel. Dazu soll auch diese verdammte Aktionärsversammlung dienen. Es ist nicht fair!« rief Gabe und schlug mit der Faust auf den Tisch, was ihm neugierige Blicke eintrug. »Es ist nicht fair!«

Jemand am Nachbartisch sagte etwas, und die Runde lachte. Gabe richtete sich kerzengerade auf und beendete seine Mahlzeit ohne ein weiteres Wort.

Johnnys Vermieterin stellte sich als ein mütterlicher Typ heraus. Sie versetzte die Knöpfe an dem Jackett seines neuen Anzugs und änderte die Hosenaufschläge, und als er sich am Sonnabend für seine Verabredung mit Erika Lacy zurechtmachte, sah er schon sehr viel adretter aus.

Erika hatte ihm geschrieben und vorgeschlagen, ihn mit dem Auto von der Pension abzuholen. Als das Kabriolett am Bordstein hielt, stieg er mit einem verlegenen Lächeln ein und sagte: »Ich fühle mich wie ein Gigolo.«

Erika lachte. »Es ist einfach praktisch, meinen Wagen zu benutzen. In Point Placid kommt man ohne Auto nicht weit.«

Er überließ Erika die Wahl des Restaurants. Es war ein kleines Fachwerkhaus, das von der Straße aus fast nicht zu sehen war. Das Restaurant war klein, die Atmosphäre anheimelnd und die Preise auf der Speisekarte waren, wie Johnny mit Erleichterung feststellte, maßvoll. Er bestellte eine Flasche Rotwein, was sich als gute Geldanlage herausstellte. Die Unterhaltung ging jetzt leichter.

»Der Job macht Ihnen also wirklich nichts aus?« fragte

Erika. »Selbst wenn Sie nicht wissen, was das alles für Teile sind?«

»Ich bin dabei zu lernen«, sagte Johnny fröhlich. »Ich kann Ihnen jetzt den Unterschied zwischen einem Nocken und einem Kurbelzapfen erklären. Und ich weiß, was ein Nuteisen ist oder eine Polierscheibe, was man zum Honen nimmt und was zum Stanzen.«

»Klingt wie eine fremde Sprache.«

»Ist es auch, jedenfalls für jemand, der gerade noch auf einer Farm gearbeitet hat. Wenn der alte Gabe nicht wäre, dann steckte ich wirklich in der Klemme. Er ist ein großartiger Bursche, aber ich möchte nicht wissen, wie alt er ist.«

»Vierundsechzig«, sagte Erika lächelnd. »Noch ein Jahr bis zu seiner Pensionierung, und das schon seit einer Ewigkeit. Aber keiner stört sich daran. Jeder weiß, daß Gabe augenblicklich aufhören wird, wenn er nicht mehr in Höchstform ist. Ohne ihn wird die Fabrik nicht mehr sein, was sie mal war.«

Der Gedanke schien sie traurig zu machen, aber vielleicht war es auch etwas anderes. Plötzlich hob sie ernst die Augen und sagte: »Johnny, dürfte ich Sie etwas fragen?«

»Natürlich.«

»Als Sie damals im Lazarett waren, hat man da bei Ihnen mit plastischer Chirurgie gearbeitet? Bei Ihren Verletzungen, meine ich?«

Er erstarrte. »Ja, natürlich. Warum fragen Sie?«

»Onkel Bell sagte etwas von Ihrer Untersuchung für die Versicherung. Daß Sie so glänzend abgeschnitten haben.«

Er wußte, er mußte vorsichtig sein. »Ich denke nicht gern daran zurück«, sagte er ernst. »Sie müssen mich an die fünfzigmal operiert haben, um mich zusammenzuflicken.«

Sie legte ihre Hand auf die seine. »Sprechen Sie nicht mehr darüber. Sprechen Sie über die Zukunft.«

»Mir ist das durchaus recht.«

Um neun verließen sie das Restaurant, und Erika fragte

Johnny, ob er fahren wolle. Er nahm an und setzte sich ans Steuer.

Sie bogen gerade in den Highway ein, als sie hinter sich ein hartnäckiges Hupen hörten. Erika drehte sich um, und ihr entfuhr ein Ausruf der Überraschung und des Ärgers. Johnny beobachtete im Rückspiegel, wie sich der weiße Sportwagen an seine Stoßstange hängte, und machte ein finsteres Gesicht.

»Was wird hier gespielt?«

»Ach, nichts«, sagte Erika, »bloß so ein Rowdy. Fahren Sie weiter, Johnny.«

Er gab Gas, um sich von dem anderen abzusetzen. Dessen Motor heulte auf und brachte den niedrigen Wagen bis auf Zentimeter an das Kabriolett heran. Als Johnny versuchte, ihn abzuschütteln, indem er plötzlich in eine Nebenstraße einbog, blieb das weiße Auto hinter ihm, überholte ihn dann plötzlich und setzte sich dicht vor ihn.

»Paß doch auf!« brüllte Johnny und trat auf die Bremse. Als aber der Weiße vor ihnen wie besoffen im Zickzack fuhr, brachte er das Kabriolett fluchend zum Stehen. Der Sportwagen hielt ebenfalls.

Johnny wollte gerade mit funkelnden Augen aus dem Auto stürzen, als sich Erikas Hand auf seinen Arm legte und ihn zurückhielt.

»Nicht«, sagte sie hastig. »Das ist jemand, den ich kenne. Er macht bloß Spaß.«

»Sehr komisch! Ich glaube, ich muß ihm mal Manieren beibringen.«

»Bitte, Johnny!«

Der andere Fahrer war aus seinem Schalensitz geklettert und kam auf sie zu. Er war groß und schmal, hatte glänzendes blondes Haar, und sein Anzug ließ Johnnys Zwanzig-Dollar-Anzug ganz wie das Sonderangebot aussehen, das er gewesen war.

»Hallo«, sagte er lässig. »Wie geht's denn so, Erika?«

»Bist du uns gefolgt?« fragte sie wütend.

Er grinste und blickte Johnny an. »Wir kennen uns noch nicht. Ich heiße Huey Brockton. Vielleicht hat Erika mich erwähnt.«

Johnny betrachtete einen Augenblick lang das gutgeschnittene Gesicht und sagte dann: »Das hat sie wirklich. Im Restaurant, da war ein Schwein mit einem Apfel im Maul, und sie sagte, es erinnere sie an einen Bekannten.«

Huey wurde rot und sah das Mädchen an.

»Ich wollte doch wissen, mit wem du ausgehst. Du hast mir nicht gesagt, daß es der Bursche ist, der die Fabrik ausfegt.«

Johnny öffnete die Wagentür, und Erika hielt einen Moment den Atem an.

»Bitte«, sagte sie. »Lassen Sie es gut sein. Huey, das ist alles deine Schuld.«

»Kletter mal wieder in deinen Kinderwagen, Söhnchen«, sagte Johnny.

»Wer sollte mich dazu zwingen?« Als Johnny auf ihn zutrat, steckte Huey die Hand in die Tasche.

»Mach dich nicht mausig. Ich hab hier drinnen was, das wehtut.«

»Was denn? Eine Rassel?«

Johnny setzte sich in Bewegung. Seine Linke ging ihm voraus, stieß mit einer blitzschnellen Geraden vor und traf Huey Brocktons Kinn, so daß dieser zurücktaumelte. Erika schrie auf, als Huey zu Boden ging. Als er wieder auf den Füßen war, hatte er das Messer in der Hand – es funkelte im Mondlicht.

»Nicht! Nicht!« schrie Erika. »Laß ihn zufrieden!«

Johnny wich dem Stoß mit Leichtigkeit aus. Er trat einen Schritt zur Seite, umfaßte Hueys Arm mit beiden Händen und schmetterte ihn gegen die Seite des Kabrioletts, so daß Hueys Hand das Messer fahren ließ. Erika wollte es aufheben, aber Johnny war schneller. Er ergriff es, wirbelte Huey in einem halben Nelson herum und hielt ihm das Messer an die Gurgel.

»Jetzt«, sagte Johnny, »jetzt wollen wir doch mal sehen.«
»Loslassen!« ächzte Huey. Er fühlte den kalten, tödlichen Stahl an seiner Kehle, und die Augen quollen ihm hervor.
»Ich bringe dich um«, flüsterte Johnny, »ich schlitze dich auf wie ein Huhn.«
Erika war aus dem Wagen gesprungen. Sie zerrte an Johnnys Arm, doch Johnny stand wie ein Felsen.
»Bitte, Johnny!« flehte sie.
»Ich wollte nicht mit dir spielen«, sagte er, »aber wenn ich spiele, dann richtig. Also wirst du sterben.«
Huey rollte mit den Augen. »Erika, hilf mir!«
»Johnny«, schluchzte das Mädchen, »Johnny, laß ihn los!«
Es dauerte einen Moment, aber er wurde langsam wieder klar im Kopf. Er lockerte seinen Griff um Hueys Arm, und dann stieß er Huey von sich. Er starrte noch auf das Messer in seiner Hand, als Huey schon zu seinem Auto rannte. Dann, als der Motor aufheulte, warf Johnny das Messer ins Gebüsch und blickte ihm nach.
Wie im Traum stieg er wieder ins Auto. Erika setzte sich ans Steuer, fuhr aber nicht los. »Johnny«, flüsterte sie.
Er bedeckte seine Augen mit den Händen.
»Ich war im Begriff, ihn umzubringen«, sagte er.
»Aber nein. Nicht im Ernst.«
»Ich wollte ihn umbringen. So wie all die andern.«
Sie zuckte zurück. »Die anderen?«
Er konnte sie nicht ansehen.
»Es waren vier. Ich habe sie alle getötet. Frag mich nicht, warum, Erika, ich weiß es nicht. Aber ich habe sie getötet, alle vier.«

»Ich habe dich angelogen«, sagte Johnny. »Mein Name ist nicht Johnny Brennan, sondern Johnny Bree. Zumindest wurde ich so genannt. Ich erzählte dir, ich hätte gerade meine Arbeit auf einer Farm aufgegeben. Das war nur zur Hälfte die Wahrheit. Ich habe schon auf einer Farm gearbeitet, aber nicht die Art Farm, an die du denkst. Sondern das war ein Betrieb, wo die Nahrungsmittel für die Gefangenen angebaut werden.«

»Ich wußte noch nicht einmal, daß es hier in der Nähe ein Gefängnis gibt.«

»Es wird auch nicht so genannt. Man hat dafür besser klingende Namen. Ich bin kein gewöhnlicher Verbrecher, Erika, ich bin einer von diesen psychiatrischen Fällen, von denen man immer hört. Na, wie fühlst du dich dabei?« Er sah sie anklagend an. »Wann fängst du an zu schreien?«

»Ich werde nicht schreien, Johnny.«

»Hast du keine Angst? Ich bin ein Verrückter. Ein geisteskranker Verbrecher. Wenn ich den Kopf verliere, dann müssen Menschen sterben. So wie dein Freund da.«

»Aber du hast ihn laufen lassen. Ihm ist nichts passiert.«

»Sicher«, sagte er bitter. »Ich mache Fortschritte. Deswegen haben sie mir auch getraut und mich in dem Farmlager arbeiten lassen. Ich war ja so artig gewesen. Während der ersten paar Jahre, da war das anders. Ich kann mich nicht daran erinnern, wann ich dort hingekommen bin und was ich da gemacht habe. Es war, als ob ich dort zur Welt gekommen wäre, ein neugeborenes Baby. Dann – frag mich nicht wie – fing der Nebel an, sich zu lichten. Ich erkannte Gesichter wieder, wenn ich sie zum zweitenmal sah. Ich lernte, selbständig zu essen, mich anzuziehen, mich wie ein vernünftiges menschliches Wesen zu verhalten. An die Vergangenheit konnte ich mich kaum erinnern, aber in der Gegenwart konnte ich mich ganz gut zurechtfinden. Was die Zukunft betrifft ...«

»Man kann sich dort wegen deiner Zukunft keine Sorgen gemacht haben, sonst hätte man dich nicht gehen lassen.«

Er sagte nichts, nur die Geräusche der Nacht waren zu hören.

»Aber warum warst du dort, Johnny? Weißt du das?«

»Das ist das einzige, was ich sicher weiß. Das einzige, woran ich mich genau erinnern kann. Aus irgendeinem Grund habe ich vier Männer getötet. Ich konnte mir nicht helfen, ich mußte es einfach tun. Es war wie ein unkontrollierbarer innerer Zwang. Ich kann mich weder an ihre Namen, noch an ihre Gesichter erinnern, noch wo es geschah. Aber wie ich es getan habe, das weiß ich noch ganz genau.«

Er schloß die Augen.

»Den einen tötete ich mit einem Messer – genauso, wie ich fast Huey Brockton umgebracht hätte.«

Unwillkürlich hielt Erika den Atem an. Er merkte es nicht.

»Einen weiteren habe ich erwürgt. Die anderen beiden habe ich erschossen.«

Er wandte ihr sein Gesicht zu, und die Verzweiflung, die sie dort sah, schien sie mehr zu ängstigen als sein Geständnis. Sie wich vor ihm zurück.

»Ich kann es nicht glauben«, sagte sie. »Es muß irgendeine Art von Wahnvorstellung gewesen sein...«

»Nein«, sagte er hart. »Ich weiß zwar nicht viel über mich selbst, aber das weiß ich. Es war keine Wahnidee. *Es war Mord.*«

Er sah, daß sie jetzt schreien würde. Aber sie hatte den Schrei zu lange unterdrückt, inzwischen war es mehr ein Wimmern, ein Klagelaut eher als ein Ausdruck des Entsetzens.

Er stieg aus. Sie versuchte nicht, ihn zurückzuhalten, und er wollte das auch gar nicht. Er ging in entgegengesetzter Richtung davon.

Als das Kabrio nur noch ein entfernter Punkt war, hörte er das Brummen seines Motors – und dann war es verschwunden.

Eine Stunde später befand er sich am Busbahnhof von Point Placid. Der Fahrplan hielt eine Enttäuschung für ihn bereit. Der nächste Bus fuhr erst Sonntagmorgen um zehn.

In einem Durchgang stand mit geöffneten Türen ein leerer, dunkler Bus. Die hohe Luftfeuchtigkeit ließ seine Lederpolster schwitzen. Auch die Holzbänke im Warteraum waren feucht, und ein bedrückender, ranziger Geruch hing in der Luft.

Ein alter Mann kam herein und klapperte mit Eimer und Mop. Er ließ eine Woge von Seifenwasser auf den gefliesten Boden schwappen und begann lustlos, mit dem Mop in dem grauen Schaum herumzuwischen.

»Kann ich hierbleiben?« fragte Johnny.

»Eh?«

»Ob ich hier warten kann. Ich habe den Bus verpaßt.«

Der Alte lachte und wischte weiter den Fußboden auf. Johnny legte sich auf eine der Bänke. An der Decke brannten acht matte Glühbirnen, und er zählte sie immer und immer wieder. Nicht lange, und er war eingeschlafen.

Als er aufwachte, schien ihm die Morgensonne ins Gesicht, und jemand schüttelte seinen Fuß.

»Na los!« sagte eine Stimme.

Er setzte sich mühsam auf und sah in das zerfurchte Kriegergesicht des Mannes, der über ihn gebeugt stand.

»Scheußlicher Schlafplatz«, sagte Beldon Lacy. »Gift für die Wirbelsäule.«

»Mr. Lacy...«

»Kannst du ne Tasse Kaffee gebrauchen? An der Ecke ist so'n Schuppen. Der Kaffee da ist wenigstens heiß, wenn auch sonst nichts.« Er griff Johnny unter den Ellbogen und half ihm auf.

Lacy sagte nichts mehr, bis sie in dem Lokal saßen und zwei dampfende Becher vor sich hatten. Nach dem ersten Schluck grunzte Lacy und sagte:

»Okay, du wolltest also von deinem Job weglaufen. Der erste Lohn und ab durch die Mitte. Das ist ja eine tolle Einstellung.«

»Hat Erika Ihnen erzählt, was passiert ist?«

»Hat sie.«

»Und warum wollte ich dann wohl die Stadt verlassen?«

»Hör zu, Freundchen, ich weiß bloß, daß Erika nach Hause kommt und wie ein Kind plärrt, dem der Luftballon geplatzt ist. Und das nur, weil du dich mit Huey gerangelt hast.«

»Es war ein bißchen mehr als das.«

»Ich weiß. Huey zog ein Messer. Ich habe schon immer gewußt, daß dieser Hohlkopf zu Gemeinheiten fähig ist. Das liegt in der Familie.«

»Ist das alles, was sie Ihnen erzählt hat?«

»Nein.« Lacy rührte seinen Kaffee um, und die Falten über seiner Nasenwurzel vertieften sich. »Sie sagte, du seist krank gewesen. Daß du als junger Bursche in Schwierigkeiten geraten und dafür eingebuchtet worden bist.«

Johnnys Herz pochte. Erika hatte ihrem Onkel die wichtigste Tatsache verschwiegen. Warum?

»Sie sagte, du würdest höchstwahrscheinlich weglaufen«, fuhr Lacy fort. »Ich habe in deiner Pension nachgefragt, und als du nicht da warst, dachte ich als nächstes an den Busbahnhof.«

»Warum?« fragte Johnny. »Warum machen Sie sich die Mühe?«

»Woher soll ich das wissen?« knurrte Lacy. »Weil Erika es gern möchte, nehme ich an. Außerdem kannst du nicht einfach den alten Gabe im Stich lassen, er fing gerade an, sich an dich zu gewöhnen. Ich erwarte also, daß du morgen wieder zur Arbeit erscheinst.«

»Das kann ich nicht«, sagte Johnny.

Lacy legte ihm die Hand auf die Schulter, und das war nicht einfach nur freundlich gemeint.

»Das ist keine Bitte, sondern ein Befehl. Mich läßt keiner einfach im Stich, Freundchen, mich nicht und meine Nichte auch nicht. Niemand braucht von deiner Vergangenheit etwas zu wissen, und ich werde dafür sorgen, daß unser Freund Huey den Mund hält. Nicht daß er viel Grund zum Prahlen hätte.«

Johnny trank den letzten Rest Kaffee aus.

»In Ordnung«, sagte er. »Sie sind der Boß.«

Am darauffolgenden Mittwoch setzte er ein neues Kontrollsystem in die Praxis um, bei dem die ausgegebenen Teile tageweise erfaßt wurden. Es war seine eigene Idee und machte die freitägliche Führung der Bestandsliste ein gut Teil schneller. Als er Gabe Lesca seinen Plan beschrieben hatte, hatte dieser sofort erkannt, wie praktisch er war.

»Paß bloß auf, Junge«, hatte er Johnny gutmütig gewarnt, »daß sie dich nicht von diesem bequemen Job wegzerren und zum Manager machen.«

Johnny war rot geworden und hatte sich gefreut.

Am Freitagabend verließ er die Fabrik beim letzten Schrillen der Fünf-Uhr-Pfeife, während Gabe im Umkleideraum zurückblieb. Er brauchte erst um sechs wieder da zu sein, um die Bestandsliste für diese Woche auf den neuesten Stand zu bringen, und verbrachte die dazwischenliegende Stunde in dem Lokal gegenüber. Das Essen war fett dort, aber er merkte das nicht weiter.

In die Fabrik zurückgekehrt, ging er ins Materiallager und begann, die Ausgabezettel durchzugehen. Es würde noch eine Woche dauern, ehe er von seinem neuen System profitieren konnte, und so lagen zwei gute Stunden Arbeit vor ihm. Plötzlich kamen ihm Zweifel. Würde es eine weitere Woche überhaupt geben? Oder würde die Aktionärsversammlung, die für Montag angesetzt war, seinem neuen Leben ein Ende bereiten?

Howard Brockton. Er sprach den Namen laut aus und dachte auf einmal daran, daß er diesen Mann noch niemals gesehen hatte, der der Fabrik und dem Haus Lacy soviel Kummer bereitete.

Er beugte sich über seine Arbeit und blickte erst um acht Uhr fünfzehn wieder auf.

Auf seinem Weg hinaus nahm er eine Abkürzung durch das Verwaltungsgebäude, um zum Haupttor zu gelangen.

Am Ende eines langen Korridors, an dem die Büros der leitenden Angestellten lagen, stand eine Tür halb offen, und Licht fiel auf den gebohnerten Fußboden. Hier machte auch jemand Überstunden.

Als er nahe herankam, sah er den Namen Howard Brockton

auf dem Schild an der Wand. Wenn er langsam genug vorbeiginge, könnte er direkt einen Blick auf das Ungeheuer in seiner Höhle werfen.

Was er sah, bestürzte ihn. Der Mann saß hinter einem großen Eichenschreibtisch, aber sein Kopf lag auf der Schreibunterlage. Die Schreibtischlampe ließ seine Glatze schimmern und warf ein Schlaglicht auf den runden Fleck, der sich um sein Kinn herum ausbreitete.

Johnny trat ein und sagte: »Mr. Brockton?«

Er berührte den Mann an der Schulter, aber als er die Farbe des Fleckes sah, wußte er, daß jener nicht mehr antworten konnte. Er schob ihn in den Sessel zurück – der Mann war tot. Die linke Seite seines Schädels war zerschmettert, seine Wange aufgeplatzt wie eine reife Melone, das Blut auf seinem Gesicht noch feucht. Er war ein Mann mit unbedeutenden Gesichtszügen und farblosen Augen. Jede Grausamkeit oder Berechnung, die sein Gesichtsausdruck gezeigt haben mochte, hatte der Tod hinweggewischt.

Dann hörte Johnny das Schlüsselrasseln und die schweren Schritte des Nachtwächters näher kommen, und er begriff das Entsetzliche der Situation.

Wenn man ihn hier im Büro fände, wie könnte er seine Anwesenheit erklären? Wie sollte er die Fragen beantworten, die kommen mußten? Wer er sei. Wo er herkomme. Wie sein richtiger Name sei. Warum man ihn angestellt habe. Und seine Antworten. *Ich bin Johnny Bree. Ich bin ein Mörder. Ich bin aus einer Anstalt für geistesgestörte Kriminelle ausgebrochen. Und ich bin unschuldig, unschuldig!*

Die Schritte des Nachtwächters verhielten vor der Tür. Seine Hand lag auf dem Griff.

»Mr. Brockton?«

Johnnys einzige Chance, freizukommen, lag in einem Überrumpelungsangriff. Er machte einen Satz auf den Wächter zu, aber dessen Reflexe waren gut. Es gelang ihm, Johnny am Arm zu packen. Dieser schlug mit der rechten Faust wild um sich, riß sich los und lief den Korridor hinunter. Auch der Warnruf hielt ihn nicht auf.

»Halt! Halt! Oder ich muß schießen!«

Am Ende des Korridors rutschte er die letzten Zentimeter auf dem glatten Boden bis zur Eingangstür, riß sie auf und war im Hof. Er erreichte das unbewachte Tor, ehe der Nachtwächter ihn daran hindern konnte. Doch obwohl er zunächst durchgekommen war, wußte er, daß ihm das Schlimmste noch bevorstand, wenn der Wächter erst herausfand, was da in Howard Brocktons Büro zurückgelassen worden war.

Er bestieg ein Taxi und nannte die Adresse der Lacys, ohne daß er gewußt hätte, ob er Erika oder seinen Chef überhaupt sehen wollte. Dann entdeckte er, daß er in einem Funk-Taxi saß, das jederzeit für die Polizei erreichbar war. Wenn sie schon hinter ihm her waren, könnte die gelangweilte, näselnde Stimme aus der Taxizentrale jederzeit unterbrochen werden: *An alle Fahrer... Halten Sie Ausschau nach...*

Aber die Durchsage blieb aus. Sie erklommen die Steigung von Sycamore Hills, und er erreichte unbehelligt das Haus der Lacys.

Auf sein Klingeln machte Erika selbst auf. Sie trug ein schwarzes Kleid, das nicht ganz zugeknöpft war.

»Johnny...«

»Ich muß mit dir reden, Erika. Läßt du mich rein?«

Er wartete die Antwort nicht ab, sondern trat ein und schloß schnell die Tür.

»Ist dein Onkel zu Hause?«

»Nein, er ist in seinem Klub. Was ist los, Johnny?«

»Ich muß dir etwas sagen. Ich wollte es auch deinem Onkel sagen. Es handelt sich um Brockton.«

»Howard Brockton?«

»Er ist tot, Erika. Man hat ihn umgebracht.«

Sie preßte die Faust vor den Mund.

»Das darfst du nicht denken!« schrie Johnny. »Ich habe Überstunden gemacht. Ich fand seine Leiche. Aber der Nachtwächter überraschte mich im Büro, und ich lief weg. Er hat mich gesehen, Erika. Man wird denken, daß ich etwas damit zu tun habe!«

Sie starrte unbeweglich vor sich hin. Er packte sie bei den dünnen Schultern und schüttelte sie.

»Glaub mir doch!« rief er. »Bitte, Erika, glaub mir!«

Im Wohnzimmer klingelte das Telefon. Erika bewegte sich zur Tür, ungewiß, ob er sie zurückhalten würde. Aber er folgte ihr nur und beobachtete sie.

»Ja, Onkel Bell...«

Er nahm ihr den Hörer fort und hörte Bell Lacy sagen: »...auf dem Weg zum Haus. Das wissen wir aus der Taxizentrale. Also setz dich ins Auto, und zwar schnellstens. Fahr zum Klub und warte dort auf mich. Hast du verstanden?«

Johnny zeigte auf die Sprechmuschel und nickte.

»Ja«, sagte Erika. »Ja, ich verstehe, Onkel Bell.«

»Ich hätte es besser wissen sollen«, sagte die Stimme. »Ich hätte ihn niemals in die Fabrik lassen sollen. Jetzt haben wir den Salat.«

»Onkel Bell, hör mal...«

Als schmerzhafte Warnung packte er ihren Arm.

»In Ordnung«, sagte sie. »Ich fahre sofort los. Aber ich kann nicht glauben, daß es Johnny war, das ist einfach nicht möglich.«

»Er war's, da besteht kein Zweifel. Man hat ihn dabei überrascht. Du hast mir doch selbst erzählt, daß er ein Killer ist. Vielleicht hat er gedacht, er täte mir irgendwie einen Gefallen damit, das arme Schwein. Verlier keine Zeit, Erika.«

Sie legte auf. »Was willst du jetzt machen?« flüsterte sie.

»Hol mir deine Autoschlüssel!«

Sie ging zum Schrank in der Diele. Er ging ihr nach und sah, wie sie sich mit einem Mantel auf einem Bügel abmühte. Johnny stieß sie zur Seite und untersuchte den Schrankboden.

Er fand eine Doppelflinte gegen die Seite gelehnt. Er nahm sie auf und sah Erika finster an.

»Nein, Johnny«, sagte sie. »Ich schwöre dir, das hatte ich nicht vor. Ich habe nur nach den Schlüsseln gesucht.«

»Such weiter.«

Sie fand sie in der Tasche eines Regenmantels und gab sie ihm. Er ging damit zur Tür, aber als er sie aufmachte, explodierte das Licht vor ihm wie eine Granate. Er warf die Tür wieder zu und lehnte sich dagegen.

»Was ist?« fragte Erika. »Was geht da vor?«

»Die Polizei. Sie sind schon da.«

Er hob die Flinte und bedeutete ihr damit, ins Wohnzimmer zurückzugehen. Sein Körper war von einem dumpfen Pochen erfüllt, das das Tempo seiner Handlungen bestimmte. Er ging zum Fenster und zog die Gardine zur Seite. Vor dem Haus stand ein schwarzweißes Auto der Staatspolizei, und seine Scheinwerfer waren auf die Tür gerichtet. Eine Gestalt trat ins Licht und hob einen trichterförmigen Gegenstand an den Mund.

»Brennan!« erklang es durch das Megaphon. »Brennan, hier spricht Captain Demerest von der Staatspolizei. Dies ist keine Festnahme. Wir bitten Sie herauszukommen, damit wir mit Ihnen reden können.«

Erika stöhnte. »Tu, was sie sagen, Johnny!«

»Zu lange können wir nicht warten, Brennan«, sagte die Stimme. »Jede Minute, die Sie länger da drin bleiben, spricht gegen Sie.«

Ein zweites Auto kam den Hügel heraufgerast und hielt mit quietschenden Reifen. Vier Polizisten, mit Waffen beladen, kletterten heraus. Johnny schnaubte verächtlich und schob sich seitwärts ans Fenster.

»Ich komme nicht raus!« schrie er.

»Schicken Sie das Mädchen raus, Brennan. Machen Sie die Sache nicht noch schlimmer!«

Er wandte sich mit gequältem Gesicht zu Erika um.

»Ich kann nicht«, sagte er. »Ich kann das einfach nicht machen, Erika.« Und dann zur Polizei: »Versucht nicht, das

Haus zu stürmen! Ich habe ein Gewehr! Ich erschieße sie, wenn ihr versucht, das Haus zu stürmen!«
Er verließ das Fenster und ging zu ihr hin.
»Ich tue dir nichts«, sagte er. »Du weißt, daß ich dir nichts tue, Erika.«
»Das hier hilft dir doch nicht weiter, Johnny. Früher oder später mußt du doch aufgeben.«
»Dann später. Später!«

Es war eine ganze Weile später, als endlich wieder etwas von dem Kordon draußen vor dem Steinhaus zu hören war. Über eine Stunde lang hatten die Gesetzeshüter von Stadt und Staat über die angemessensten Maßnahmen konferiert. Für Johnny, der mit der Schrotflinte auf den Knien im Wohnzimmer saß, war diese Verzögerung ein Aufschub. Aber sie war auch die Hölle.
Dann ertönte wieder das Megaphon.
»Johnny, hörst du mich? Hier spricht Beldon Lacy!«
Erika wimmerte beim Klang der vertrauten Stimme.
»Hör mir zu, Johnny. Niemand will dir etwas tun. Wirf die Flinte weg und komm heraus.«
»Bitte«, murmelte Erika. »Hör auf ihn, Johnny. Du weißt, daß Onkel Bell dich mag...«
»Denkst du, ich hätte nicht gehört, was er am Telefon gesagt hat? Er hat gesagt, ich sei ein Killer...« Johnny konnte das Wort kaum aussprechen. »Woher wußte er das, Erika? Er sagte, du hättest ihm erzählt, ich sei krank gewesen. Aber nichts von den Männern, die ich ... getötet habe.«
»Natürlich habe ich es ihm erzählt«, sagte Erika, »ich erzähle ihm immer alles.«
»Dann wußte er also, daß ich ein Mörder bin, und trotzdem wollte er, daß ich für ihn arbeite? Warum, Erika?«
»Johnny!« dröhnte der Lautsprecher. »Nehmen Sie doch endlich Vernunft an. Wir sind Ihre Freunde. Wir wollen Ihnen helfen...«

»Warum?« sagte Johnny hart. »Warum sollte er einen Killer einstellen? Ich werde dir sagen, warum. Damit er einen Sündenbock hat...«

Er stürzte zum Fenster.

»Schickt Bell Lacy herein!« bellte er. »Ich rede nur mit Bell Lacy und sonst niemand!«

»Onkel Bell, Onkel Bell, komm nicht...«

Er stieß Erika so gewaltsam fort, daß sie gegen das Sofa taumelte. Sie fing an zu weinen – es waren die ersten Tränen, seit er hier war.

Dann löste sich eine Gestalt aus der Menge.

»Tu ihm nichts an«, schluchzte Erika. »Tu ihm nichts an, Johnny.«

Das Klopfen an der Haustür klang unerschrocken. Johnny ging in die Diele und richtete den Lauf der Flinte auf die Tür. Sie ging auf, und Lacy stand da.

»Wo ist Erika?«

Sie lief zu ihm, und er legte den Arm um sie.

»Gehen Sie von ihr weg«, sagte Johnny.

»Tu die Flinte weg, Johnny, du brauchst sie nicht mehr. Wir wissen, wie Howard Brockton getötet wurde.«

Johnny lachte. »Klar tun Sie das. Und ich auch. Weil Sie nämlich das Ganze geplant haben. Sie wußten, daß ich ein Killer bin, und deshalb wollten Sie mich in der Fabrik haben.«

»Das stimmt nicht, Johnny.«

»Erika hat Ihnen von den vier Männern erzählt, die ich getötet habe. Aber Sie wollten das nicht zugeben. Sie ließen mich glauben, Sie wüßten das nicht.«

»Also schön, ich habe es gewußt. Aber Erika sagte, du wärst geheilt. Andernfalls hätte man dich doch nicht entlassen.«

»Sie sind ein Lügner! Sie brauchten ein Alibi, das ist alles! Und mich hatten Sie dazu ausersehen.«

Er hob die Schrotflinte.

»Brennan!« dröhnte es draußen aus dem Lautsprecher.

»Brennan, hier ist jemand, der Sie sprechen möchte. Können Sie mich hören, Brennan?«

Vorsichtig näherte sich Johnny dem Fenster und zog die Gardine zur Seite. Ein weiteres Auto war am Schauplatz eingetroffen, ein schlichtes graues Auto ohne Markierungen. Zwei Männer stiegen gerade aus.

»Hören Sie, Brennan. Diese Herren hier möchten mit Ihnen sprechen. Sie sind gekommen, um Ihnen zu helfen.«

Johnny schirmte seine Augen gegen das grelle Licht ab und versuchte, die Neuankömmlinge zu erkennen. Der eine war ein kleiner, rundlicher Mann in einem zerknitterten Straßenanzug. Der andere, hochgewachsen und knochig, trug die olivgrüne Uniform eines Offiziers des Marineinfanteriekorps.

»Colonel Joe«, flüsterte Johnny.

»Was ist?« fragte Erika. »Wer sind die Männer?«

»Colonel Joe!« rief Johnny laut, und seine Augen weiteten sich. Und dann, nach einem wilden Blick auf das Mädchen und seinen Onkel, stürzte er zwischen ihnen hindurch in die Diele. Die Schrotflinte hielt er noch immer umklammert. Er riß die Haustür auf und lief hinaus. Auf seinem Gesicht lag ein seltsam hingerissener Ausdruck, und im Licht der Polizeiautos glühten seine Augen. Der Schuß, den einer der nervösen Polizisten auf ihn abfeuerte, streckte ihn nieder, ehe er noch drei Meter vom Haus entfernt war. Er stürzte vornüber auf den Kies der Auffahrt und lag still.

Als Erika das Krankenhauszimmer betrat, saß der Marineoffizier an Johnnys Bett, und jetzt sah sie auch den Äskulapstab an seinem Aufschlag. Sein Haar war grau, aber abgesehen von der Weisheit in seinen Augen war er noch ein junger Mann.

»Sie müssen Erika sein«, sagte er lächelnd. »Ich bin Joe Gillem.«

Sie blickte Johnny an, der sie schwächlich angriente.

»Tut mir leid«, sagte er. »Ich habe ganz schön viel geredet – und auch ziemlich viel von dir.«

»Wie fühlst du dich?«

»Ganz wie zu Hause. Sie haben mir die Kugel aus der Hüfte geholt, und ich werde wahrscheinlich noch eine Weile durch die Gegend hinken, aber ich bin okay.«

»Es steht sogar noch besser um ihn«, sagte der Colonel. »Viel besser. Johnny fängt an, sich zu erinnern.«

Erika hielt den Atem an. »Erinnern?«

»An seine Vergangenheit. Daran, wer er wirklich ist. Irgendwie hat seine Flucht mehr bewirkt als sein ganzer Anstaltsaufenthalt. Nicht daß wir sie geradezu als Therapie empfehlen würden, aber in seinem Fall hat sie gewirkt.«

»Flucht?« sagte Erika.

»Es stimmt«, sagte Johnny. »Das war das einzige, was ich nicht gewagt habe, dir zu erzählen, Erika. Ich bin nicht entlassen worden, ich bin geflohen.«

Sie sah mit einer unausgesprochenen Frage den Colonel an.

»Nein«, sagte dieser lächelnd, »ich glaube nicht, daß er zurück muß, Miss Lacy. Er wird von jetzt an ein ambulanter Patient sein.«

»Patient?«

»Haben Sie gedacht, er sei ein Gefangener gewesen? Nein, Miss Lacy, es war kein Gefängnis. Es ist eine psychiatrische Klinik für ehemalige Kriegsteilnehmer. Johnny war da, weil er jede Erinnerung an sein Jahr in Korea verloren hatte. Alles, was ihm geblieben war, war das Gefühl der Schuld ...«

»Es passierte im Herbst 53 auf dem Heartbreak Ridge. Johnny war auf Patrouille, und nachdem sein Feldwebel von Scharfschützen getötet worden war, übernahm er den Befehl. Sie waren hinter den kommunistischen Linien – das war die Art von Krieg, in der wir uns befanden. Plötzlich lag Artilleriesperrfeuer vor ihnen, und als sie versuchten wegzukommen, gerieten sie in einen Kessel, der direkt in der Schußlinie eines MG-Nestes lag. Ihre einzige Hoffnung, mit dem Leben davonzukommen, lag darin, das MG außer Gefecht zu setzen. Genau das tat Johnny. Unter Feuerschutz gelangte er hinter die MG-Stellung und warf eine Handgranate. Das MG war erledigt, aber vier der Feinde lebten noch.

Es war das erste Mal, daß er so direkt, von Angesicht zu Angesicht, töten mußte. Er war achtzehn Jahre alt. Zwei von ihnen erschoß er, einen weiteren mußte er mit dem Bajonett erstechen. Dabei verlor er sein Sturmgewehr und mußte den letzten erdrosseln. Das waren seine vier ›Opfer‹, Miss Lacy, die ›Morde‹, deren er schuldig war.

Er wurde mit einem Schock, sonst aber unverletzt in ein Feldlazarett gebracht. Er war in einem Zustand der Katatonie, der monatelang anhielt. Sein Erinnerungsvermögen hatte ihn verlassen, er wußte nur noch, daß er ein Mörder war.

Als wir im Fernsehen von dem Mord an Howard Brockton hörten und Johnnys Photo sahen, da wußte ich, wer er war und daß die Polizei hinter dem falschen Mann her war. Ich machte mich sofort mit Dr. Winterhaus, dem Chefpsychiater, auf den Weg. Wir waren beide viel mit Johnny zusammen, und wir sind überzeugt davon, daß er wieder gesund werden wird.«

Erika hatte mit Staunen und einem immer größeren Glücksgefühl zugehört, aber als sie sich jetzt wieder Johnny zuwandte, sah dieser melancholisch aus.

»Ich freue mich so für dich, Johnny...«

»Tja«, sagte er. »Aber du weißt, was das bedeutet, nicht? Es bedeutet, daß ich mit deinem Onkel recht hatte...«

Sie sah schnell zum Colonel.

»Dann weiß er es gar nicht. Hat es ihm denn keiner gesagt?«

»Was weiß ich nicht?« fragte Johnny.

Erika trat an sein Bett und nahm seine Hand.

»Es war nicht Onkel Bell, Johnny. Es war der arme alte Gabe. Er hat Brockton getötet, der arme, unglückliche Gabe...«

»Gabe?«

»Ja«, sagte Erika traurig. »Er dachte, er könnte Onkel Bell helfen. Er ging zu Brockton ins Büro und versuchte, mit ihm zu reden. Das Ganze endete damit, daß er Brockton mit irgendeinem Werkzeug, das er bei sich trug, über den Schädel schlug. Er war sich nicht einmal im klaren darüber, wie schwer er ihn verletzt hatte. Als er es erfuhr, ging er zu Onkel Bell und erzählte ihm alles.«

»Armer Gabe«, sagte Johnny voller Trauer. »Was werden sie mit ihm machen, Erika?«

»Onkel Bell hat geschworen, daß er für ihn kämpfen wird. Du kannst von Onkel Bell sagen, was du willst, aber Loyalität ist für ihn so etwas wie eine Religion...«

»Wo ist er jetzt? Dein Onkel, meine ich.«

»Er hat gesagt, er würde um vier Uhr hier sein. Er will mit dir über etwas reden. Ich glaube, es handelt sich um dein neues System.« Sie hielt seine Hand noch fester. »Johnny, wenn er dir einen Job anbietet, irgend etwas in der Hauptverwaltung, würdest du es annehmen? Oder würdest du dickköpfig sein?«

»Ich weiß nicht. Er schuldet mir nichts.«

»Aber du würdest den Job nehmen?«

»Ich müßte darüber nachdenken.«

»Ich wußte es ja«, sagte Erika schmollend. »Natürlich wirst du dickköpfig sein. Das war ja vorauszusehen. Was machen Sie denn in einem solchen Fall, Doktor?«

Colonel Joe grinste. »Weiß nicht. Ich nehme an, ich würde es mal mit sanfter Gewalt versuchen.«

Das tat sie denn auch. Mit Erfolg.

Das Geburtstagsgeschenk

Als Julian Sears aufwachte, gefiel ihm die Idee, die er am Vorabend gehabt hatte, noch immer. Häufig wirkten seine vom vierten Martini inspirierten Eingebungen im Lichte des Morgens schwach und unhaltbar, aber diese hier war gut. Er glitt vom Bett und tappte leise über den dicken Teppich ins Badezimmer, ohne noch einen Blick auf die zerzauste Blondine zurückzuwerfen, deren wohlgeformtes Bein nackt unter der Decke hervorhing. Ein Bein, das die Stammgäste des Nachtclubs seit längerem voller Wonne beäugten, doch Julian konnte inzwischen, nach zweijähriger Bekanntschaft, daran vorbeigehen, ohne mit der Wimper zu zucken.

In dem schwarzgekachelten Badezimmer unterzog er sich einer energischen Morgentoilette. Strafend schlug er mit dem rosa Badetuch gegen seine Mitte, bürstete sich voller Ingrimm die Zähne, rieb sich mit dem Enthusiasmus eines Masseurs Seifenschaum ins Gesicht. Von Jahr zu Jahr nahmen Julians Waschungen an Heftigkeit zu, so als ob er sich den Schein der Jugend durch immer gewaltsamere Hygiene bewahren könnte. Doch bald würde er das halbe Jahrhundert vollendet haben, und wenn es noch einer Erinnerung daran bedurfte – sein Sohn David wurde an diesem Tage einundzwanzig Jahre alt.

»Einundzwanzig!« dachte Julian, als er sich die Aftershave-Lotion ins Gesicht klatschte. »Ein großer Tag für den Jungen. Ein Meilenstein. Und er wird noch sehr, sehr lange daran denken...«

Der Einfall des vergangenen Abends ließ ihn vergnügt in sich hineinlachen. Das würde ein *richtiges* Geburtstagsgeschenk sein, wie es ein Vater seinem Sohn machen sollte, ein Geschenk, das im Einklang mit der Großzügigkeit und hohen

Gesinnung stand, die David von seinem Vater zu erwarten gewohnt war. Der Gedanke an David ließ ihn auch an Sylvia denken, und er fragte sich, wie sie wohl auf seinen Einfall reagiert haben würde. Schockiert natürlich. Er sah ihr Gesicht vor sich, ihren großen, vorwurfsvollen Blick und die zusammengepreßten Lippen, und er lachte wieder.

Wie lange war das schon her? Mein Himmel, elf Jahre! Elf Jahre, seit seine damalige Frau seinen Tisch und sein Bett verlassen, ihr eheliches Amt so entmutigt niedergelegt hatte, daß sie sich nicht einmal Julians Wunsch widersetzte, ihrer beider einziges Kind zu behalten. Der Grund für das Scheitern ihrer Ehe war eigentlich ganz simpel, aber es bedurfte zweier Jahre auf der Couch eines Psychiaters, um ihn herauszufinden – Sylvia mochte einfach keinen Sex. Inzwischen hatte sie wieder geheiratet, einen anspruchslosen Hotelbesitzer in Santa Monica. Julian warf einen Blick über die Schulter auf Lila Cromwells bloßes Bein und schüttelte voller Mitleid mit dem Mann den Kopf.

Als er schließlich angezogen war, schienen alle düsteren Gedanken über sein zunehmendes Alter gegenstandslos geworden zu sein. Mit gebürsteten und gekämmten Haaren (gottlob hatte er noch Haare!), mit seinem mit Rasierwasser und Talkum gepflegten Gesicht, in einem gutsitzenden, dunklen Einreiher sah er wieder wie fünfunddreißig aus – na ja, vierzig höchstens – und er freute sich schon auf den Eindruck, den er machen würde, wenn er mit seinem Sohn zusammen essen ging. Wer würde glauben, daß dieser alerte, schlanke Mann solch einen kräftigen, athletischen Burschen zum Sohn haben könnte. Nein, sie mußten Brüder sein!

Er ging auf Zehenspitzen zur Tür, fand dann aber, daß es vernünftiger wäre, sich bei Lila noch einmal zu vergewissern. Julian weckte seine Geliebte niemals gern – vor dem späten Nachmittag war ihre Laune nicht gerade rosig.

»Lila«, sagte er heiser, während er mit zwei Fingern an ihrer seidenweichen Wade entlangfuhr.

Sie bewegte sich und lüpfte ein wenig ein Augenlid.

»Lila, hör zu. Ich gehe jetzt ins Büro, aber ich möchte dich etwas fragen. Weißt du noch, worüber wir gestern abend gesprochen haben? Bist du wach, Kätzchen?«

»Geh zum Teufel«, sagte sie.

»Ich will bloß wissen, ob es noch okay ist? Ich meine, ich treffe mich mit Dave um sechs, und ich muß es wissen. Du brauchst ja bloß zu nicken.«

Sie nickte und vergrub ihr Gesicht im Kissen.

»Braves Mädchen«, sagte Julian.

Er ging zu dem großen Spiegel hinüber, hinter dem sich ein geheimer Wandschrank verbarg – ein Einfall Lilas aus ihren wilderen Tagen.

Er holte den Schlüssel aus der Hosentasche, öffnete die Tür und nahm seinen Hut heraus. Er schloß wieder ab, und das Gefühl des Heimlichen, Unzulässigen, das ihn dabei – auch nach zwei Jahren noch – beschlich, machte ihm wie immer Spaß. Zwar wurde es draußen allmählich kühler, aber ihm war zu leicht ums Herz, als daß er sich mit einem Mantel hätte abschleppen wollen. Vor sich hin summend, verließ er die Wohnung.

Sein Arbeitstag bestand aus einem angenehmen Vakuum. Julian war der Sears von Sears und Murphy, einer Versicherungsagentur, und er war ohne sein Zutun für jenen Bereich zuständig geworden, den man als Kundenbetreuung bezeichnet. Das entband ihn zu einem gewissen Grad von der Notwendigkeit, Entscheidungen treffen zu müssen, erlaubte ihm, im Lande umherzureisen und jeden Mittag vorzüglich zu speisen. Heute verbrachte er mit einem Kunden zwei entspannende Stunden in einem Aussichtsrestaurant mit Blick auf den Fluß. Sie tranken genüßlich ein paar trockene Martinis, sahen den Schiffen zu, wie sie zum Hafen herein- und hinausglitten, redeten über dies und das und waren mit sich und der Welt zufrieden. Als Julian ins Büro zurückkehrte, war es schon drei Uhr durch, und um sechs erschien David, um ihn zum Essen abzuholen.

David war gut und gerne sieben Zentimeter größer als sein Vater und ein gutaussehender Bursche. Trotz seines muskulösen Körpers war sein Gesicht noch jungenhaft und sein Auftreten oft von quälender Schüchternheit. Um seine Augen zeigte sich eine unglückselige Ähnlichkeit mit seiner Mutter, aber ansonsten war er ein Sears durch und durch. Julian mochte ihn sehr.

Julian kam um den Schreibtisch herum, um ihn zu begrüßen, und schlug ihm mannhaft auf die Schulter. »Grüß dich, Großer«, sagte er, »startklar für ein Steak?«

»Startklar, Dad«, grinste David.

»Dachte, wir schauen beim 21 rein«, sagte sein Vater beiläufig, »da bringen sie im allgemeinen ein ganz anständiges Sirloin auf den Tisch.«

»Ist mir recht.«

»Dann setz dich, bis ich mir die Hände gewaschen habe. Wir lassen uns Zeit, trinken was, unterhalten uns. Einverstanden?«

»Klingt prima, Dad«, sagte David.

Im Waschraum zog sich Julian bis aufs Unterhemd aus und unterzog Gesicht und Hände einer heftigen Reinigungsprozedur. Er rasierte sich sorgfältig, wusch den Schaum ab und rasierte sich noch einmal trocken. Dann zog er das frische Hemd an, das er mitgebracht hatte, und als er seine Krawatte band, lächelte er seinem Spiegelbild zu.

Als sie durchs Restaurant zu ihrem Tisch gingen, war er sicher, daß die Leute sie beobachteten. Er war stolz auf Davids breite Schultern und seinen wohlgeformten Nacken, und er wußte, daß die Ähnlichkeit zwischen ihnen unübersehbar war. Er bestellte für sich einen Martini und für David einen Whiskey Sour und begann eine unverfängliche Unterhaltung über das College, das David in der Stadt besuchte, und über seine Pläne nach dem Abschlußexamen im kommenden Jahr.

Julian wartete die ersten drei Drinks ab, ehe er mit seiner Geburtstagsüberraschung herausrückte, denn er wollte dem

Whiskey etwas Zeit lassen, Davids natürliches Schamgefühl einzuschläfern.

»Na, wie fühlt man sich, wenn man einundzwanzig ist?« fragte er als Einleitung. »Anders?«

»Ich glaube nicht.«

»Ich weiß nicht, wer einundzwanzig zu dieser magischen Zahl gemacht hat. Mir scheint, ein Junge wird schon eher zum Mann. Kommt natürlich auf den Jungen an, oder was meinst du?«

»Schon möglich, nehm ich an.« David kaschierte die Unbestimmtheit seiner Antwort dadurch, daß er seinen Drink hinuntergoß.

»Nimm zum Beispiel die Frauen«, sagte Julian.

»Was?«

»Nimm die Frauen, David. Ich meine, das Verhalten eines Mannes Frauen gegenüber gibt doch einen guten Hinweis auf sein emotionales Alter, falls du verstehst, was ich meine. Ich zum Beispiel habe deine Mutter mit zweiundzwanzig geheiratet, aber meinen Spaß hatte ich schon lange vorher. Das läßt doch auf etwas schließen.«

»Ich fürchte, ich versteh dich nicht, Dad.«

Julian rückte seinen Stuhl näher heran. »Also dann will ich mal ganz deutlich werden, Dave. Das soll keine Kritik sein, verstehst du, aber wir müssen den Tatsachen doch ins Auge sehen. Schau dich an, ein gutaussehender Bursche, gerade mündig geworden, ne Menge Sex-Appeal, nettes Lächeln, groß und stark. Aber sei ehrlich, Dave. Bist du jemals wirklich mit einer Frau *zusammen* gewesen?«

Vielleicht war die Frage zu direkt. Sein Sohn wurde rot und sagte nichts. Julian lächelte verständnisvoll und tätschelte seine Hand.

»Schon gut. Du und ich, wir haben uns ja niemals wirklich über Frauen unterhalten. Niemals richtig von Mann zu Mann. Es ist höchste Zeit, daß ich etwas unternehme.«

»Wieso unternehmen?«

»Also, Dave, ich will es dir mal so erklären. Ich kann mich erinnern, als ich etwa in deinem Alter war, ein paar Jahre jünger, was für Mordsschwierigkeiten ich hatte, mich an die Vorstellung von Sex zu gewöhnen. Ich meine, allein schon die Vorstellung jagte mir Angst ein. Ich lungerte an den Straßenecken rum wie viele Jungs und redete darüber, aber ich tat nie etwas. Ich prahlte mit Mädchen, die ich niemals angerührt hatte. Das ist eine scheußliche Zeit für einen Jungen, besonders wenn er ruhig veranlagt ist, so wie du.«

David wollte etwas sagen, aber Julian hob die Hand.

»Versteh mich jetzt nicht falsch. Ich war nie so schüchtern wie du, selbst mit achtzehn oder neunzehn nicht. Aber als ich das erste Mal wirklich eine *Gelegenheit* hatte – also, ich muß dir sagen, das war kein Honiglecken. Als ich endlich spitz hatte, was das Mädchen wollte, murmelte ich eine blödsinnige Entschuldigung und machte mich so schnell ich konnte vom Acker. Aber das ist noch nicht das Schlimmste, was einem Jungen passieren kann. Das Schlimmste ist, wenn man sein erstes Erlebnis mit der falschen Frau hat.«

David sah ihn bloß an.

»Laß mich erklären, was ich meine«, sagte Julian. »Das erste Mädchen, mit dem ich ins Bett gegangen bin, hieß Eileen Warts oder Wertz oder so. Ein kleines Flittchen, das sich immer in der Nachbarschaft rumtrieb. Ein paar Burschen hatten mich besoffen gemacht und dann auf sie angesetzt. Ich hab's ihnen niemals erzählt, was ich dir jetzt erzähle, aber es war jämmerlich, wirklich jämmerlich. Ich bekam eine völlig falsche Vorstellung von Sex durch dieses kleine Luder. Es hatte nicht den geringsten Spaß gemacht, wie ich immer gedacht hatte. Danach dauerte es ein volles Jahr, bis ich mich wieder mit einer Frau einließ, und selbst dann brauchte ich einige Zeit, um zu begreifen, daß... nun ja, daß Sex etwas ganz Natürliches ist. Verstehst du, was ich meine, Dave?«

Der Junge nickte bedrückt.

»Ich weiß, wie du bist, David. Du bist höchstens noch

schüchterner als ich mit achtzehn. Ich möchte auf keinen Fall, daß du dasselbe durchmachst wie ich damals.«

»Klar, Dad, bloß...«

»Sieh mal, ich weiß, es ist dir peinlich. Aber als Vater sollte man darüber sprechen. Und ich werde noch mehr tun, als bloß zu reden, Dave. Das wollte ich dir sagen.«

Der Kellner brachte ihnen die Speisekarte, und David studierte sie mit großem Interesse.

»Es ist dein Geburtstag«, sagte Julian. »Deshalb habe ich eine Geburtstagsüberraschung für dich arrangiert. Etwas, das größeren Wert für dich haben wird als irgendein Füllfederhalter oder eine Armbanduhr. Ich werde dich mit einer der größten Freuden bekannt machen, die es im Leben eines Mannes gibt.«

»Was meinst du damit?«

»Das wirst du heute abend schon sehen. Erinnerst du dich an Miss Cromwell?«

»Ja.«

»Eine entzückende Dame, findest du nicht?«

»Ja, sicher, Dad.«

»Laß uns nicht um den heißen Brei herumreden, Dave. Du bist alt genug. Du weißt von Lila und mir?«

»Ich glaub schon«, sagte der Junge.

»Gut, dann erzähle ich dir jetzt etwas von Lila, was du nicht weißt. Sie ist eine wundervolle Frau, eine äußerst warmherzige, verständnisvolle Person. Glaube mir, Dave, ich könnte mir auf der ganzen Welt keine Frau vorstellen, die besser dazu geeignet wäre, einen jungen Mann in die Freuden des... Steak, bitte«, sagte er zu dem Kellner, »für uns beide, medium, Pommes frites, grüne Bohnen, Salat extra. O ja, und eine Flasche Wein, Chianti.«

Als der Kellner gegangen war, sagte er: »Lila weiß Bescheid, Dave, und sie ist bereit, mitzumachen. Sie kennt sich mit Männern aus, und sie kennt die Probleme von jungen Burschen. Glaube mir, Dave, sie wird dir die Augen öffnen.«

»O Mann! Du meinst, du willst, daß ich...«

»Ich will«, sagte Julian fest, »daß ihr, du und Lila, zusammen die Nacht verbringt. Ich will, daß du dein Sexualleben auf die bestmögliche Weise beginnst, Dave. Und ich könnte mir keine bessere vorstellen.«

»Aber sie ist doch *dein* Mädchen, oder nicht? Ich meine, das hab ich immer gedacht.«

»Klar ist sie mein Mädchen«, lachte Julian. »Und das wird sie auch noch lange bleiben. Aber Lila und ich, wir sind vernünftige Leute. Wir können in dem, was wir tun, nichts Schlimmes sehen, oder in dem, was du tun sollst. Wenn sich mehr Menschen so verhielten, dann gäbe es nicht so viele verbitterte, frustrierte Leute auf der Welt. Sex bedeutet Gesundheit, Dave. Ich will, daß du gesund bist.« Er sah seinen Sohn verschmitzt an. »Oder gefällt dir Lila nicht?«

»Mir gefallen?« Das glatte Gesicht des Jungen rötete sich. »Mann, die haut dich glatt um, Dad. Ich meine, erinnerst du dich noch an den Schnappschuß, den du mir gegeben hast? Die Burschen im College...«

»Ich weiß.« Julian lachte leise. »Ich weiß.« Er trank sein Glas aus und stellte es mit einer kleinen, triumphierenden Geste zur Seite. »Was sagst du also, Dave? Nimmst du mein Geburtstagsgeschenk an?«

David trank einen großen Schluck Wasser.

»Natürlich, Dad, wenn du möchtest.«

Sie beendeten das Essen mit einem Cognac, und um acht Uhr dreißig nahmen sie ein Taxi zu Lilas Wohnung in der 57. Straße. David war ziemlich still auf dem Weg dorthin, aber Julian konnte sich in seine Gefühle, die die Unterhaltung zum Erliegen brachten, durchaus hineinversetzen. Als sie vor der Wohnungstür standen, klopfte er seinem Sohn auf den Rücken und zwinkerte ihm väterlich zu.

»Reg dich ab, Dave«, sagte er. »Es wird schon gut gehen.«

Lila trug das taubenblaue, paillettenbesetzte Kleid, das er ihr zu Weihnachten geschenkt hatte. Ihre Haarfülle hatte sie lokker hochgesteckt, und ihr Makeup war so kunstvoll wie immer. Sie sah genauso aus, wie Julian es sich für den heutigen Abend wünschte – sexy, aber nicht geil, zugänglich, aber nicht aufdringlich.

David schüttelte ihr feierlich die Hand und murmelte etwas von schön, sie wiederzusehen. Julian lächelte behaglich vor sich hin und ging zur Bar. Er mixte drei Scotch Highballs, und sie setzten sich auf die Couch, David in der Mitte.

»Also, trinken wir darauf«, sagte Julian, sein Glas hebend.

»Cheers«, sagte Lila.

David sagte gar nichts, schüttete aber seinen Drink dankbar hinunter.

»Wie geht's auf dem College?« fragte Lila.

»Oh, prima«, antwortete David und sah zu Boden. »Nächstes Jahr mache ich mein Examen, wissen Sie.«

»Ja, Julian hat es mir erzählt.« Sie blickte den älteren Mann schelmisch von der Seite an. »Ich bin ja nie aufs College gegangen, ich war nach der High School zu sehr mit anderen Dingen beschäftigt. Showgeschäft. Im Augenblick bin ich für etwas auf dem Broadway im Gespräch.«

»Oh?« sagte David.

»Eine Sprechrolle.«

»Oh?«

»Sag mal, ist das alles, was du heute abend von dir geben wirst?« Julian lachte. »Ich sehe schon, wir müssen dir auch sonst noch eine Menge beibringen.«

»Julian!« Lila sah gekränkt aus.

»Tschuldigung, Lila.« Er blickte auf seine Uhr. »Halt, es ist ja gleich neun. Ich dachte, ich sehe mir diesen italienischen Film im Trans-Lux an. Der fängt um neun an.«

»Um neun?« wiederholte David höflich.

»Ja. Die Kritiker sagen, er sei sehr gut. Der Film wäre dann so gegen elf aus. Und dann, dachte ich, schaue ich bei Charlie rein und trinke was mit einem Bekannten. Ich nehme an, daß ich so gegen, na, sagen wir ein Uhr zurück bin.«

»Möchtest du nicht noch einen Scotch?« fragte Lila.

»Nein, ich mach mich besser auf die Socken. Gegen eins hole ich dich hier ab, Dave, und dann fahren wir nach Hause. Ich brauche heut nacht ein bißchen Schlaf, morgen geht's wieder nach Chicago.«

»Schon wieder?« sagte Lila mit leichtem Schmollen. »Was zieht dich bloß immer nach Chicago? Du bist in diesem Monat schon dreimal dagewesen.«

»Der Ruf der Pflicht, Liebes. Mein Partner, Mr. Murphy, reist nicht gern, und in Chicago sitzt unser dickster Kunde.« Er stand auf und stellte sein leeres Glas ab. »Also...«

»Willst du wirklich keinen Drink mehr?« fragte David.

»Trink einen für mich mit, Dave.« Er lächelte und ging zur Tür. »Macht's gut, ihr beiden, und seid schön brav. Und wenn ihr nicht brav sein könnt, seid...«

»Julian!«

»Tut mir leid, Lila. Bis eins, Dave.«

Er zog die Tür leise hinter sich ins Schloß.

Der Film hatte bereits angefangen, als er seinen Logenplatz einnahm, und die Probleme in dem kleinen sizilianischen Dorf dort auf der Leinwand vermochten ihn nicht zu fesseln. Aber seine Gedanken leisteten Julian während der trübsinnigen Prozession cineastischer Ereignisse gute Gesellschaft. Er dachte über David und Sylvia und Lila nach – und vor allem über sich selbst. Das war schon einsame Klasse, was er da getan hatte, selbst wenn er es selbst sagte. Er hätte es gern irgend jemand erzählt, jemand, der mit ihm mitfühlte. Da fiel ihm Charlies Bar gegenüber ein, und er verließ das Kino noch vor Ende des Films.

Für die Bar war es noch zu früh, also gab er sich damit zufrieden, einige Worte mit Karl zu wechseln, dem freundlichen Barkeeper, einem Gentleman der alten Schule, der ehrlich davon überzeugt war, daß ein Barkeeper ein guter Zuhörer sein sollte. Als an dem Abend keiner von Julians Bekannten vorbeischaute, beschloß dieser, mit Karl vorliebzunehmen, und er erzählte ihm die ganze Geschichte von dem weisen und einfühlsamen Geburtstagsgeschenk. Karl schien die Erzählung zu interessieren, ja beinahe zu faszinieren, aber er ließ nicht erkennen, daß er Julians Freude an dessen Idee teilte. Ja, an einer Stelle sah er sogar etwas schockiert aus, und seine großen Augen und geschürzten Lippen erinnerten Julian in bedrückender Weise an Sylvia. Kurz darauf verließ er Charlies Bar.

Es war erst zwölf, deshalb ging er zu einer Hamburger-Bude auf der anderen Straßenseite hinüber. Der Hamburger schmeckte fade, und der Kaffee war so heiß, daß man ihn nicht trinken konnte. Er ließ beides stehen und beschloß, bis eins um den Block zu schlendern.

Er legte, wie ihm schien, eine endlose Strecke zurück, brauchte aber nach seiner Armbanduhr nur zehn Minuten dafür. Außerdem wurde es immer kälter, und er bedauerte, seinen Mantel nicht angezogen zu haben. An einem Zeitungsstand kaufte er die Morgenausgabe des ›Mirror‹ und ging zu Lilas Haus. Dort setzte er sich in der Halle auf eins der ungefederten Sofas, las die Zeitung und wünschte, die Zeit würde vergehen.

Das tat sie denn schließlich auch. Eine Minute vor eins betrat er den Lift. Nachdem er auf den Klingelknopf an Lilas Tür gedrückt hatte, dauerte es eine ganze Weile, bevor jemand öffnete.

»Julian, Liebster«, sagte Lila. Sie sah wie eine schläfrige Katze aus. Sie trug ein offenes schwarzes Seidennegligée, das mit winzigen Sternen übersät war, und machte sich offensichtlich nicht allzu große Gedanken darüber, wieviel es enthüllte.

»Brrr«, sagte er. »Wird ganz schön kalt da draußen. Hätte meinen Mantel anziehen sollen. Mach um Himmels willen das Ding da zu.«

Sie raffte das Negligée um sich, und in dem Augenblick kam auch David, völlig angezogen und mit einem Whiskey in der Hand, aus dem Schlafzimmer.

»Hallo, Dad«, sagte er ruhig. »Wie war der Film?«

»Was?«

»Der italienische Film.«

»Oh, großartig. Genauso, wie ihn die Kritiker beschrieben haben. Sag mal, hast du den Drink da übrig? Ich könnte ihn gebrauchen.«

»Aber natürlich, Dad.« David reichte ihm den Whiskey hinüber.

Julian trank ihn zur Hälfte und setzte dann das Glas hart ab. »Also, Leute, was meint ihr? Eins durch und Vati muß morgen früh um halb neun im Flugzeug sitzen.«

»Noch einen Drink«, schmeichelte Lila und kuschelte sich mit einem genüßlichen Gähnen auf die Couch.

»Nein, danke. Bist du soweit, Dave?«

»Ja, Dad, von mir aus ...«

»Dann los. Ich ruf dich morgen aus Chicago an, Lila.«

»Das wäre wunderbar, Lieber.« Er ging zu ihr hinüber und küßte sie flüchtig auf die Wange. Sie sagte: »Wenn es so kalt ist, warum nimmst du dann keinen Mantel? Du hast doch einen im Schrank.«

»Du hast wahrscheinlich recht.«

»Ich hole ihn«, bot David an.

Als er ins Schlafzimmer ging, beugte sich Julian über sie und fragte: »Na, ist alles gut gegangen?«

»Vorzüglich, Liebling. Du hast einen charmanten Sohn.«

»Du kennst ja das Sprichwort. Von dem Apfel und dem Stamm.«

»Ich habe während der ganzen Zeit an dich gedacht ...«

David kam mit dem Mantel überm Arm zurück. Er hielt ihn seinem Vater, der mit einem leichten Frösteln hineinschlüpfte. Dann gab er Lila noch einen flüchtigen Kuß auf die Wange, und sie gingen.

Sie waren schon halb unten, als Julian wieder der verborgene Schrank einfiel. Er faßte in die Tasche und berührte den einzigen existierenden Schlüssel – dann hörte er auf, sich den Mantel zuzuknöpfen, und betrachtete das unschuldige Profil seines

Sohnes. Als sie den Fahrstuhl verließen, hatte sein Gesicht einen finsteren Ausdruck angenommen, und er sagte: »Ich glaube, ich werde morgen nicht nach Chicago fliegen. Soll doch Murphy endlich mal auf Reisen gehen, dieses Stinktier. Ich werde allmählich zu alt für solche Sachen.«

Dons Baby

Ohne einem bestimmten Plan zu folgen und auch nicht aus dem Wunsch heraus, irgendwelchen Statuten eines formellen Junggesellenstandes zu entsprechen, gehorchte Bill Rossi, was junge Frauen anbetraf, doch gewissen Verhaltensmaßregeln. Im Falle von Joyce Duram ergaben sich die existierenden Schranken einfach aus einem Gebot des Anstandes: sie war sechzehn, als sie sich kennenlernten, und er war Ende zwanzig. Also ließ er seine schlanken italienischen Finger von ihr, und falls Joyce an mehr als eine Beziehung zwischen großem Bruder und kleiner Schwester gedacht hatte, so sorgte er mit der liebenswürdigen Einfachheit seiner Worte, einem schnellen Lächeln oder einem sanften Streicheln über ihren jungen Kopf dafür, daß niemand aus der Rolle fiel. Ihre Besuche in seiner Zweizimmerwohnung am Washington Square, die nach und nach immer seltener stattfanden, galten seinem Trost und seinem Rat, wenn sich Joyce mit den Problemen des Erwachsenwerdens herumschlagen mußte. Als es an jenem Aprilabend noch spät klingelte, und er ihr kleines, süßes Gesicht unter dem kessen Barett erkannte, wurde ihm deutlich, daß sie seinen Rat schon seit einem Jahr nicht mehr gesucht hatte.

Er bat sie herein, gab ihr den besten gepolsterten Stuhl und schlug Kaffee oder Tee vor – und dann, sich daran erinnernd, daß Joyce inzwischen volljährig war, bot er ihr sogar einen Drink an. Als sie mit weißem Gesicht bei seinem letzten Vorschlag nickte, da wußte er, daß sie Kummer hatte.

»Was ist los, Rotkopf?« fragte er sanft. »Fühlst du dich okay?«

»Ich bin nicht krank oder so was«, sagte sie, »nichts in der Art.« Sie nahm ihre Mütze ab und ließ ihr rötlich-goldenes

Haar in lockeren Wellen auf ihre Schultern herabfallen. Sie war in der Zwischenzeit sehr viel weiblicher geworden, und die Tränen, die ihr in den enzianblauen Augen standen, waren nicht die leicht fließenden Tränen eines Kindes.

»Es ist eine Weile her«, sagte Bill, »mindestens ein Jahr. Wie war das Jahr für dich, Rotkopf?«

Als Antwort schlug das Mädchen die Hände vors Gesicht. Er wartete, bis die salzige Flut verebbte, wohl wissend, daß der Ausbruch das Vorspiel zu einer Geschichte war. Er hatte recht.

»Es begann vor ungefähr fünf Monaten«, sagte sie. »Ich versuchte zu der Zeit, als freie Mitarbeiterin bei grafischen Ateliers anzukommen, ehe ich den Job bei der Agentur bekam. Wahrscheinlich weißt du das gar nicht. Ich arbeite jetzt für eine Werbeagentur. Also, ich kam jedenfalls eines Abends nach Hause und hatte die Mappe mit meinen Arbeitsproben bei mir. Du weißt doch, wo ich wohne? In dem Sandsteinhaus in der First Avenue? Als ich gerade die Stufen zum Haus hinaufging, traf ich diesen Mann.«

»Mann?«

»Ich hatte ihn vorher noch nie gesehen. Er war jung, vielleicht fünfundzwanzig. Gut aussehend, schwarzes Haar, gelockt. Er sah irgendwie nett aus – weißt du, was ich meine?

Jedenfalls bot er mir an, die Mappe zu tragen. Sie war nicht besonders schwer, und ich hatte es nur eine Treppe hoch, aber ich nahm seine Hilfe an. Er war sehr höflich. Sagte, sein Vorname sei Don, und er sei sehr an Kunst interessiert. Ich meine, er muß schon gewußt haben, daß ich Künstlerin bin, aufgrund meiner Künstlermappe. Ich kann mich nicht mehr genau erinnern, wie es passierte, jedenfalls bat ich ihn hereinzukommen, und er sah sich meine Arbeiten an und sagte, sie seien sehr gut. Ich glaube, er meinte das nicht wirklich, er wollte nur nett sein. Aber es tat mir gut, verstehst du? Nachdem ich so lange arbeitslos war. Da tut es einem wohl, wenn jemand denkt, man habe Talent.«

»Klar«, sagte Bill.

»An den Rest des Abends kann ich mich nicht so genau erinnern. Wir redeten einfach, oder vielleicht redete auch nur ich, und wir tranken Kaffee und so, und das war's. Nur daß er mich noch fragte, ob er Samstagabend wiederkommen könnte.«

»Und du sagtest ja.«

»Ich sagte ›Natürlich, warum nicht?‹ Er war nett. Und er sah gut aus. Ich dachte mir nichts Böses dabei.«

»Nein«, sagte Bill.

»Und so kam er an jenem Samstag, drei Tage später. Er war um neun Uhr da. Wir... wir gingen nirgends hin. Wir blieben einfach zu Hause in meiner Wohnung.«

»Und redetet?«

»Die meiste Zeit. Aber dann... passierte etwas. Ich weiß nicht wie. Es schien völlig natürlich zu sein. Wir...« Sie wandte den Kopf ab. »Zwing mich nicht, es auszusprechen, Bill.«

Er tätschelte ihre Schulter. »Ist schon in Ordnung. Erzähl mir den Rest.«

»Na ja, das ist ungefähr schon alles. Bis auf den folgenden Samstag abend.«

»Den folgenden Samstag?«

»Er kam um neun zu mir und blieb bis vier, und dann ging er. Genau wie das vorige Mal.«

»Und wohin ging er?«

»Ich weiß es nicht. Es ist mir niemals eingefallen, ihn danach zu fragen.«

»Ich denke, das hätte dich interessieren müssen. Schließlich war er doch dein...«

»Mein Liebhaber?« Sie preßte die Fäuste vor die Augen. »Ich weiß, es war dumm von mir. Aber irgendwie schien es nicht wichtig zu sein. An jenem ersten Abend nicht, noch am folgenden Samstag oder dem darauf...«

»Er kam *jeden* Samstag?«

Sie nickte. »Jeden Samstag um neun. Er ließ nicht einen aus.

Und ich war immer da und wartete auf ihn. Bis er dann ganz plötzlich nicht mehr auftauchte.«

Bill runzelte die Stirn. »Vielleicht ist das ja ganz gut so.«

»Nein. Es ist schlimm. Und jetzt noch viel schlimmer.«

Sie starrte die Tapete an, die Hände auf den Magen gepreßt.

»Du denkst das Richtige, Bill. Ich bin schwanger. Heute vormittag bekam ich die Gewißheit. Den Verdacht hatte ich schon seit Wochen, aber ich fürchtete mich, einen Arzt aufzusuchen. Heute bin ich endlich gegangen.«

Jetzt, wo alles heraus war, schien keine Notwendigkeit mehr für stille Tränen zu bestehen. Joyce Duram schluchzte laut, und Bill, der seinen sorgenvollen Gedanken nachhing, ließ sie weinen. Dann sagte er:

»Schön, wir haben also ein Problem. Wir. Ich werde alles tun, was in meiner Macht steht, aber zuerst mußt du mir helfen. Du mußt mir zunächst alles über diesen Mann sagen, was du weißt. Wenn es möglich ist, ihn zu finden, dann finden wir ihn auch.«

»Aber ich weiß überhaupt nichts. Das ist das Schlimmste daran. Ich kenne noch nicht einmal seinen Nachnamen.«

»Nicht einmal den?«

»Das macht es ja so schrecklich. Was werden die Leute denken?«

»Zum Teufel mit den Leuten.« Er kniete sich vor sie hin und sah ihr ins Gesicht. »Als erstes müssen wir diesen Don finden. Und als nächstes muß das andere arrangiert werden.«

Sie erwiderte angstvoll seinen Blick. »Keinen Eingriff! Das könnte ich nicht ertragen!«

»Nein, natürlich nicht. Ich kenne da einen Arzt, einen alten Freund der Familie, Dr. Leavitt. Er leitet ein Krankenhaus in New Jersey, eine kleine Privatklinik, keine große Geschichte. Dort geht alles freundlich und intim zu, und wenn es soweit ist...«

»Aber das Geld?«

»Er ist wirklich ein alter Freund, und ein Gefallen ist ein Gefallen. Überlaß die Angelegenheit nur mir.«
Sie berührte seine Hand. »Du bist so gut zu mir, Bill...«
»Zu dir bin ich gerne gut, Rotkopf. Aber dieser Bursche, dieser Don, das ist eine andere Geschichte.«

Anfangs machte Bill Rossi seine eigene Faulheit dafür verantwortlich, daß er Joyce Durams geheimnisvollen Liebhaber noch nicht gefunden hatte. Aber als die Tage und Wochen verstrichen, ohne daß sich ein Erfolg zeigte, sah er allmählich ein, daß diese Aufgabe seine Fähigkeiten überstieg. Er hatte die Umgebung von Joyce' Wohnung durchstreift und mit Ladenbesitzern und Verkäufern geredet, hatte die Mieter des Sandsteinhauses befragt, ohne den geringsten Hinweis auf den lokkenköpfigen jungen Mann zu erhalten, der die Ursache aller Probleme war.

Dann entschloß er sich zu einem drastischen Schritt – drastisch vor allem im Hinblick auf die bescheidene Kapitalansammlung, die zu den Aktiva seiner Sparkassenfiliale gehörte. Er beauftragte einen Privatdetektiv.

Der Detektiv hieß Spear, und der kurze, scharfe Name stimmte Bill zuversichtlich, daß der Mann imstande sein würde, mit schnellen Resultaten aufzuwarten. Sein Honorar betrug fünfzehn Dollar pro Tag plus Spesen, und er versprach, über seine Nachforschungen ausführlich zu berichten. In dieser Hinsicht war Mr. Spear zuverlässig. Jeden Tag brachte die Post einen detaillierten Überblick über die Aktivitäten des Detektivs, die aus ähnlichen Unterhaltungen mit den Einwohnern der Nachbarschaft bestanden. Jedem Bericht lag eine Rechnung bei, und die Spesen waren ausnahmslos genauso hoch wie das Honorar. Bei dreißig Dollar pro Tag hatte Bill allen Grund zu der Hoffnung, daß sein Auftrag schnellstens zu Ende geführt würde.

Aber die Hoffnung trog. Nach drei Wochen war Mr. Spear zwar noch immer optimistisch, aber einer seiner Briefe verärgerte Bill zu sehr, als daß er den Detektiv weiter hätte beschäftigen wollen. Er lautete auszugsweise:

»Wir sind der Meinung, daß die Geschichte, wie sie Miss D. erzählt hat, möglicherweise nicht völlig der Wahrheit entspricht und dem Zwecke dienen soll, die wahre Identität eines Mannes zu verschleiern, den sie zu schützen wünscht.«

Bill hatte den Brief wütend zerrissen. Nun saß er da, die Überreste im Schoß, und gestand sich betrübt ein, daß die Aufgabe seine Möglichkeiten überstieg. Alles, was er jetzt noch tun konnte, war, Joyce nach besten Kräften zu helfen.

Er erneuerte seine Freundschaft mit Dr. Leavitt, und der alte Arzt zeigte sich mehr als bereit zu helfen. Leavitt übertrug den Fall einem jungen Geburtshelfer, und Bill brachte Joyce selbst nach New Jersey, damit sich sich von diesem untersuchen lassen konnte. Er war froh, als er hörte, daß sie trotz ihrer Niedergeschlagenheit völlig gesund war.

Als die Zeit der Entbindung näherrückte, suchte und fand Bill eine ruhige Pension, nur vier Straßen von dem kleinen Krankenhaus entfernt, in dem das Kind zur Welt kommen sollte. Die Miete war niedrig, und die Besitzerin von mütterlichem Mitgefühl. Sie schien die Geschichte von der jungen, schwangeren Schwester, deren Mann als Soldat in Übersee stationiert war, ohne weiteres zu akzeptieren.

Eines Abends, nicht lange vor dem berechneten Tag der Niederkunft, streifte Bill Rossi durch die dunklen Straßen von Joyce' ehemaliger Wohngegend. Ein Gefühl der Niedergeschlagenheit und Bitterkeit erfüllte ihn, weil es ihm nicht gelungen war, den Vater des Kindes aufzuspüren – und es war, als triebe ihn die vage Hoffnung um, das von Joyce beschriebene Gesicht doch noch unter den Passanten zu entdecken. Er ging an den Treppen vorbei, die zu den Sandsteinhäusern hinaufführten, vorbei an der Chemischen Reinigung, dem Radiogeschäft, der Apotheke, und winkte im Vorbeigehen den Inhabern zu, mit denen er im Verlauf seiner Suche bekannt geworden war. Er lief um den Block, bis ihm die Nachtluft zu kühl wurde. Dann machte er sich auf den Heimweg.

Als er um die Ecke bog, ließ ihn der Anblick eines geparkten Polizeiautos innehalten, und zum ersten Mal machte er sich klar, daß das örtliche Polizeirevier nicht weit von Joyce' alter Wohnung entfernt lag. Er hatte nicht die Absicht gehabt, die Polizei hinzuzuziehen. Zwar mochten strafrechtliche Aspekte in den Fall mit hineinspielen, aber Joyce war über einundzwanzig und nicht willens, ihr Problem dem Dienstbuch einer Polizeidienststelle anzuvertrauen.

Aber, dachte Bill, fragen kostet ja nichts.

Er ging langsam die Treppenstufen zum Polizeirevier hinauf. Drinnen fragte ihn der diensthabende Polizist, ein stämmiger Mann mit groben Gesichtszügen, was er wünsche.

»Ich versuche, jemanden zu finden«, sagte Bill zögernd. »Jemand, der hier in der Nähe zu Besuch zu kommen pflegte.«

»Wie ist der Name des Betreffenden?«

»Na ja, da liegt die Schwierigkeit. Alles, was ich habe, ist der Vorname und eine Beschreibung. Ich nehme an, daß das nicht viel helfen wird.«

Der Beamte lächelte breit. »Das nehmen Sie richtig an. Tut mir leid, Mister. Ist dieser Jemand in ein Verbrechen verwikkelt? Oder vermißt oder irgend so was?«

»Ja, also, nicht direkt.«

»Dann sehe ich nicht, wie wir Ihnen helfen können. Aber warum sprechen Sie nicht mal mit Wachtmeister Jacoby hier...« Er deutete mit einer Kopfbewegung auf einen jüngeren Mann mit bläulichem Kinn an einem Eckschreibtisch. »Vielleicht kann der Ihnen weiterhelfen.«

»Wahrscheinlich nicht«, räumte Bill niedergeschlagen ein. »Ich habe kaum irgendwelche Fakten. Es ist jemand, der in Nr. 340 zu Besuch kam, dem Sandsteinhaus um die Ecke. Jemand, der Don heißt. Das ist wirklich alles, was ich weiß.«

Der Diensthabende zuckte mit den Achseln, aber der

Wachtmeister blickte auf. »340, sagen Sie? Ist das das Haus neben der Reinigung?«

»Ja, genau.«

Jacoby kratzte sich am Kinn. »Ich kenne das Haus. Aber den einzigen Typen, den ich mit dem Haus in Verbindung bringe, ist dieser Beeman. Das ist wohl nicht der, den Sie suchen, was?«

»Beeman?« Bill runzelte die Stirn. »Den Namen kenne ich nicht.«

»Beeman, klar, b-e-e-m-a-n. Ich kann mich gut an ihn erinnern, bloß seinen Vornamen weiß ich nicht mehr.« Der Wachtmeister gluckste. »War ein toller Hecht. Bei den Frauen war er King, wenn Sie verstehen, was ich meine.«

»Nein.«

»Na, er war Junggeselle, wenn Sie verstehen, was ich meine. Einer von diesen richtigen Playboy-Typen mit dem Leopardenfell vor dem Kamin und der leisen Musik und der Briefmarkensammlung. Wenn Sie die Damen gesehen hätten, die vor seiner Wohnung förmlich Schlange standen, da wären Ihnen die Augen aus dem Kopf gefallen. Echte Klassefrauen. Klar, das war Beeman, da gibt's nichts.«

»Was wurde aus ihm?«

»Oh, das ist vielleicht drei oder vier Jahre her. Die Nacht werde ich nie vergessen, als diese Lady hier reingeplatzt kam.« Er hatte sich mit erinnerungsseligem Lächeln an den Diensthabenden gewandt. »Eine Blondine – und Mann, was für Formen! Sie war so halb an- und halb ausgezogen, wenn Sie verstehen, was ich meine. Und schrie Zeter und Mordio. Bloß war's gar kein Mord. Dieser Beeman-Typ hatte gerade in seiner Wohnung das Zeitliche gesegnet. Herzinfarkt. Heftige Anstrengung, hieß es. Na, Sie können sich schon vorstellen, was der gemacht hat.« Er gluckste entzückt.

»Dieser Beeman ist tot, sagen Sie?«

»Genau. Ich kann ja mal eben in den Akten nachsehen. Mir fällt doch nicht sein Vorname ein.« Er stand auf und ging zu einem Aktenständer.

»Nein«, sagte Bill, »das ist nicht der Mann, den ich suche.«

»Eine Sekunde, hier habe ich's schon.« Er zog einen gelben Schnellhefter heraus, schlug ihn auf und sagte: »Richtig, so hieß er, Don Beeman. Er war erst sechsundzwanzig, als es passierte. Armes Schwein.«

»Nein«, sagte Bill noch einmal. »Das ist nicht der Bursche, den ich suche. Aber danke, vielen Dank.«

Das Telefon läutete gerade, als er seine Wohnung am Washington Square betrat, läutete mit ungewohnter Hartnäckigkeit. Er nahm den Hörer ab und brauchte einen Augenblick, um zu begreifen, daß die Stimme, die diese wirren, aufgeregten Worte hervorstieß, Dr. Leavitt gehörte.

»Was ist los?« fragte er. »Geht es um Joyce?«

»Ich glaube, Sie sollten herkommen«, antwortete der Arzt. »So schnell Sie können.«

»Geht es Joyce gut?«

»Sie ist okay, aber ich denke, Sie sollten sofort rauskommen.«

Bill legte ohne ein weiteres Wort auf. Er zog sich noch einen warmen, wollenen Pullover unter den Mantel und verließ das Haus. Die Fahrt nach New Jersey ging langsam vonstatten. Er mußte erst die U-Bahn und dann zwei verschiedene Busse nehmen und schließlich noch ziemlich weit bergauf laufen, bis er endlich die kleine Privatklinik erreichte. Bei seinem Eintritt fand er die Anmeldung verlassen vor. Also ging er weiter, den Flur entlang, der zu einem Rechteck aus warmem Licht führte. Dort in der Tür stand eine kräftig gebaute Frau. Ihr Schwesternhäubchen saß ihr schief auf den grauen Haaren, und sie rang ihre dicken Hände. Er nickte ihr zu und betrat den kahlen Raum. Auf einer Bank saß ein junger Arzt und starrte vor sich hin. Erklärungheischend sah Bill zu Dr. Leavitt hinüber, und was er in dessen altem Gesicht sah, war schlimmer: eine Mischung aus Schock und Entsetzen.

»Was ist los?« fragte er. »Was ist hier passiert?«

Leavitt drehte sich um, als wolle er Bills Blick zum Fenster der Säuglingsstation lenken. Bill ging zu der Glasscheibe hinüber und hörte das kräftige Geschrei eines Neugeborenen. Er wollte lächeln, ja vor Freude leise lachen, als er den Gegenstand genauer sah, der dicht ans Fenster geschoben worden war.

Es war ein Kinderbettchen, und es war leer.

Ein volles Programm

Das Auto, das Strawhorn Hill hinaufkroch, war schwarz und verdächtig und geräuschvoll beim Schalten. Stella Chapman beobachtete sein Herannahen von dem großen Panoramafenster ihres Wohnzimmers aus und schauderte bei dem Gedanken an die Reaktionen, die es bei den Hausfrauen des traulichen Gemeinwesens auslösen würde, das so ein Vorort bildete. Aber jetzt ließ es sich nicht mehr aufhalten; die Limousine kam knirschend vor ihrem Kletterrosenzaun zum Stehen, und der kurzbeinige Fahrer quälte sich grunzend aus seinem Sitz. Er sah so absurd aus wie sein Auto; der Nadelstreifen seines Anzugs war unvorschriftsmäßig weit, sein Hemd zerknittert, sein Schlips ein kalifornischer Sonnenuntergang. Er schritt zur Tür.

Er betätigte mit dicken Fingern die Türglocke, und Stella beeilte sich, ihn hereinzulassen. Sie war nicht für den Empfang von Besuchern gekleidet. Ihr Hauskleid hatte schmuddelige Manschetten, und ihr dreieckiges Gesicht sah ohne Make-up geisterhaft aus. Aber bei Mr. Orgill machte sie sich ihres Aussehens wegen keine Gedanken; und auch der scharfe Ton ihrer Stimme bekümmerte sie nicht weiter.

»Warum sind Sie hergekommen? Ich habe Ihnen doch gesagt, daß ich morgen in die Stadt kommen würde!«

»Tut mir leid, Mrs. C.« Er grinste entschuldigend. »Ich muß morgen wegen eines Falles nach Buffalo, da dachte ich, ich könnte die Sache etwas beschleunigen.« Er schaute sich mit plötzlicher Besorgnis um. »He, Ihr Mann ist doch nicht etwa zu Hause, oder?«

»Nein, natürlich nicht. Er ist im Büro. Also kommen Sie herein.«

Sie ging ihm ins Wohnzimmer voran und ordnete das Hauskleid um ihre Knie, als sie sich hinsetzte. Er fummelte in seiner Aktentasche herum und zog einen dünnen Stoß gelblichen Papiers hervor.

»Hab alles hier«, sagte er selbstgefällig und ließ sich in einen Korbsessel sinken. »Macht's Ihnen was aus, wenn ich rauche?« Er zog eine Zigarre halbwegs aus seiner Tasche.

»Ein toller Detektiv!« schnaubte Stella verächtlich. »Wollen Sie, daß das ganze Haus nach Zigarrenrauch stinkt, wenn Frank nach Hause kommt?«

»Vermutlich haben Sie recht. Soll ich lieber gleich zu dem Bericht kommen?«

»Eine großartige Idee«, sagte sie trocken.

Er räusperte sich und las vor. Seine Stimme war rauh und monoton, aber Stella Chapman war viel zu fasziniert von seinen Worten, um sich noch für die Art des Vortrages zu interessieren.

»Vertraulicher Bericht über Mr. Frank Chapman«, las der Detektiv. »Am 15. Oktober verließ Mr. Chapman, im folgenden kurz Objekt genannt, das Haus zur gewohnten Zeit um 7 Uhr 55, und wir folgten ihm zum Bahnhof, wo er um 8 Uhr 10 den Zug in die Stadt bestieg. Objekt trug gewöhnliche Straßenkleidung und eine braune Ledertasche.

Um 8 Uhr 55 erreichte der Zug den Hauptbahnhof, und Objekt verließ diesen an der 46. Straße, ging zwei Häuserblocks nach Norden und betrat ein Café, wo er Kaffee trank und einen Krapfen aß. Objekt verließ das Café um 9 Uhr 05 und nahm an der Ecke 48. Straße den Bus Nr. 7. Objekt stieg an der Ecke 78. Straße / Central Park West aus und ging einen Häuserblock nach Norden, wo er die Nr. 281, ein Wohnhaus, betrat.«

Stella beugte sich mit funkelnden Augen vor.

»Objekt fuhr mit dem Lift zu nicht feststellbarer Etage hinauf, was Unterhaltung mit dem Fahrstuhlführer erforderlich machte. Nach Honorarzahlung...« Mr. Orgill hob einfältig die Augen. »Das wird auf Ihrer Rechnung ausgewiesen werden. Nach Honorarzahlung informierte uns Fahrstuhlführer darüber, daß Objekt häufiger Besucher von Apartment 8 B sei. Überprüfung des Briefkastens ergab, daß die Bewohnerin desselben eine Mrs. Ellen Quartz ist.«

Er blätterte um, und aus Stellas Kehle kam ein halbersticktes Geräusch. »Ich hatte also recht«, sagte sie.

»Objekt verließ das Apartment um 10 Uhr 35«, fuhr der Detektiv fort, »und ging auf Central Park West drei Häuserblocks nach Süden. Dann nahm er einen quer durch die Stadt fahrenden Bus zur Ecke Lexington Avenue / 76. Straße. Er betrat die Nr. 110, ein Sandsteinhaus. Er ging in die Wohnung im 1. Stock hinauf, eine Überprüfung des Briefkastens ergab als Namen der Bewohnerin Mrs. Ida Horrocks.«

Stella schnappte hörbar nach Luft, und Mr. Orgill blickte höflich auf. »*Zwei* Frauen?« fragte sie.

»Ich glaube, Sie sollten mich zunächst zu Ende lesen lassen, Mrs. C.« Er raschelte mit den Blättern. »Objekt hielt sich bei Mrs. Horrocks ungefähr fünfzig Minuten auf, verließ dann ihr Apartment und ging die Straße hinunter. Diesmal nahm er ein Taxi und betrat ein Wohnhaus an der Ecke 94. Straße / First Avenue. Es war zehn vor zwölf. Objekt betrat das Apartment einer Miss Francine Grumbacher.«

»Sie sind verrückt!« Stella explodierte. »Sie erfinden das alles!«

Mr. Orgill blickte gequält drein. »Objekt hielt sich bis ein Uhr in Mrs. Grumbachers Apartment auf und lief dann zur Second Avenue. Dort ging er zum Lunch ins ABC-Restaurant. Um zwei Uhr...«

»Sagen Sie's mir nicht. *Bitte.* Sie können nicht von mir erwarten, daß ich glaube...«

»Es tut mir leid, Mrs. C. Er begab sich zu einem Apartment an der Ecke 67. Straße / Columbus Avenue, Wohnungsinhaberin Mrs. Arnold Bascom.«

»Aber das kann doch nicht sein! Nicht Frank! Was ist denn mit seinem Büro? Mit seinem Job?«

»Darüber ist uns nichts bekannt, Mrs. C. Wir wissen lediglich, was er am Montag gemacht hat. Nachdem er sich in Mrs. Bascoms Wohnung bis halb vier aufgehalten hatte, nahm er ein Taxi zur 55. Straße, Ecke 8., wo er die Wohnung einer Mrs. Margot Sherman aufsuchte...«

Stella stand auf, die Hände auf die Ohren gepreßt.

»Das reicht. Ich möchte nichts mehr hören!«

»Aber der Bericht ist noch nicht vollständig...«

»Das ist mir egal! Lassen Sie ihn mir einfach da, lassen Sie ihn nur da! Und schicken Sie mir Ihre Rechnung!«

Der Detektiv seufzte und kämpfte sich aus dem Korbsessel hoch. »Wenn wir Ihnen sonst irgendwie zu Diensten sein können, Mrs. C....«

»Schicken Sie mir erst mal Ihre Rechnung, Mr. Orgill.«

»Okay.« Er überreichte ihr den Bericht und ging zur Tür. Der Motor seiner Limousine heulte wie ein Urwaldtier, als er den Wagen wendete und die Strawhorn Road hinabfuhr.

Als die Uhr auf dem Kaminsims sieben schlug, ging Stella ins Wohnzimmer und nahm verkrampft auf dem Sofa Platz. Zwischen diesem Augenblick und dem von Mr. Orgills Aufbruch lagen schwierige Stunden, und ihre Gefühle waren so erhitzt und gemischt wie das Stew, das im Ofen brodelte.

Dann hörte sie Franks Schlüssel im Schloß.

»Hallo, Liebes«. Er küßte sie leicht auf die Wange und eilte nach oben, um den Mantel, den Schlips und die Ledertasche loszuwerden. Er kehrte zurück, nur teilweise erfrischt von dem kalten Wasser, in das er Gesicht und Hände getaucht hatte.

»Wie wär's mit einem Drink vor dem Essen?« sagte er.

»Ja«, sagte Stella vage, »ich denke, wir können einen gebrauchen.«

Sie gingen ins Wohnzimmer. Als die Martinis eingeschenkt waren, vergeudete sie keine Zeit mehr an irgendwelche einleitenden Worte.

»Frank«, sagte sie, »ich weiß Bescheid.«

»Hm?«

»Ich weiß alles. Ich habe auf einem Zettel, der in deinem blauen Anzug steckte, den Namen und die Anschrift einer Frau gefunden. Du warst unvorsichtig, Frank.« Der Ton ihrer Stimme stieg schrill an, zum ersten Mal seit ihrer Entdeckung fühlte sie sich den Tränen nahe.

»Aber Süße...«

»Komm mir nicht süß, Frank. Ich wußte, daß etwas nicht stimmte – ich wußte es. Gleich nach den Flitterwochen, da war alles anders.«

»Aber Stella, bevor du irgendwelche abwegigen Gedanken...«

Sie erhob sich mit dem Glas in der Hand, stand drohend über ihm und blickte auf sein blasses rundes Gesicht mit den hellen Augen und dem ziemlich kleinen Mund hinunter – und fragte sich, über was für eine magnetische Anziehungskraft er wohl verfügen mochte. Ihr Blick drückte alle möglichen Gefühle aus, Ekel, Wut, verratene Treue und – so sehr sie sich darum bemühte, es zu verbergen – Ehrfurcht.

»Wie konntest du das nur tun, Frank? Mit all diesen Frauen? Mit so vielen...«

»Aber Stella...«

»Ich glaube, ich habe dich nie richtig gekannt, Frank.«

»*Bitte!*« Seine Stimme peitschte durch den Raum wie ein Pistolenschuß. »Du mußt mich das erklären lassen, Stella. Es ist überhaupt nicht das, was du denkst!«

Sie erblickte einen Funken Hoffnung. »Was willst du damit sagen?«

»Ich will sagen, daß du das alles mißverstanden hast! Ich kann dir das, glaube ich, nicht zum Vorwurf machen. Es ist meine Schuld, weil ich's vor dir verborgen habe. Ich hätte von Anfang an offen und ehrlich sein sollen.«

»Ehrlich? Nennst du das, was du treibst, ehrlich?«

»Ja!« Er knallte sein Glas auf den Tisch. »Ja, das ist es. Du und deine Vorstadtfreundinnen, ihr mögt's nicht glauben, aber es ist eine redliche Sache. Es ist ein guter Job, der für uns verdammt viel mehr abwirft als einige von deren Maklergatten und Werbemanagern und...«

Stella schüttelte verwirrt den Kopf.

»Habe ich es dir je an etwas fehlen lassen?« fragte Frank hitzig. »Hast du nicht die neuen Kleider gekriegt, die du haben wolltest, das Auto, dieses gottverdammte Spielzimmer, den zweiten Fernseher...«

»Was hat *das* damit zu tun?«

»Viel! Sehr viel!« Er bohrte seine Hände in die Taschen und schmollte wie ein Kind. »Ich wollte es dir nicht sagen, Stella. Ich glaube, ich habe mich ein bißchen geschämt. Aber ich arbeite gar nicht für eine PR-Firma.«

»Nicht?«

»Nein, Stella. Ich bin...ich bin Bürstenvertreter.«

Sie blinzelte ihn an, als hätte er gerade einen Witz erzählt, den sie nicht verstanden hatte.

»Hast du gehört, was ich gesagt habe? Ich verkaufe Bürsten. Bohnerwachs. Mottenkugeln. All solches Zeug. Verkauf an der Haustür, Stella, und ich verdien ganz schön dabei. Genug, daß ich dies Haus, das Auto und all die andern Sachen kaufen konnte.«

»Aber warum hast du mir das denn nie gesagt?«

»Weil ich dachte, du würdest mich auslachen. Du und all die anderen hier oben. Die meinen doch alle, jedermann müßte einfach so einen sauberen Schreibtischjob in einem schicken, vollklimatisierten Büro mit dreistündiger Mittagspause und diesen ganzen Sachen haben...«

»Oh, Frank!«

Stella warf sich ihrem Mann an den Hals, ihre Arme umschlangen ihn, und sie lachte, lachte Tränen der Erleichterung. Sie herzte ihn, bis er sich ihr ganz zuwandte und ihr einen glücklichen, warmen Kuß auf die Lippen drückte.

Er stieg aus dem Bus Nr. 7 an der Ecke zur 50. Straße und ging nach Norden, bis er den Apartmentblock erreicht hatte. Der Fahrstuhlführer nickte ihm vertraulich zu, und er stieg in den Lift.

Als sie die Tür öffnete, trug Ellen ein blaues Chiffonkleid, das so durchsichtig war wie getöntes Glas. Sie legte ihm den Arm um die Taille und hob ihm ihren Mund entgegen, damit er sie küsse.

»Wir beeilen uns lieber ein bißchen«, sagte sie. »Ralph meinte, er würde mich um zehn anrufen.«

Frank sah auf seine Uhr und runzelte die Stirn. »Ich habe auch noch einen Termin.« Er begann, an seiner Krawatte zu nesteln – und hatte sich ihrer entledigt, als sich die Schlafzimmertür hinter ihnen schloß.

Ein Glied in der Kette

Natürlich mußte es an der Tür klingeln! Der Tag bestand überhaupt nur aus lauter ärgerlichen Unterbrechungen, und Ellen hatte für sie allmählich eine verbissene Duldung entwickelt. Als sie aber jetzt, wo der nackte Jonathon in seinem Bettchen schrie und strampelte, der Braten im Ofen schwarz und ungenießbar wurde und sich die Zeiger der Uhr viel zu schnell der Stunde entgegenbewegten, in der ihr Mann nach Hause kam, das Schrillen der Türglocke hörte, schrie sie all ihre Entrüstung in die Welt hinaus. Die Welt hörte sie zwar nicht, wohl aber Jonathon. Er erhob ein kräftiges, mitfühlendes Gekreisch, so daß sie ihm verärgert einen Klaps auf seinen winzigen Popo gab.

»Sei still! Sei still, hörst du?«

Sie zog ein Bettuch über ihn und marschierte aus dem Kinderzimmer, wobei es ihr egal war, daß er es sofort wieder wegstrampelte. Als sie die Haustür aufriß und den würdevollen Fremden mit einwärts gerichteten Fußspitzen auf dem mit dem Wort ›Willkommen‹ verzierten Fußabtreter stehen sah, starrte sie ihn nur ungastlich an und sagte: »Ja?«

»Mrs. Angstrom?« Er nahm den Hut ab, der Kälte einen blanken Schädel aussetzend. »Mein Name ist Dr. Pepys; darf ich hereinkommen und mit Ihnen sprechen?«

Sie hätte nein gesagt, wenn der Titel sie nicht daran gehindert hätte. Auch entsprach er mit seinem ernsten, hohlwangigen Gesicht und dem kleinen weißen Schnurrbart ganz ihrer Vorstellung von einem Doktor. Sie wischte sich die Hände an der Schürze ab und trat beiseite, als er hereinkam; dabei registrierte sie voller Neugier, daß er trotz der winterlichen Kälte keinen Mantel trug. Er schien unbeeindruckt von ihr; die Luft, die er mit sich hereinbrachte, war mollig warm.

»Ich hoffe, Sie werden mir diese Störung verzeihen«, sagte er und ging dabei zielstrebig auf den bequemsten Sessel des Wohnzimmers zu. »Bin aber von ziemlich weit hergekommen, um Sie zu sprechen. Macht's Ihnen was aus, wenn ich mich setze?«

»Nein, natürlich nicht.« Sie hörte auf, ihn anzustarren, und verband nun seinen Titel mit dem Bild eines Unfalls und plötzlicher Erkrankung. »Es ist doch nicht wegen meines Mannes, oder?«

»Nein, nein«, sagte der Mann und lächelte aufmunternd. »Nichts dergleichen, Mrs. Angstrom. Ich komme viel eher wegen Ihres Sohnes.«

»Jonathon?«

»Wenn Sie sich zu mir setzen würden...« Er winke sie zu einem Sessel, und sie setzte sich hin, als sei seine Geste ein Befehl gewesen. Sie war sich plötzlich der Billigkeit ihrer Kittelschürze und des unfrisierten Zustandes ihrer Haare bewußt.

»Danke«, sagte er nüchtern. »Ich denke, so können Sie am besten anhören, was ich zu sagen habe – sitzend.«

»Was meinen Sie damit?«

»Ich sagte schon, daß mein Besuch Ihren Sohn betrifft, Mrs. Angstrom, und so ist es. Sehen Sie...« Sein Blick veränderte sich seltsam. »Ihr Sohn ist mein Patient, und deshalb bin ich hier.«

»Dr. Kaiser ist doch Jonathons Kinderarzt. Stehen Sie mit ihm in irgendeiner Verbindung?«

»Ich bin kein Kinderarzt, Mrs. Angstrom, ich bin Psychoanalytiker. Wichtiger noch wäre wohl, Ihnen zu erklären, daß der Sohn, den Sie im Augenblick haben, *nicht* mein Patient ist. Der Mann, dem ich momentan zu helfen versuche, ist sechsunddreißig Jahre alt und ist seit sechs Monaten bei mir in Behandlung.«

Er sah so vernünftig und intelligent aus, daß Ellen ihren Verdacht nicht länger als eine Sekunde aufrechterhielt. In dieser einen Sekunde aber fragte sie sich, ob sich da nicht ein Verrückter an die Tür ihres Hauses verirrt hatte.

»Es tut mir leid«, sagte er und errötete leicht. »Ich erkläre das alles nicht sehr gut. Tatsache ist, daß ich gerade dabei bin, Ihrem Sohn durch eine schwere emotionale Krise hindurchzuhelfen. In der Welt, die ich gerade verlassen habe, ist er sechsunddreißig, leidet aber unter traumatischen Verletzungen, die er schon vor langer Zeit erlitten hat. Sein Zustand ist ernst, und ich bin sicher, daß Sie mir so gut helfen werden, wie es Ihnen irgend möglich ist.«

Sie schüttelte den Kopf. »Es muß Ihnen da ein Fehler unterlaufen sein, Doktor. Mein Sohn ist erst drei Monate alt...«

»Vielleicht sollte ich expliziter werden. In genau siebenundzwanzig Jahren, von heute an gerechnet, Mrs. Angstrom, werden zwei Atomphysiker namens Lu Cheng und Robert Godowsky im Zusammenhang mit ihren Arbeiten auf dem Gebiet der atomaren Relativität eine beunruhigende Entdeckung machen – die Entdeckung nämlich, daß Reisen durch die Zeit nicht nur den Elektronen möglich sind, sondern auch größeren materiellen Objekten einschließlich menschlicher Wesen. Drei Jahre später werden sie die erste brauchbare Zeitmaschine fertiggestellt haben, die über die Fähigkeit verfügt, Materie in der Zeitspur sowohl zurück als auch nach vorn zu bewegen, wobei die einzige Grenze die Zukunft ist. Diese Maschine wird das am sorgfältigsten bewachte und das den strengsten Vorschriften unterworfene Instrument sein, das der Mensch je konstruiert hat, und sie wird nur autorisierten, mit legitimen Forschungsarbeiten befaßten Personen zur Verfügung stehen, die während ihrer Reisen in die Vergangenheit genaueste Vorschriften zu befolgen haben. Zur Gruppe dieser Personen haben auch schon Historiker gehört, deren Bestreben es natürlich nicht ist, die von ihnen aufgezeichneten Ereignisse in irgendeiner Weise zu verändern, sondern sie zu verifizieren. Und in allerjüngster Vergangenheit haben auch

Mitglieder der medizinischen Zunft ihr angehört, insbesondere Psychoanalytiker. Ich bin sicher, daß Sie sich denken können, warum.«

Ihr Kopf bewegte sich weiterhin von einer Seite zur anderen.

»Sicherlich sind Ihnen doch die Techniken der Analyse vertraut, Mrs. Angstrom; sie waren ja sogar zur heutigen Zeit schon allgemein bekannt. Die Quelle aller Neurosen liegt in der Vergangenheit eines Patienten, häufig sind sie tief in seiner Kindheit verwurzelt. Es war ein gewisser Dr. Hugo Breckmann aus Berlin, der als erster die Möglichkeit sah, einen Psychoanalytiker per Zeitmaschine die Vergangenheit seines Patienten aufsuchen zu lassen, damit er die Grundzüge des jeweiligen Problems besser verstehen könnte. Etliche solcher Besuche sind schon durchgeführt worden; es ist noch zu früh, um mit Sicherheit sagen zu können, ob sie erfolgreich waren oder nicht, aber alles deutet darauf hin, daß es tatsächlich möglich *ist*, auf diesem Wege eine Heilung zu beschleunigen. Und das, Mrs. Angstrom, ist der Grund, warum ich heute hergekommen bin.«

»Aus ... aus der Zukunft?«

»Ja«, sagte der Psychoanalytiker ernst. »Aus einer Zukunft, in der Ihr Sohn Jonathon ein sehr kranker junger Mann ist.«

Ellens Sohn Jonathon, noch immer im Alter von drei Monaten, ließ derweil die Gegenwart wissen, daß er ein sich sehr unbehaglich fühlender junger Mann war. Sein Protestgeschrei durchdrang die Wand zwischen ihm und seiner Mutter, und Ellen flog aus ihrem Sessel hoch und eilte in Richtung Kinderzimmer. Sie bemerkte nicht einmal, daß Dr. Pepys ihr leise nachging, als sie ihren Sohn aus seinem Bettchen hochnahm.

»Sei ruhig! Sei ruhig!« schrie sie, als Jonathons Gebrüll in Hysterie umzuschlagen drohte. Sei trug seinen nackten Körper zum Wickeltisch und fing an, die Windeln zu wechseln – eine Kunst, in der sie es nie zu großen Fertigkeiten gebracht hatte.

»War er die ganze Zeit über so?« fragte Pepys. »Unbekleidet?«

Sie schaute den Doktor wild an, und nur die Sicherheitsnadel zwischen ihren Zähnen hinderte sie einen Augenblick lang an einer wütenden Antwort. Dann zog sie die Nadel mit einem Ruck heraus und sagte: »Was erwarten Sie eigentlich? Jedesmal, wenn ich mit einer Arbeit anfange, klingelt es an der Tür. Oder das Telefon. Oder der verfluchte Ofen spielt verrückt.« Sie stampfte mit dem Fuß auf, als Jonathon einen weiteren Windelwechsel unbedingt erforderlich machte. »Oh, *mein Gott*!« sagte sie, den Tränen nahe. »Sie haben sich einen schönen Tag ausgesucht, um in Ihre Maschine da zu steigen...«

»Sie meinen, es geht nicht immer so zu wie im Augenblick?«

»Natürlich ist es immer so.« Sie wirbelte zu ihm herum. »Sie werden ihm deshalb, nehme ich an, erzählen, daß es seine Mutter, seine arme, unfähige Mutter war, die ihm zu seinen Macken verholfen hat, als er noch ein Baby war. Und daß er deshalb so durcheinander ist, ja?«

»Für mich ist nichts gesichert«, sagte Pepys ruhig. »Es gibt im Leben eines Kindes so viele Einflüsse...«

»Einflüsse! Ich werd Ihnen mal einen Einfluß vorführen. Warten Sie bloß ab, bis mein Mann nach Hause kommt. Dann werden Sie Mr. Einfluß persönlich kennenlernen. Als erstes wird er so viele Martinis in sich hineinschütten, daß er noch vor neun vor dem Fernseher einschläft. Und wenn er den ganzen Abend mehr als zehn Worte an mich richtet, dann werd ich die auf ein Mustertuch sticken und in die Diele hängen...«

»Jonathon scheint seinen Vater gemocht zu haben«, sagte der Doktor zögernd.

»Da bin ich sicher. Klar werden sie zu großen Zechkumpanen heranwachsen. Und er wird wahrscheinlich auch so ein Chemiker mit hundert Dollar die Woche wie der...« Sie sah ihren Besucher scharf an, sich einer einzigartigen Gelegenheit bewußt werdend. »Oder nicht?« fragte Ellen. »Was *macht* Jonathon?«

»Es tut mir leid, aber das darf ich Ihnen nicht sagen, Mrs. Angstrom. Ich kann Ihnen gar nichts darüber mitteilen, was geschehen ist. Das ist eine unserer strengsten Vorschriften.«

Inzwischen war das Kind mit einem kalten Milchfläschchen zur Ruhe gebracht worden. Ellen seufzte, kämpfte mit seinem Nachthemdchen und legte ihn dann in sein Bettchen. Als sie aus dem Kinderzimmer gingen, sagte der Psychoanalytiker: »Ich entnehme Ihren Äußerungen, daß Sie mit Ihrem Mann nicht eben auf gutem Fuße stehen, Mrs. Angstrom.«

»Auf gutem Fuße! Das ist schön gesagt.« Sie setzte sich und zündete sich eine Zigarette an. »Mein Mann und ich sind zu einer Übereinkunft gekommen, Doktor. Er macht, was er will, und ich tue, was er will. Mir graut bei dem Gedanken daran, was passiert wäre, hätte ich ein *Mädchen* produziert statt *dem da*.« Sie wies mit dem Daumen in Richtung des stillen Kinderzimmers. »Er hat mir praktisch *befohlen*, einen Jungen zu kriegen.«

»Wirklich?« murmelte Pepys.

»Ja, wirklich. Mein Mann mag keine Mädchen, Dr. Pepys. Nicht, bevor sie nicht über achtzehn sind. *Dann* mag er sie.«

»Sie verdächtigen ihn der... der Untreue?«

»Ich muß ihn gar nicht verdächtigen, Doktor. Er hat nicht einmal genug Anstand, das zu verheimlichen.«

Der Doktor sah auf die Uhr.

»Fast halb sieben«, sagte er. »Ich fürchte, ich muß meinen Besuch jetzt beenden, Mrs. Angstrom. Sie haben mir sehr geholfen, und ich danke Ihnen. Bevor ich aber gehe, möchte ich Sie noch bitten, sich dies hier einmal ganz genau anzusehen.« Er griff in seine Tasche und zog eine kleine, schwach leuchtende Kugel hervor. In ihrem Inneren bewegte sich etwas, und Ellen nahm sie mit neugierigem Blick in die Hand.

»Was ist das?« fragte sie, die Augen auf die seltsamen, bedeutungslosen Bewegungen der winzigen, in dem durchsichtigen Ball hin und her wandernden Lichter geheftet.

»Bitte schauen Sie sie weiter an. Es tut mir leid, aber dies ist eine notwendige Ergänzung meiner Forschungsarbeit. Wenn Sie das Objekt weiter betrachten, werden Sie eine starke hypnotische Anziehungskraft verspüren. Innerhalb etwa einer Minute werden Sie dann in einen tiefen Trancezustand geraten. Es wird Ihnen nichts geschehen; dies ist nur einfach eine Vorsichtsmaßnahme.«

»Aber wieso?« sagte Ellen, unfähig, ihre Augen von der Kugel zu wenden.

»Es ist nichts, was Sie beunruhigen müßte. Wenn Sie die Endphase der Trance erreicht haben, werde ich Sie bitten, meinen heutigen Besuch hier zu vergessen, damit Sie nicht in Versuchung kommen, anderen davon zu erzählen oder sich unnötige Gedanken darüber zu machen. Das ist wirklich alles, Mrs. Angstrom. Mrs. Angstrom?«

Sie antwortete nicht. Der Herr aus der Zukunft nahm ihr die Kugel aus der Hand und steckte sie mit einem Seufzer wieder in seine Tasche. Dann sprach er sanft auf sie ein und sagte ihr, was sie zu tun hätte.

Als Ellen Angstrom um vier Uhr von ihrem Rechtsanwalt zurückkam, war sie mit den Ergebnissen ihres Besuches recht zufrieden. Ihr Mann war, was die ihre Trennung betreffenden Abmachungen anbetraf, erstaunlich entgegenkommend gewesen, ja, sein eigener Anwalt schien sogar verärgert darüber gewesen zu sein, daß er ihre harten Bedingungen so gelassen hinnahm. Nicht, daß diesen prozentualen Vereinbarungen große Bedeutung zugekommen wäre – ihr Mann war nie ein großer Geldverdiener gewesen.

Sie hielt auf der Etage unterhalb ihrer Wohnung an und wollte an Mrs. Whittakers Tür klingeln. Sie konnte drinnen die schrille Stimme des fünfjährigen Jonny hören, und auch, wie Mrs. Whittaker, die entgegenkommende alte Dame, die die Aufgaben eines Babysitters ganz unentgeltlich übernahm, lachend antwortete. Na, er ist glücklich, dachte Ellen mit einem Achselzucken. Kann mir also auch mal einen friedlichen

Nachmittag gönnen. Sie fuhr mit dem Lift einen Stock höher, betrat ihre eigene Wohnung und machte sich einen Drink zurecht.

Als es eine halbe Stunde später an der Tür klingelte, fühlte sie sich angenehm duselig und mit der Welt versöhnt. Sie lächelte den distinguierten Herrn mit Schnurrbart an, und ihre Stimme klang kokett, als sie sagte: »Ja, bitte?«

»Mrs. Angstrom? Mein Name ist Dr. Pepys. Dürfte ich Sie wohl einen Augenblick sprechen?«

»Aber klar doch. Kommen Sie rein«, sagte Ellen und drückte sich die frisch gelegten Löckchen auf ihrem Hinterkopf zurecht. »Ich hab mir gerade einen kleinen...« Sie hielt inne und betrachtete ihn neugierig, als er zielstrebig auf einen Sessel zusteuerte. »Kenne ich Sie nicht irgendwoher?«

»Das glaube ich nicht, Mrs. Angstrom. Aber *ich* kenne Ihren Sohn Jonny.«

»Oh.« Ihre Stimme wurde flach. »Dann müssen Sie jemand von seiner Schule sein. Nun, Sie müssen sich seinetwegen keine Sorgen mehr machen, Doktor. Jetzt wird alles ganz anders werden.«

»Ich fürchte, ich verstehe nicht, wovon Sie sprechen.«

»Ich weiß, daß er ein richtiges kleines Ungeheuer war, aber Sie müssen das verstehen. Mein... mein Mann und ich hatten ein paar Schwierigkeiten, aber die sind jetzt alle behoben. Ich habe sogar daran gedacht, Jonny von der Schule zu nehmen und ihn irgendwo... in einer Privatschule unterzubringen. Irgendwo, wo sie mit Problemkindern umgehen können. Ich glaube, das wäre das beste für ihn.«

»Ja«, sagte Dr. Pepys und berührte die Spitze seines säuberlich getrimmten Schnurrbarts. »Ich habe gehört, daß es solche Schulen gibt. Aber wo, meinen Sie, liegt eigentlich das Problem Ihres Sohnes, Mrs. Angstrom?«

Sie lachte scharf. »Das kann ich Ihnen mit einem Wort sagen, Doktor. Verwöhnt. Eine Krankheit, die er von seinem Vater hat, aber jetzt wissen wir, was es ist. Jetzt wird er irgendwo hinkommen, wo nicht gleich jeder losrennt, wenn er bloß den Mund aufmacht.«

»Ich verstehe. Und das wird eine Art... Internat sein? Fort von zu Hause?«

»Ja. Ich brauche dringender einen Urlaub von ihm als er einen von mir. Das allerbeste für uns beide.«

»Und was ist mit Ihrem Mann?«

»Mit dem? Der ist viel zu beschäftigt damit, etwas aus seiner chemischen Fabrik zu machen. Eine Million Dollar mit Wunderdrogen, heißt es hier. Ich glaube nicht, daß er sich groß Gedanken darüber macht, wo Jonny ist.« Sie mußte aufstoßen und schaute mit gerunzelter Stirn auf ihr Glas. »Weshalb wollten Sie mich denn nun eigentlich sprechen, Doktor...?«

»Pepys«, sagte der Mann. »Es ist nichts wirklich Wichtiges, Mrs. Angstrom. Ich wollte nur einmal sehen, wie es Jonny geht. Er erschien mir immer als ein so aufgeweckter, intelligenter Junge...«

»Schlau«, murmelte Ellen, und sie merkte, daß der angenehme Rausch vorbei war und nun die Trunkenheit einsetzte. »Zu verdammt schlau, wenn Sie mich fragen.«

»Ja«, sagte der Mann und griff in seine Tasche. »Ob Sie mir wohl noch einen Gefallen tun würden, Mrs. Angstrom?«

»Was denn?«

»Würden Sie dies bitte einen Augenblick lang anschauen?« Er gab ihr eine seltsam leuchtende Kugel, in deren Innerem sich eigentümliche Lichter bewegten.

Endlich von dem Zwang befreit, ernst und unglücklich aussehen zu müssen, entspannte sich Ellen Angstrom im Fond des großen schwarzen Wagens, schob den schweren Schleier beiseite und zündete sich eine Zigarette an. Sie war froh, daß Jon es abgelehnt hatte, mit ihr im gleichen Auto zu fahren, auch wenn diese öffentliche Bekundung der Respektlosigkeit nicht ohne Peinlichkeit war. Noch schlimmer war allerdings, daß er in seinem eigenen Wagen zur Beerdigung seines Vaters gekommen war – in diesem frechen, brandroten Sportwagen, der wie ein hungriges Dschungeltier brüllte und knurrte. Der fuhr jetzt irgendwo der Prozession voraus und fauchte die Straße genauso wütend an, wie Jon die Welt anfauchte. Manchmal wünschte sich Ellen, sie wären unverändert in jenem unbehaglichen Zustand mittelständischer Armut verblieben, in den Jon hineingeboren worden war. Der überraschende Erfolg ihres verstorbenen Mannes auf dem chemischen Sektor hatte zwar für sie seine Vorzüge, nicht jedoch für ihren Sohn. Sein altes Problem, der Mangel an Liebe, und das neue Problem, der Überfluß an Geld, gingen eine verheerende Verbindung ein, zumindest was Ellen betraf. Nur bekümmerte sie das nicht allzu sehr. Nicht wirklich. Sie dachte lieber an Egg.

Egmont O'Hara, dieser herrlich durchschaubare Mitgiftjäger, wartete jetzt in seinem Apartment auf sie und entwarf, dessen war sie sich sicher, gerade eine gekonnte kleine Beileidsansprache. Sie würde sie mit Freuden anhören. Mehr noch, sie würde die Rolle der trauernden Witwe mit Freuden spielen und sich von Egg trösten lassen, wie nur Egg trösten konnte ...

Irgend etwas war mit dem Verkehr los. Rote Lichter blitzten, und überall standen Fahrzeuge in merkwürdigen Positionen auf der Straße herum. Sie beugte sich ungeduldig nach vorn und klopfte ans Glas; der Chauffeur kurbelte die Trennscheibe herunter und sagte: »Vor uns scheint irgendein Unfall zu sein, Mrs. Angstrom. Soll ich mal nachsehen?«

Sie machte eine ärgerliche Geste und stieg selbst aus. Sie brauchte nicht lange, um herauszufinden, daß ihr eigener Sohn an dem Unfall beteiligt war – die gewalttätige Farbe seines Wagens war nicht zu übersehen. Die häßliche, schnauzenförmige Motorhaube durch die Heftigkeit des Aufpralls zusammengedrückt, der rechte Kotflügel wie ein Stück rotes Tuch zusammengekrumpelt, so lehnte er als wirrer Haufen Blech an einem Telegraphenmast. Der Anblick erschreckte sie jedoch nicht, denn Jon stand in seinem schmutzigen grauen Sweater und seinen noch schmutzigeren Kordhosen neben dem

Wrack, hatte eine Zigarette im Mund und fluchte durch ihren Rauch hindurch. Sie ging nicht zu ihm. Statt dessen stieg sie wieder in den Cadillac und bedeutete dem Chauffeur, er solle weiterfahren.

Sie war aber doch stärker mitgenommen, als sie gedacht hatte. Als sie vom Highway abbogen und in die Stadt hineinkamen, klopfte sie wieder an die Glasscheibe und sagte dem Chauffeur, er solle sie zu ihrer Wohnung bringen. Sie brauchte ein bißchen Zeit mit sich allein, dachte Ellen; sie würde nicht in ihrer schwarzen Trauerkleidung zu Egg gehen, wenngleich ihr diese Vorstellung schändlich reizvoll erschienen war. Sie würde sich umziehen.

Ein Fremder stand im Aufzug, als sie zum Penthouse hinauffuhr – ein gutaussehender Herr mit ernstem Gesicht und sorgfältig gepflegtem Schnurrbart. Während sie zusammen hinauffuhren, blickte sie ihn von der Seite her an, und er beantwortete dies damit, daß er den Hut abnahm. Als sie auf der gleichen Etage ausstiegen, wußte sie, daß er sie ansprechen würde, aber es überraschte sie, daß er offensichtlich ihren Namen kannte.

»Mrs. Angstrom? Mein Name ist Dr. Pepys. Ich weiß, daß dies ein schlechter Zeitpunkt ist, um Sie zu behelligen...« Er sah betont auf ihre Kleidung. »Ich wäre Ihnen aber doch sehr verbunden, wenn ich Sie einen Augenblick sprechen dürfte.«

»Kenne ich Sie?« sagte Ellen und blickte ihn mißtrauisch an.

»Nein, ich fürchte, ich hatte nie das Vergnügen. Ich kenne jedoch Ihren Sohn, und es ist Jon, über den ich gern mit Ihnen sprechen würde.«

Sie runzelte die Stirn. »Es tut mir leid, Dr. Pepys. Aber ich habe eine sehr wichtige... ich meine, ich bin im Augenblick einfach nicht in der Verfassung, mit jemandem zu sprechen. Ich komme gerade von der Beerdigung meines Mannes.«

»Ja, ich weiß«, sagte er entschuldigend. »Und wie ich höre, war Ihr Sohn in irgendeinen Unfall verwickelt...«

»Na, wenn's das ist, was Ihnen Kummer macht, dann können Sie's vergessen. Jon hat schon drei Autos zu Klump gefahren, und er kommt bei jeder Bruchlandung heil davon.«

»Es ist wirklich nicht das, Mrs. Angstrom. Obwohl es irgendwie, nehme ich an, doch damit...«

»Ein andermal, Doktor.« Sie steckte den Schlüssel in das Schloß ihrer Wohnungstür.

»Diese häufigen Unfälle von ihm, Mrs. Angstrom. Ist Ihnen je in den Sinn gekommen, daß es sich gar nicht um bloße Unfälle handeln könnte?«

»Nicht jetzt, Doktor, bitte.«

»Sicher können Sie das Zwanghafte an diesen...«

Drinnen klingelte das Telefon, und Ellens Herz schlug schneller in dem Wissen, daß Egg am anderen Ende der Leitung war.

»Ein andermal!« rief sie, stieß die Tür auf und schloß sie dann wieder, bevor der Fremde sie noch daran hindern konnte. Er stand draußen vor ihrer Wohnung, und sein Gesicht lief vor lauter Frustration hochrot an. Dann drehte er sich um und ging zum Lift, wobei er eine kleine, leuchtende Kugel in seiner Handfläche hin und her rollen ließ.

Ellen Angstrom blickte in den dreiteiligen Ankleidespiegel auf der fünften Etage des Modehauses ›Venus‹, und ihr war mehr nach weinen als nach kaufen zumute. Im Fenster hatte das grüne, schmal geschnittene Kleid so ausgesehen, als sei es für ihren Teint und für ihr Aussehen wie gemacht, aber nun stand zweifelsfrei fest, daß es nicht für ihre Figur gemacht war. Sie betrachtete ihr Spiegelbild und legte stille, feierliche Gelübde ab, eine Diät zu machen.

»Es ist entzückend«, zwitscherte der dunkeläugige Frechdachs hinter ihr. »Es sieht einfach süß an Ihnen aus, Mrs. Angstrom. Ich glaube nicht, daß wir irgend etwas dran ändern müssen, oder was meinen Sie?«

»Nein«, sagte Ellen heiser. »Nein, ich denke, es ist gut so, wie es ist.«

»Dann lasse ich es Ihnen sofort zuschicken«, sagte die Verkäuferin mit einem Lächeln, das ein klein wenig zu süß war.

Zehn Minuten später eilte Ellen aus dem Modehaus und in die kühle Herbstluft der Fifth Avenue – froh, dem anklagenden Spiegel entronnen zu sein, noch glücklicher aber bei dem Gedanken, daß es fünf durch war und sie ohne Bedenken in eine der behaglichen, ein paar Häuserblocks entfernten Bars gehen konnte. Als sie die erste endlich erreicht hatte, konnte deren etwas schäbige Atmosphäre sie nicht mehr aufhalten, sondern sie schob sich auf den nächsten Hocker und ordnete ihren Pelz um ihre Schultern. Sie bestellte einen Whiskey Sour und bemühte sich, ihn nicht zu schnell auszutrinken. Dann bestellte sie noch einen und nahm ihn in eine der Sitzecken mit.

Erst nach dem vierten Whiskey Sour nahm sie den attraktiven Herrn wahr, der sie vom anderen Ende der Bar aus beobachtete. Sie versuchte zu lächeln, aber was dabei herauskam, war eher ein affektiertes Grinsen. Er kam aber dennoch zu ihr herüber, und sie hörte auf, sich über ihr Spiegelbild zu grämen, sondern kam zu dem Schluß, daß sie noch immer eine hübsche Frau war.

»Darf ich mich setzen?« sagte der Mann. Er war süß. Er hatte einen kleinen weißen Schnurrbart und eine vornehme Kinnpartie. Er war ganz ihr Typ, dachte Ellen wie ein Backfisch.

»Aber bitte«, sagte sie geziert. »Ich hätte nichts gegen ein bißchen Gesellschaft. Das war ein *ermüdender* Tag.«

»Darf ich mich vorstellen? Mein Name ist Pepys, Dr. Pepys. Im übrigen meine ich, wir seien uns schon mal begegnet, vor einigen Jahren. Sie sind nicht Mrs. Ellen Angstrom?«

»Wieso, ja, das stimmt.« Sie betrachtete sein Gesicht, aber ihre Augen sahen nicht mehr ganz scharf. »Natürlich, ich erinnere mich an Sie, Doktor. Haben wir uns nicht mal bei...« Sie ließ das Ende des Satzes in der Schwebe.

»Es war nur eine kurze Bekanntschaft«, sagte der Doktor hilfreich. »Damals interessierte ich mich ziemlich für Ihren Sohn Jonathon. Wie geht's ihm übrigens?«

Sie erstarrte. »Sie kommen doch nicht von dorther, oder?«

»Wie bitte?«

»Von dort, wo Jonathon ist. Sie haben nichts mit denen zu tun, oder doch?«

»Nein, ich behandle nur privat. Sie wollen sagen, Jonathon ist momentan in einem Heim untergebracht?«

Sie erzitterte. »Sagen Sie das doch nicht in diesem Ton. Er ist ja nicht verrückt oder so was. In meiner Familie gibt es *niemanden*, bei dem irgendwas *damit* nicht stimmt. Es ist eine Art Militärkrankenhaus; die Army hat ihn da hingeschickt. Sie meinten, es wäre das beste.«

»Verwundet?«

Sie schnaubte verächtlich. »Der hat doch nie die Ostküste verlassen. Fragen Sie *mich* nicht, warum sie ihn da hingeschickt haben. Ich hatte damit nichts zu tun.«

Der Mann griff in die Tasche.

»Haben Sie dies hier schon jemals gesehen, Mrs. Angstrom?«

Sie nahm ihm den runden Gegenstand aus der Hand.

»Nein. Wofür ist das?«

»Ich hatte nicht damit gerechnet, es auf diese Weise einsetzen zu müssen, Mrs. Angstrom, aber unter den gegebenen Umständen ist es vielleicht das Sinnvollste. Bitte schauen Sie es weiter an. Ich möchte, daß Sie sich an unser erstes Zusammentreffen vor etwa vierundzwanzig Jahren erinnern. Dann können wir uns vielleicht vernünftiger über Jonathon unterhalten.«

Sie starrte in die Tiefen der durchsichtigen Kugel und beobachtete die Lichter, die sich darin bewegten.

»Mrs. Angstrom?« sagte der Doktor.

Sie antwortete nicht.

»Würden Sie sich jetzt bitte an unser erstes Zusammentreffen erinnern, Mrs. Angstrom. Erinnern Sie sich bitte, wer ich bin, wo ich herkomme und was mein Anliegen ist.«

Sie blickte auf. »Sie sind's wieder!« sagte sie und nahm ihr

Glas auf, um den Rest des Drinks hinunterzukippen. Dann signalisierte sie dem Ober, er möge ihr einen neuen bringen. Sie erschien nervös und höchst aufgebracht.

»Ich versuche nur zu helfen«, sagte Pepys ruhig. »Ihr Sohn befindet sich in diesem Augenblick in einer kritischen Phase, Mrs. Angstrom, und ich brauche Ihre Unterstützung. Sie wissen doch sicherlich, warum die Army Ihren Sohn in das Hospital eingewiesen hat. Sie wissen das, wollen es aber vor niemandem eingestehen. Er hat versucht, sich die Pulsadern aufzuschneiden, war's nicht so? Selbst heute noch, wo er sechsunddreißig Jahre alt ist, kann ich die Narben in seinem Fleisch erkennen.«

»Ich möchte nicht darüber sprechen!« stöhnte die Frau.

»Wir müssen aber darüber sprechen, Mrs. Angstrom. Sie haben die Pflicht...«

»Hören Sie auf, mich zu behelligen! Hören Sie auf, mich zu quälen!«

Ihr Drink kam; sie hatte keine Hemmungen, ihn hinunterzukippen, bevor noch der Ober gegangen war.

»Warum können Sie mich nicht in Ruhe lassen?« fragte Ellen, schluchzendes Selbstmitleid in der Stimme. »Warum müssen Sie mich für alles verantwortlich machen, was Jonathon zugestoßen ist. Trägt er denn überhaupt keine Verantwortung dafür? Muß ich immer der Bösewicht sein?«

»Bösewicht ist nicht das richtige Wort, Mrs. Angstrom. Und doch...« Er seufzte. »Es ist keine Frage, daß ein großer Teil der Schwierigkeiten Ihres Sohnes auf Sie zurückgeführt werden kann. Auf Ihren Mangel an Verständnis, auf Ihren Mangel an Liebe, auf die Art und Weise, in der Sie den Haß auf Ihren Mann auf ihn übertrugen...«

»Schon gut!« Die Tränen rollten ihre gepuderten Wangen hinab. »Schon gut, es war so. Aber ich konnte doch nichts dafür, oder? Ich hatte einen Mann, der mich nicht liebte, ein Kind, das mich für eine Verbrecherin hielt, weil ich ihn aus dem Haus schmiß! Können Sie mir deswegen Vorwürfe machen?«

»Sind Sie sicher, daß Ihr Mann Sie nicht geliebt hat, Mrs. Angstrom? Oder war es nicht eher so, daß Sie sich dagegen sträubten, seine Liebe zu akzeptieren?«

»Es unterschied sich alles überhaupt nicht von der Art, in der *ich* aufwuchs.« Sie weinte nun ganz offen, wobei der Alkohol den Tränenfluß beförderte. »Meine Mutter war genauso. Auch sie hatte einen Nichtsnutz zum Mann. Und sie mußte ihn auch rausschmeißen...«

»Ich bin sicher, daß es Gründe für Ihre eigenen Schwierigkeiten gibt, Mrs. Angstrom.«

»Warum machen Sie *die* dann nicht verantwortlich? Meinen Vater und meine Mutter? Warum hacken Sie auf mir rum? Sie waren genauso schuld wie ich, wenn Sie schon von Schuld reden wollen. Warum machen Sie denen keine Vorwürfe?«

Einen Augenblick lang sah der Psychoanalytiker beunruhigt aus.

»Ja«, sagte er nachdenklich. »Ja, da haben Sie natürlich nicht ganz unrecht.«

»Ich habe meinen Vater geliebt!« schluchzte Ellen. »Ich hab ihn wirklich geliebt. Aber er war so unfair zu meiner Mutter. Er *machte*, daß sie ihn rausschmiß, Doktor, sie konnte gar nichts anderes tun...«

»Die Kette der Neurosen«, flüsterte Pepys. »Wo fängt sie an? Wo hört sie auf?« Er sprach mit sich selbst.

»Warum steigen Sie nicht in Ihre blöde Maschine und finden raus, was meine Mutter so unglücklich gemacht hat? Vielleicht verstehen Sie dann alles ein bißchen besser.« Sie legte ihren Kopf auf den Tisch. »Sie werden sehen«, sagte Ellen Angstrom. »Sie werden sehen, wie das alles gekommen ist...«

»Ja«, sagte Pepys und schaute ins Leere. »Ein weiteres Glied in der Kette. Vielleicht ist das der richtige Ort, wo man anfangen muß. Oder vielleicht noch weiter zurück, bei den Großeltern oder den Urgroßeltern oder sogar noch jenseits...«

Er schaute die Frau an, und zum ersten Mal lag Mitleid in seinem Blick.

»Mrs. Angstrom, würden Sie mir noch einen Gefallen tun?«
Sie blickte langsam auf und sah die kleine, leuchtende Kugel in seiner Hand.

Agu kam aus dem dunklen, steinernen Schlund hervor und sah das gelbe Feuer hell in der Höhe. Die Luft, die selbst unter den sengenden Strahlen des gelben Feuers noch kalt war, ließ sie frieren und sich noch mehr Felle wünschen, um ihren Körper darin einhüllen zu können. Aber Felle würde es keine geben, bevor nicht ihr Gefährte von der Jagd zurückkehrte, und das gelbe Feuer war schon viele Male erglüht und wieder verloschen, ohne daß es ein Zeichen von ihm oder den anderen gegeben hätte. Mit einem Seufzer kehrte sie zu dem dunklen Steinschlund zurück, um nachzusehen, was es für das kleine Menschending zu tun galt, welches ihr Bauch von sich gegeben hatte.

Sie knurrte tief in ihrer Kehle, als sie den Fremden hinter den großen blauen Steinblöcken hervorkommen sah, die vor dem steinernen Rachen standen. Er trug fremdartige Felle und war hoch und gerade wie die Bäume. Er wich zurück, als er sie sah, und sie wußte, daß ihn ihr Knurren erschreckt hatte. Sie entblößte die Zähne und er zog sich weiter zurück, bis er nicht mehr zu sehen war. Sie hätte das alles gern genauer untersucht, aber das kleine Menschending in der Höhle heulte so laut. Sie ging hinein und fand es nackt und zitternd auf dem feuchten Boden; sein unaufhörliches Geschrei versetzte sie in solche Wut, daß sie es mit dem Rücken ihrer breiten, behaarten Hand schlug.

Die Schreie aber wurden immer lauter, und die Wut blieb.

Ehen werden in Detroit geschlossen

Es war ein alter Roboter, der auf das Klingeln des Reporters hin erschien – nur so ein zerbeultes Metallding mit quietschenden Gelenken und eingebeulten Ellenbogen. Das ist interessant, dachte er mit befriedigend geschärftem Wahrnehmungsvermögen. »Die Diener in Arno McElvoys schickem Apartment an der East Side«, schrieb er in Gedanken und eilte damit seinem Auftrag voraus, »sind alle Roboter; kein einziger Android ist dabei. Während sich die meisten unserer vornehmen aristokratischen Häuser ausschließlich lebensechten synthetischen Personals rühmen, hält Mr. McElvoy unbeirrt an den altmodischen Metallungeheuern fest; zweifelsohne tut er dies mit Rücksicht auf die große Sensibilität seiner androiden jungen Frau.«

Na, dieser Job würde schließlich doch nicht ganz so hart werden. Es ließ sich also über *l'affaire McElvoy* noch einiges sagen, auch wenn die Zeitungsleute des ganzen Landes die Geschichte scheinbar schon völlig ausgeschlachtet hatten. Wenn aber ein Kerl über ein bißchen Phantasie verfügte... nicht ganz ohne Stolz lächelte der Reporter vor sich hin.

»Mr. Chester?«

Der Reporter blickte zur Tür. Dort stand Arno McElvoy, der genauso aussah wie auf den Fotos von ihm, prächtig in einem brokatenen Morgenrock und mit einem säuberlich gebundenen blauen Plastron, der sein schönes, schneeweißes Haar besonders zur Geltung brachte. Das aus der kupferfarbenen Sonnenbräune seines faltenlosen Gesichts hervorleuchtende Lächeln stellte in grandioser Weise sein grellweißes Gebiß zur Schau. Er streckte die Hand aus, und der Reporter ergriff sie behutsam.

»Guten Tag«, sagte der Reporter. »Hoffe, daß ich nicht zu

spät dran bin, Mr. McElvoy. Bin leider im Verkehrsgewühl steckengeblieben.«

»Schon gut, schon gut«, sagte der andere huldvoll. Er bat den Reporter, Platz zu nehmen, schaffte ihm einen Servierwagen mit ausgewählten Getränken herbei, steckte ihm eine schlanke Zigarre in den Mund und schlug dicht vor seinem Gesicht eine helle Flamme aus einem juwelenbesetzten Feuerzeug.

»Gut!« sagte Arno McElvoy, ließ sich auf ein pneumatisches Sofa fallen und schlug die Beine übereinander. »Da geht's also mal wieder los, was?« Er ließ einen mit Rosetten geschmückten Slipper von seinem Fuß herabbaumeln. Er trug weiße Socken.

»Ja«, sagte Chester ein wenig unbehaglich. »Ich kann mir vorstellen, daß wir Zeitungsleute Sie inzwischen ganz schön langweilen...«

»Langweilen? Nicht im geringsten!« Chester bemerkte erst jetzt das schwarze Album, das auf dem Marmortisch vor dem Sofa lag. McElvoys Augen tanzten erwartungsvoll, als er den Einband aufschlug, um seine beachtliche Sammlung von Zeitungsausschnitten vorzuführen.

»Das ist alles neueren Datums«, versicherte er dem Reporter. »Hab ne ganze Dachkammer voll mit Büchern über meine ersten vier Ehen. Die werde ich wohl bald mal zum Feueranmachen verwenden. Nein, mein Lieber«, sagte er und klopfte mit einem beringten Finger auf das Album, »das ist die einzige Sammlung von Geschichten, die mir etwas bedeutet.«

Der Reporter setzte sich zu McElvoy aufs Sofa und sah ihm über die Schulter, als er die Seiten umblätterte. Er tat das so schnell, daß Chester nur die fettgedruckten Überschriften mitbekam.

»MCELVOY HEIRATET ANDROIDE« oder Sinngemäßes verkündeten die meisten der frühen Ausschnitte. »RICHTER ERKLÄRT DIE EHE VON MCELVOY FÜR RECHTMÄSSIG« war das Thema der folgenden zwei Seiten, dazu kam »MCELVOY UND ANDROIDE BRAUT ZU FLITTERWOCHEN AUF DIE BERMUDAS GEREIST«. Dann kamen die Geschichten aus den Sonntagsbeilagen, das »authentische« Material von den Jungvermählten selbst. »ICH HEIRATETE EINE ANDROIDE« und »MRS. MCELVOY ERZÄHLT« und »MCELVOY SAGT, ANDROIDE SIND BESSER ALS UNSERE MÄDCHEN«. Weitere Presseberichte beschlossen das Album: »MCELVOY ERWARTET MEHR EHEN MIT ANDROIDEN« und »KONGRESS DER FRAUENVERBÄNDE PRANGERT MCELVOY-HOCHZEIT AN«. Der Millionär lachte bei den letzten Ausschnitten vergnügt in sich hinein und schloß den Band mit einem Ausdruck ausgesprochener Fröhlichkeit.

»Jawohl, Sir«, sagte er glücklich. »Würde dies nicht gegen alle Bände der Kongreßbibliothek eintauschen. Sehen Sie, deshalb macht's mir nichts aus, wenn ihr Jungs mit euren Notizbüchern und Stiften anrückt. Überhaupt nichts.«

Chester kehrte zu seinem Sessel zurück. Er räusperte sich. »Hm, das ist wirklich sehr freundlich von Ihnen, Mr. McElvoy. Ich meine, Sie waren diesbezüglich schon immer ein famoser Kerl, und wir von der, äh, Zunft wissen das zu schätzen.«

»Tu ich gern«, sagte McElvoy. »Von welcher Zeitung, sagten Sie, sind Sie?«

»Eigentlich von keiner Zeitung. Oder besser: von mehreren. Ich schreibe Artikel für eine Presseagentur...«

»Aha, verstehe. Sehr schön, sehr schön.« McElvoy rieb sich die Hände. »Wollen wir anfangen?«

»Ja, sicher.« Chester setzte den Stift aufs Papier. »Also, ich weiß natürlich schon eine ganze Menge über Sie. Aber vielleicht können wir einfach noch mal das bekannte Terrain abschreiten; ich meine, daß sich da vielleicht doch noch ein neuer Gesichtswinkel ergibt.«

»Schießen Sie los!«

»Also, wie war das? Dies ist Ihre fünfte Ehe, natürlich...«

»Und meine glücklichste. Notieren Sie das, Mr. Chester. Nach sechsmonatiger Ehe freut es mich, berichten zu können, daß dies bei weitem die glücklichste Ehe meiner bisherigen Karriere ist.«

Der Reporter notierte sich das.

»O ja!« sagte McElvoy, und sein Gesicht glühte durch die Sonnenbräune hindurch. »Das Gescheiteste, was ich je getan habe, nämlich sie bauen zu lassen. Die perfekte Frau, Mr. Chester, die ideale Gefährtin. Die Frau, von der jeder Mann träumt, mein kleines Mädchen.« Er hüpfte durchs Zimmer, um dem Reporter nachzuschenken, und nahm sich dann eine Zigarre aus der Kiste. »Ja«, fuhr er fort, wobei er zufrieden an der Zigarre zog, »sie ist das beste Mädchen auf der ganzen weiten Welt. Ich muß es ja wissen«, kicherte er, »denn ich habe sie schließlich entworfen.«

»Ja«, sagte der Reporter ein wenig niedergeschlagen. »Das Problem ist natürlich, daß Sie diese Geschichte schon so oft erzählt haben... und das macht's so schwer, mit... mit ner neuen Version zu kommen, sozusagen.«

»Versteh ich gut, mein Junge«, sage McElvoy. »Nehme an, man hat mich schon alles gefragt, was es zu fragen gibt, oder? Also, dann lassen Sie uns mal ein bißchen nachdenken.« Er runzelte die Stirn und betrachtete eingehend die Asche seiner Zigarre. »Sie wissen über ihre Konstruktion Bescheid, natürlich«, sagte er.

»Ja«, sagte Chester. »Sehr genial, klar. Aber heute schon fast so was wie'n alter Hut. Ich meine, die Sache mit der eingebauten Hingabe und all dem...«

»Ja, ich nehme an, daß darüber hinreichend berichtet worden ist. Und über den sexuellen Aspekt. Der ist immer gut, natürlich. Das erste, was die meisten von euch Zeitungsfritzen wissen wollen...«

Der Reporter wurde rot. »Ich weiß darüber Bescheid«, sagte er und senkte die Augen.

»Eine vollkommene sexuelle Anpassung«, sagte McElvoy und ließ die Spitze seiner Zigarre aufglühen. »Außerordentlich. Wissen Sie...« Er beugte sich vertraulich vor, aber der Reporter schnitt ihm das Wort ab.

»Ich denke, wir übergehen das lieber«, sagte er hastig. »Ich meine, so ein Agenturartikel geht an alle möglichen Zeitungen. Familienblätter, wenn Sie wissen, was ich meine.«

»Ja, ja, ich verstehe«, sagte McElvoy. »Gut, wir wollen aber nicht aufgeben. Eine Geschichte wie diese hat immer neue Gesichtspunkte. Ich erinnere mich noch, als mich meine zweite Frau, Eva, aus dem Schlafzimmer geworfen hat. Darüber wurde ziemlich viel in den Zeitungen geschrieben. Erstaunlich, was ihr Jungs immer alles so herausfindet. Einer holte eine dreispaltige Story aus dem Taxifahrer raus, der mich hatte fallen sehen... Aber ich fürchte, das gehört nicht hierher.«

»Nein, wohl nicht«, sagte Chester.

Ein Mann kam ins Zimmer. Er war groß, auffallend häßlich und so spindeldürr, daß seine Kleidungsstücke aussahen, als hingen sie noch auf ihren Bügeln. Er blieb stehen, als er den Reporter bemerkte, und zog sich dann apologetisch zurück.

»Oh, Verzeihung«, sagte er.

»Nein, nein, Doc. Ist schon in Ordnung«, sagte McElvoy fröhlich. »Das ist Mr. Chester von der... wie hieß das Blatt doch gleich wieder?«

»Ich schreibe Artikel für eine Agentur«, erklärte der Reporter dem Neuankömmling.

»Das ist Mr. Phil Trotter von der Mechanical Servant Company in Detroit.« McElvoy lächelte beide Männer an, und sie gaben sich kurz die Hand. »Ich nenne ihn ›Doc‹«, sagte McElvoy, »aber ich glaube, das regt ihn irgendwie auf, oder, Mr. Trotter?«

»Nicht unbedingt«, sagte der dürre Mann, und sein Nacken rötete sich. »Aber ich bin wirklich nur ein Ingenieur...«

Chesters journalistischer Instinkt leistete ihm gute Dienste. »Hatten Sie etwas zu tun mit... Ich meine, kennen Sie Mrs. McElvoy, Mr. Trotter?«

Der Millionär lachte. »Ob er sie kennt?« sagte er. »Der Doc hat sie praktisch zusammengebaut, nicht wahr, Doc?«

»Nun, so weit würde ich nicht gehen. Ich habe die, äh... Herstellung von Mrs. McElvoy überwacht. Eine Menge Leute waren beteiligt an... hatten etwas damit zu tun«, sagte er bescheiden.

»Das ist höchst interessant«, sagte Chester pfiffig. »Wollen Sie sich nicht setzen, Mr. Trotter?«

Der Ingenieur zögerte. Er blickte zu McElvoy hinüber, und der Millionär hörte zum ersten Mal auf zu lächeln und betrachtete den dünnen Mann unschlüssig. Dann zuckte er tolerant mit den Achseln und winkte Trotter zu einem Sessel.

»Um ehrlich zu sein«, sagte McElvoy ernst zu dem Reporter, »ich habe Mr. Trotter vom Werk herfliegen lassen, um Mrs. McElvoy durchzuchecken. Aber es ist nichts Ernsthaftes, verstehen Sie«, fügte er schnell hinzu. »Ist's nicht so, Doc?«

Trotter lächelte humorlos. »Stimmt«, sagte er zu Chester. »Nur geringfügige innere Beschwerden. Alle Frauen kriegen irgendwann mal so etwas, sogar...« Er hielt inne.

»Sogar Androide«, beendete McElvoy den Satz und fand sein altes Grinsen wieder. »Mrs. M. war während der letzten Wochen oder so ein wenig unpäßlich, deshalb habe ich den Doc hier angerufen. Er bringt sie wieder in Ordnung, so daß sie so gut wie neu ist. Zeigt nur, wie *menschlich* sie in Wirklichkeit ist, nicht wahr, Mr. Chester?«

»Ja«, sagte Chester und bemühte sich, so etwas wie ein Lächeln zustande zu bringen. »Ist Mrs. McElvoy jetzt wieder auf dem Damm?«

»Es geht ihr sehr gut«, sagte Trotter. »Ich hab ihr einen Schuß Jod gegeben und ein paar innere Abstimmungen vorgenommen. Sie ruht sich jetzt aus. Wirklich nichts von Bedeutung«, erklärte er dem Reporter bedeutungsvoll.

»Klar, das ergibt keine *Story*«, stimmte Chester zu. »Es interessiert mich nur so. Ich meine, Sie sind schon so eine Art Doktor, in gewissem Sinne...«

»Und wie er das ist«, sagte McElvoy ausgelassen. »Sie sollten ihn mal bei der Arbeit sehen, Mr. Chester. Ritsch-ratsch –

klick-klack – ganz genauso wie bei dieser Rasiermessergeschichte...«

Der Reporter schluckte. »Ich verstehe nicht.«

»Mrs. McElvoy hat gegenüber uns gewöhnlichen Sterblichen einen Vorteil«, erklärte der Ingenieur nüchtern. »Wir können sie viel gründlicher untersuchen als... irgend jemand anderen. Insbesondere innerlich. Sie ist mit dem ausgerüstet, was man als selbstschließende Nähte bezeichnen könnte; so einfach wie Reißverschlüsse...«

»Erstaunlich«, sagte Chester und machte eine Notiz.

»Erstaunlich ist das richtige Wort«, gluckste der Ehemann der Androiden. »Man kann sie auf- und wieder zumachen, einfach so. Und keine Spur von einem Schnitt oder einer Narbe. Eine Haut so weich wie Seide.« In Erinnerung schwelgend, leckte er sich die Lippen, und die beiden Männer rutschten unbehaglich in ihren Stühlen herum.

»Ich denke«, sagte der Ingenieur und erhob sich, »daß ich diese Nähte jetzt noch einmal kontrolliere...«

»Ist das notwendig?« fragte der Reporter. Er stand ein wenig unsicher auf, denn die genossenen Getränke begannen Wirkung zu zeigen. »Ich meine, das ist alles sehr faszinierend, Mr. Trotter. Glauben Sie, daß Sie daran interessiert sein könnten...«

»Nein«, sagte Trotter kalt. »Ich habe der Presse gegenüber niemals Statements abgegeben und habe auch nicht die Absicht, dies zu tun. Sie können alle Informationen, die Sie benötigen, von unserer PR-Abteilung in Detroit bekommen.«

»Ich wollte gar nichts Bestimmtes«, sagte Chester entschuldigend. »Ich dachte nur...«

»Kümmern Sie sich nicht um den«, sagte McElvoy und tatschte dem Ingenieur liebevoll das Bein. »Doc ist ein bißchen empfindlich, das ist alles. Aber er versteht sein Handwerk, das kann ich Ihnen versichern.«

»Ja«, sagte Trotter. »Es war sehr nett, Sie kennenzulernen,

Mr. Chester.« Er entschuldigte sich und verließ den Raum auf dem Wege, auf dem er gekommen war.

»Komischer Kerl, was?« sagte McElvoy, als der Ingenieur fort war. »Insgesamt ziemlich unscheinbar, aber schlau«, fügte er hinzu und tippte mit dem Zeigefinger an seine Stirn. »Hat alles hier oben, aber wie! Verzog keine Miene, als ich ihm meine Produktbeschreibung gab; nicht mal bei dieser Klausel von wegen der Hingabe.«

Chester blinzelte.

»Wissen Sie«, gab McElvoy das Stichwort, »das war das Wichtigste, was ich eingebaut haben wollte. Ich wollte, daß mich das Mädchen wirklich *liebt*, verstehen Sie?« Er zog heftig an seiner Zigarre. »Und das tut sie, glauben Sie mir. Sie liebt wirklich *mich*, verstehen Sie, nicht meine Knete. O nein, Sir!«

Der Reporter nickte verständnisvoll. »Schö-schön«, sagte er schwer, und Tränen der Rührseligkeit traten ihm in die Augen.

»Wenn Sie erst mal mein Alter erreicht haben – ich bin jetzt zweiundsechzig, wissen Sie – dann wird das ziemlich wichtig«, sagte McElvoy versonnen. »Diese anderen Damen, mit denen ich verheiratet war – ba!« seine Lippen kräuselten sich angeekelt. »Die hätten viel lieber mit meinem Sparbuch geschlafen...«

Chesters Gesicht zeigte einen gequälten Ausdruck. McElvoy bemerkte das und langte herüber, um ihm in ermunternder Weise das Knie zu tätscheln.

»Machen Sie sich man keine Sorgen«, sagte er tröstend. »Mir geht's jetzt gut, glauben Sie mir. Möglicherweise habe ich eine ganz neue Art zu leben geschaffen, Mr. Chester. Eine vollkommen neue Einstellung zur Ehe. Es wird nicht mehr lange dauern, da wird jeder enttäuschte Mann in Amerika zu der Ansicht gelangen, daß meine Idee letztlich gar nicht so schlecht ist. Warten Sie mal ab...«

Er richtete sich auf und strahlte den Reporter an. »Trinken Sie noch was«, sagte er.

Trotter betrat das verdunkelte Schlafzimmer auf Zehenspitzen.

»Schläfst du?« flüsterte er.

Ihre Antwort kam gedämpft. »Nein«, sagte sie.

Er trat zu ihr und setzte sich auf die Bettkante.

»Küß mich«, sagte sie zu ihm.

»Einen Augenblick.«

Er zog das Deckbett zurück, und ihr nackter Bauch wurde sichtbar. Er griff hinab und schloß die klaffende Wunde in ihrem Fleisch, indem er die Naht zuzog. Dann beugte er sich nieder und nahm sie in seine Arme.

»Gesteh's mir noch einmal«, sagte sie.

»Ich liebte dich von dem Augenblick an, als du vom Fließband kamst«, sagte er heiser.

»Er wird nicht ewig leben.«

»Nein«, sagte Trotter und küßte sie wieder, voller Leidenschaft.

Die besondere Gabe der Iris Lloyd

Als Lucas mit seinem Taxi auf der Auffahrt zum Hause der Wheelers hielt und den Weg zur Haustür hinauftrottete, war es schon dunkel. Trotz des Tauwetters trug er noch seine schweren Stiefel; sein Stutzer und seine Wollmütze erinnerten an den harten Winter, der gekommen und nun wieder gegangen war.

Geraldine Wheeler, die ein leichtes Reisekostüm anhatte, erschauerte bei seinem Anblick, als sie ihm das Tor öffnete. »Kommen Sie herein«, sagte sie kurz, »mein Koffer steht drinnen.«

Lucas ging durch die Eingangshalle zur Treppe. Er kannte das Haus und die düstere Pracht seiner Räume mit dem feierlichen Mobiliar, denn schließlich war er ja der einzige Taxifahrer von Medvale. Er fand den schweren, schwarzen Schrankkoffer am Fuße der Treppe und wuchtete ihn sich auf den Rücken.

»Ist das alles Gepäck, Miss Wheeler?«

»Das ist alles. Ich habe die anderen Stücke schon zum Schiff vorausgeschickt. Mein Himmel, Lucas, ist Ihnen nicht furchtbar *warm* in den Sachen?« Sie öffnete eine Schublade und kramte darin herum. »Ich habe wahrscheinlich tausend Dinge vergessen. Gas, Strom, Telefon ... der Kamin! Lucas, wären Sie so gut, da noch mal nachzusehen?«

»Ja, Miss«, sagte Lucas. Er ging ins Wohnzimmer, vorbei an den weiß verhängten Möbeln. Zwischen den verkohlten Holzstücken lag noch etwas Glutasche, und er drückte sie mit einem Schürhaken aus.

Einen Augenblick später kam die Frau herein. Sie streifte sich lange, seidene Handschuhe über. »Gut«, sagte sie atemlos, »ich denke, das wär's. Wir können jetzt los.«

»Ja, Miss«, sagte Lucas.

Sie wandte sich um, und er trat hinter sie, den Schürhaken noch immer in der Hand. Er gab einen Laut von sich, der wie ein Schluchzen oder Stöhnen klang, als er das mit Asche überzogene Schüreisen hob und es voll auf ihren Hinterkopf herabsausen ließ. Ihre Knie knickten ein, und sie sank ohne jede Anmut auf den Teppich nieder. Lucas zweifelte nicht daran, daß sie tot war, denn er hatte schon mal einen verletzten Shorthornstier mit einem Hieb getötet, der kaum kräftiger gewesen war. Er bemühte sich, jetzt genauso ruhig zu handeln. Er brachte das Schüreisen zum Kamin zurück und rieb es an der heißen Asche ab. Dann trat er zu seinem Opfer und untersuchte die Wunde. Sie war häßlich, aber sie blutete nicht.

Er nahm den leichten Körper ohne Anstrengung auf, ging durch die Schwingtür in den Hinterhof und von dort direkt hinaus in den dichten Wald, der den Besitz der Wheelers umgab. Als er eine geeignete Stelle für Geraldine Wheelers Grab gefunden hatte, holte er sich einen Spaten und eine Schaufel aus dem Geräteschuppen.

Es war Frühling, aber der Boden war hart. Als er fertig war, hatte er keinen Stutzer und keine Wollmütze mehr an. Zum ersten Mal seit Monaten war Lucas mal wieder richtig warm.

Der April war seinem Ruf gerecht geworden; die Straßen waren mit Schlamm bedeckt, und auf der Auffahrt standen schwarze Wasserpfützen. Als das große, weiße Auto zum Stillstand kam, war sein Blechkleid mit dem roten Lehm von Medvale bekleckert. David Wheelers Frau stieg nicht aus, sondern wartete mit einem ungeduldigen Stirnrunzeln, bis ihr Mann ihr behilflich war. Sie stellte ihre hohen Hacken in den Schlamm und schüttelte ärgerlich den Kopf.

David lächelte, er lächelte charmant und verzieh den Schlamm, den Regen und die schlechte Laune seiner Frau. »Na los, so schlimm ist's auch nicht«, sagte er. »Nur ein paar Schritte.« Er hörte, wie sich die Haustür öffnete, und sah seine

Tante Faith ihnen zuwinken. »Da ist ja die alte Zigeunerin«, sagte er glücklich. »Jetzt denk bitte an das, was ich dir gesagt habe, Liebling. Wenn sie anfängt, von Gespenstern und spiritistischen Sitzungen zu erzählen, dann verzieh bloß keine Miene.«

»Ich werd's versuchen«, sagte Rowena trocken.

Im Hauseingang kam es zu einer liebevollen Kollision zwischen David und seiner Tante; er schlang die Arme um ihren beträchtlichen Leibesumfang und drückte seine Patriziernase gegen ihre runde Backe.

»David, mein hübscher Junge! Wie schön, dich zu sehen!«

»Ich freue mich auch, Tante Faith!«

Sie waren schon im Haus, als David die beiden Frauen miteinander bekannt machte. David und Rowena hatten vor zwei Jahren in Virginia geheiratet, aber Tante Faith bewegte sich niemals über die Grenzen von Medvale County hinaus.

Die alte Dame prüfte Rowena mit einem glühenden Blick. »Oh, meine Liebe, wie schön Sie sind«, sagte sie. »David, du Unmensch, wie konntest du sie nur ganz für dich behalten?«

Er lachte, sie legten die Mäntel ab und gingen dann alle zusammen ins Wohnzimmer. Dort fand die momentane Heiterkeit ein Ende. Am Kamin stand ein nervös rauchender Mann, und David fiel der schlimme Anlaß dieser Zusammenkunft wieder ein.

»Lieutenant Reese«, sagte Tante Faith, »das sind mein Neffe David und seine Frau.«

Reese war im Begriff, eine Glatze zu bekommen, und seine Gesichtszüge waren melancholisch. Er schüttelte David ernst die Hand. »Tut mir leid, daß wir uns auf diese Weise kennenlernen«, sagte er. »Aber ich lerne Menschen, wie's scheint, immer nur kennen, wenn sie Ärger haben. Natürlich kenne ich Mrs. Demerest schon lange.«

»Lieutenant Reese ist mir bei meiner Wohltätigkeitsarbeit eine große Hilfe gewesen«, sagte Tante Faith. »Und ein großer Trost, seit ... dieser schrecklichen Geschichte.«

David sah sich im Zimmer um. »Ich war schon Jahre nicht mehr hier. Ob ich wohl noch weiß, wo die Getränke verwahrt werden?«

»Ich fürchte, es gibt keine«, sagte Reese. »Es waren jedenfalls keine da, als wir vor ein paar Wochen das Haus durchsuchten, nachdem Miss Wheeler verschwunden war.«

Einen Augenblick lang herrschte Schweigen. David durchbrach es mit den Worten: »Schön, ich habe eine Flasche im Auto.«

»Nicht jetzt, Mr. Wheeler. Ich wäre Ihnen vielmehr sehr verbunden, wenn wir uns kurz unter vier Augen unterhalten könnten.«

Tante Faith trat zu Rowena. »Passen Sie auf, wir gehen mal nach oben, und ich zeige Ihnen Ihr Zimmer.«

»Das wäre schön«, sagte Rowena.

»Ich kann Ihnen sogar das Zimmer zeigen, in dem David geboren wurde. Und sein altes Kinderzimmer. Möchten Sie die Zimmer sehen?«

»Das wäre hübsch«, sagte Rowena flach.

Als sie allein waren, sagte Reese: »Wann sind Sie aus Medvale fortgezogen, Mr. Wheeler?«

»Oh, vor vielleicht zehn Jahren. Natürlich bin ich gelegentlich zu Besuch hergekommen. Etwa, als mein Vater starb, vor vier Jahren. Wie Sie wissen, hat die Familie ihr Geschäft unten im Süden.«

»Ja, ich weiß. Sie und Ihre Schwester...«

»Meine Halbschwester.«

»Ja«, sagte Reese. »Sie und Ihre Halbschwester sind Alleineigentümer der Spinnerei, nicht wahr?«

»Das ist richtig.«

»Aber weitgehend haben Sie das Unternehmen geführt, nehme ich an. Nach dem Tode Ihrer Eltern behielt Miss Wheeler den Besitz hier, und Sie gingen nach Virginia und leiteten die Firma. So war's doch, oder?«

»Genauso war's«, sagte David.

»Würden Sie sagen erfolgreich?«

David saß in einem Ohrensessel und streckte seine langen Beine von sich. »Lieutenant, ich werde Ihnen viel Zeit ersparen. Geraldine und ich vertrugen uns nicht. Wir sahen uns so wenig, wie wir beide es nur immer einrichten konnten, und das heißt *sehr* wenig.«

Reese räusperte sich. »Danke, daß Sie so offen sind.«

»Ich kann sogar Ihre nächste Frage erraten, Lieutenant. Sie möchten jetzt gern wissen, wann ich Geraldine zum letzten Mal gesehen habe.«

»Wann war das?«

»Vor drei Monaten, in Virginia. Bei ihrem halbjährlichen Besuch in der Spinnerei.«

»Aber Sie waren doch danach noch mal in Medvale, oder nicht?«

»Ja, ich kam im März her, um mit Geraldine über eine wichtige Sache zu sprechen. Wie Ihnen meine Tante wahrscheinlich gesagt hat, weigerte sich Geraldine damals, mit mir zu reden.«

»Was war der Anlaß zu diesem Besuch?«

»Ein rein geschäftlicher. Geraldine sollte einem Kredit zustimmen, den ich aufnehmen wollte, um neue Maschinen zu kaufen. Sie war dagegen und wollte nicht einmal darüber diskutieren. Deshalb fuhr ich nach Virginia zurück.«

»Und Sie haben sie dann nie wieder gesehen?«

»Nie wieder«, sagte David. Er lächelte, er lächelte einnehmend und erhob sich. »Es ist mir gleichgültig, ob Sie Abstinenzler sind wie meine Tante, Lieutenant, aber ich für meinen Teil brauche einen Schluck.«

Er ging in Richtung Eingangshalle, blieb dann aber an der Tür stehen. »Falls Sie sich das fragen«, sagte er leichthin, »ich habe keine Ahnung, wo Geraldine steckt, Lieutenant. Nicht die geringste Ahnung.«

Rowena und Tante Faith kamen erst nach einer Stunde wieder herunter, als der Lieutenant schon gegangen war. Tante Faith sah aus, als wenn sie geschlafen hätte; Rowena hatte sich umgezogen und trug nun einen Pullover und einen grauen Rock. Im Wohnzimmer fanden sie David, eine halb geleerte Flasche Whisky und ein verlöschendes Feuer.

»Nun?« sagte Tante Faith. »Wurde er sehr lästig?«

»Überhaupt nicht«, sagte David. »Du siehst bezaubernd aus, Rowena.«

»Ich hätte gern was zu trinken, David.«

»Ja, natürlich.« Er schenkte ihr einen Whisky ein und zog Tante Faith mit ihrer Abstinenz auf. Ihr schien das nichts auszumachen. Sie wollte reden – über Geraldine.

»Ich kann es einfach nicht begreifen«, sagte sie. »Niemand kann das, die Polizei nicht, keiner. Sie wollte gerade zu einer Reise in die Karibik aufbrechen, einige ihrer Gepäckstücke waren schon auf dem Schiff. Erinnerst du dich an Lucas, den Taxifahrer? Er kam heraus, um sie zum Bahnhof zu bringen, aber sie war nicht da. Sie war nirgendwo.«

»Ich nehme an, daß die Polizei die üblichen Quellen überprüft hat?«

»Alles. Krankenhäuser, Leichenhäuser, überall. Lieutenant Reese meint, daß ihr alles mögliche zugestoßen sein könnte. Sie könnte beraubt und ermordet worden sein; sie könnte ihr Gedächtnis verloren haben; sie könnte sogar...« Tante Faith wurde rot. »Nun ja, ich würde das *niemals* glauben, aber Lieutenant Reese meint, sie könnte absichtlich verschwunden sein – mit irgendeinem *Mann*.«

Rowena hatte am Fenster gestanden und still ihren Whisky getrunken. »Ich weiß, was passiert ist«, sagte sie jetzt.

David sah sie scharf an.

»Sie ist ganz einfach weggegangen. Sie hat einfach dieses düstere alte Haus und diese unheimliche kleine Stadt verlassen. Sie war das Alleinsein leid. Sie war die ganze Stadt leid, die nur darauf wartete, daß sie heiraten würde. Sie war's müde, sich um Webstühle, Kredite und Schuldverschreibungen zu sorgen. Sie war es leid, sie selbst zu sein. Dahin kann es mit einer Frau kommen.«

Sie langte nach der Flasche, aber David hielt ihr Handgelenk fest. »Nicht«, sagte er. »Du hast den ganzen Tag noch nichts gegessen.«

»Laß los«, sagte Rowena sanft.

Er lächelte und ließ sie los.

»Ich glaube, der Lieutenant hatte recht«, sagte Rowena. »Ich glaube, es gab da einen Mann, Tantchen. Einen ordinären Burschen. Vielleicht einen Minenarbeiter oder einen Fernfahrer, irgendjemand ohne den geringsten *Charme*.« Sie hob ihr Glas in Davids Richtung. »Ohne den geringsten Charme.«

Tante Faith stand auf, ihre rundlichen Backen waren fleckig. »David, ich habe eine Idee – ich meine, wie wir Geraldine finden können. Ich bin mir meiner Sache ganz sicher.«

»Wirklich?«

»Aber du wirst mir nicht zustimmen. Du wirst mich nett anlächeln und dich über mich lustig machen. Aber ob du damit einverstanden bist oder nicht, David, ich werde Iris fragen, wo Geraldine ist.«

Davids Augenbrauen hoben sich. »Wen fragen?«

»Iris Lloyd«, sagte Tante Faith mit Festigkeit. »Erzähl mir bloß nicht, du hättest noch nie etwas von dem Mädchen gehört. Erst vor zwei Monaten stand etwas über sie in der Zeitung, und ich habe sie, weiß der Himmel, Dutzende von Malen in meinen Briefen erwähnt.«

»Ich erinnere mich«, sagte Rowena und trat vor. »Das ist das Mädchen, das ... übersinnlich ist oder so was. Eine Art Waisenkind?«

»Iris ist ein Mündel unter Amtsvormundschaft und lebt im Mädchenheim von Medvale. Ich bin schon seit einer Ewigkeit stellvertretende Vorsitzende des Trägervereins und weiß deshalb Bescheid. Sie ist sechzehn und erstaunlich, David, höchst unheimlich!«

»Verstehe.« Er verbarg ein amüsiertes Lächeln hinter seinem Glas. »Und was macht Iris zu einem solchen Phänomen?«

»Sie ist eine Seherin, David, eine echte Hellseherin. Ich habe dir doch von diesem Grafen Louis Hamon erzählt, der, der sich Cheiro der Große nannte? Natürlich ist er schon tot, er starb 1936, aber er hatte die gleiche Gabe wie Iris. Er brauchte bloß die Spuren eines Menschen *anzusehen* und wußte schon die erstaunlichsten Dinge...«

»Halt mal. Du glaubst wirklich, daß uns dieses Findelkind sagen kann, wo sich Geraldine befindet? In so was wie einer Séance?«

»Sie ist kein Medium. Ich glaube, man könnte sie wohl als *Finderin* bezeichnen. Sie scheint die Gabe zu haben, Dinge *wiederzufinden,* die verlorengegangen sind. Auch Menschen.«

»Wie macht sie das, Mrs. Demerest?« fragte Rowena.

»Das kann ich nicht sagen. Ich bin nicht einmal sicher, ob Iris selbst das zu sagen vermag. Diese Fähigkeit hat das arme Kind nicht glücklich gemacht – das tun solche Begabungen aber wohl selten. Zunächst schien alles nur ein Trick zu sein. Im Heim gab es die Schwester Theresa, eine ziemlich zerstreute alte Dame, die ständig ihren Fingerhut oder was weiß ich alles verlegte, und jedesmal konnte Iris die Sachen wiederfinden – sogar an den unmöglichsten Stellen.«

David lachte leise vor sich hin. »Manchmal *verstecken* Kinder auch Sachen an den unmöglichsten Stellen. Könnte sie nicht auch so was wie ein Witzbold sein?«

»Aber es geschah ja noch mehr«, sagte Tante Faith ernst. »Eines Tages veranstaltete das Heim ein Picknick am Crompton Lake. Man entdeckte, daß ein achtjähriges Mädchen mit Namen Dorothea fehlte. Sie konnten sie nicht finden, bis Iris zu schreien anfing.«

»Zu schreien...?« sagte Rowena.

»Diese Gesichte verursachen ihr große Schmerzen. Sie war aber trotzdem in der Lage, den Ort zu bezeichnen, an dem man Dorothea finden würde; sie war abgestürzt, und man fand sie halb tot in einer kleinen Natursteinhöhle.«

Rowena erschauerte.

»Du hattest recht«, sagte David vergnügt. »Ich kann dir nicht zustimmen, Tantchen. Ich kann mich dieser ganzen Geistergeschichte nicht anschließen; wir sollten die Sache lieber der Polizei überlassen.«

Tante Faith seufzte. »Ich wußte, daß du dieser Ansicht sein würdest. Aber ich muß das tun, David. Ich habe mit dem Heim vereinbart, daß Iris einige Zeit bei uns verbringt, damit sie ... mit Geraldines Aura vertraut werden kann, die noch im Hause ist.«

»Ist das dein Ernst? Du hast das Mädchen *hierher* eingeladen?«

»Ich wußte, daß dir das nicht lieb sein würde. Aber die Polizei kann Geraldine nicht finden, sie haben nicht die kleinste Spur entdeckt. Iris kann das.«

»Das lasse ich nicht zu«, sagte er fest. »Es tut mir leid, Tantchen, aber die ganze Geschichte ist lächerlich.«

»Du kannst mich nicht hindern. Ich hatte nur gehofft, daß du mitmachen würdest.« Sie sah Rowena an, und ihr Blick wurde weich. »Sie verstehen mich, meine Liebe, das weiß ich.«

Rowena zögerte und berührte dann die Hand der alten Frau. »Ja, Mrs. Demerest.« Sie sah David mit einem seltsamen Lächeln an. »Und ich würde Iris sehr gern kennenlernen.«

Der Efeu war nicht in der Lage, die steinerne Kälte und die Häßlichkeit des Mädchenheims von Medvale zu mildern. Es war zu einer Zeit erbaut worden, als man Waisenhäuser noch mit Strafanstalten gleichsetzte, und es wirkte deprimierend auf David.

Die Vorsteherin des Heims, Schwester Klothilde, betrat ihr Büro, setzte sich energisch nieder und faltete die Hände. »Ich muß Ihnen wohl nicht sagen, daß ich dagegen bin, Mrs. Demerest«, sagte sie. »Ich halte es für völlig verfehlt, Iris noch in ihrer Verblendung zu bestärken.«

Die Frau schien Tante Faith einzuschüchtern; ihre Antwort klang ängstlich. »Verblendung, Schwester? Es ist eine Gottesgabe.«

»Wenn diese... Fähigkeit von Iris irgendeinen spirituellen Ursprung hat, dann liegt der, wie ich fürchte, ganz woanders. Nicht, daß ich damit das Vorhandensein einer Gabe eingestünde.«

David lächelte sein gewinnendstes Lächeln, aber Schwester Klothilde schien dagegen immun zu sein.

»Ich freue mich, daß ich eine Verbündete habe«, sagte er. »Ich habe meiner Tante gesagt, daß das alles Unsinn...«

Schwester Klothilde fuhr ärgerlich auf. »Es ist zutreffend, daß Iris einige bemerkenswerte Dinge vollbracht hat, die zu erklären wir nicht in der Lage sind. Aber ich hoffe, das wird sich geben – was immer es sein mag – und sie wird ein ganz normales, glückliches Mädchen werden. Im Augenblick ist sie...«

»Ist sie sehr unglücklich?« fragte Tante Faith traurig.

»Sie ist undiszipliniert, man könnte sogar sagen wild. In weniger als zwei Jahren, wenn sie die Volljährigkeit erreicht, werden wir sie entlassen müssen – und wir würden es sehr gern sehen, wenn sie dann ein besserer Mensch wäre, als sie es heute ist.«

»Aber Sie überlassen sie uns doch, Schwester? Sie darf doch mit uns kommen?«

»Meinen Sie etwa, meine schwächlichen Einwände hätten irgendein Gewicht, Mrs. Demerest?«

Wenig später wurde Iris Lloyd hereingebracht.

Iris war ein Mädchen im Backfischalter. Lange, schlacksige Arme und Beine ragten aus einem Kittelkleid, aus dem alle Farbe herausgewaschen und jede Form herausgestärkt worden war. Ihr strähniges Haar war entweder schmutzigblond oder einfach nur schmutzig; David vermutete letzteres. Sie hatte einen plattfüßigen Gang und verdrehte andauernd die Arme. Sie hielt den Blick gesenkt, als Schwester Bertha mit ihr vortrat.

»Iris«, sagte Schwester Klothilde, »du kennst ja Mrs. Demerest. Und das ist ihr Neffe, Mr. Wheeler.«

Iris nickte. Und dann hob sie so schnell, daß es fast nicht wahrnehmbar war, die Augen und durchbohrte sie mit einem Blick von derart intensiver Feindseligkeit oder Tücke, daß David seine Überraschung beinahe hörbar werden ließ. Die anderen aber schienen das alles gar nicht bemerkt zu haben.

»Du erinnerst dich an mich, Iris«, sagte Tante Faith. »Ich komme ja mindestens einmal im Jahr her, um nach euch Mädchen zu sehen.«

»Ja, Mrs. Demerest«, flüsterte Iris.

»Das Direktorium ist so freundlich gewesen, uns zu erlauben, dich für einige Zeit mit zu uns zu nehmen. Wir brauchen deine Hilfe, Iris. Wir möchten, daß du versuchst, einen Menschen wiederzufinden, der vermißt wird.«

»Ja, Mrs. Demerest«, antwortete sie ruhig. »Ich begleite Sie gerne. Ich möchte Ihnen gern dabei helfen, Miss Wheeler zu finden.«

»Du weißt also schon von meiner armen Nichte, Iris?«

Schwester Klothilde machte ein schnalzendes Geräusch. »Selbst der Geheimdienst könnte hier nichts geheimhalten, Mrs. Demerest. Sie wissen ja, wie Mädchen sind.«

David räusperte sich und stand auf. »Ich nehme an, wir können jederzeit aufbrechen. Wenn Miss Lloyd ihr Gepäck fertig...«

Iris beantwortete dies mit einem schnellen Lächeln, das Schwester Klothilde aber mit den Worten wegwischte: »Nennen Sie sie bitte Iris, Mr. Wheeler. Denken Sie daran, daß Sie es immer noch mit einem Kind zu tun haben.«

Als die Reisetaschen von Iris im Kofferraum verstaut waren, setzte sie sich zwischen David und seine Tante auf den Vordersitz und sah interessiert zu, wie David den Zündschlüssel im Schloß umdrehte.

»Ach«, sagte sie, »Sie haben nicht mal ne Zigarette, wie?«

»Aber Iris!« stieß Tante Faith entsetzt hervor.

Sie grinste. »Macht nichts«, sagte sie leichthin. »Macht wirklich nichts.« Dann schloß sie die Augen und fing an, vor sich hinzusummen. Sie summte ununterbrochen vor sich hin, bis sie das Haus der Wheelers erreicht hatten.

An diesem Nachmittag fuhr David in die Stadt, versehen mit einer Liste von Lebensmitteln und diversen anderen Dingen, die Tante Faith für das Dasein und die Ernährung eines sechzehnjährigen Mädchens für notwendig hielt.

Er kam gerade aus dem Supermarkt von Medvale heraus, als er das zerbeulte schwarze Taxi von Lucas Mitchell langsam zur Ausfahrt des Parkplatzes rollen sah. Er runzelte die Stirn und ging schnell zu seinem eigenen Auto, aber als er die Einkäufe im Kofferraum verstaute, bemerkte er, wie das Taxi von Lucas neben ihm hielt.

»Hallo, Mr. Wheeler«, sagte Lucas und lehnte sich aus dem Wagenfenster.

»Hallo, Lucas. Wie steh'n die Geschäfte?«

»Könnte ich Sie mal kurz sprechen, Mr. Wheeler?«

»Nein«, sagte David. Er ging um sein Auto herum nach vorn und stieg ein. Er kramte in seiner Tasche nach dem Schlüssel, aber der Anblick des aus seinem Taxi aussteigenden Lucas schien es sehr viel schwerer zu machen, ihn zu finden.

»Ich muß mit Ihnen sprechen, Mr. Wheeler.«

»Nicht hier«, sagte David. »Nicht hier und nicht jetzt, Lucas.«

»Es ist wichtig. Ich möchte Sie was fragen.«

»Um Himmels willen«, sagte David mit knirschenden Zähnen. Endlich hatte er den Schlüssel gefunden und stieß ihn ins Zündschloß. »Geh aus dem Weg, Lucas, ich muß jetzt los.«

»Dieses Mädchen, Mr. Wheeler. Stimmt das mit dem Mädchen?«

»Welches Mädchen?«

»Diese Iris Lloyd. Die macht komische Sachen, macht sie. Ich hab Angst vor ihr, Mr. Wheeler, ich hab Angst, daß sie rausfindet, was wir getan haben.«

»Aus dem Weg!« schrie David. Er drehte den Zündschlüssel

um und trat heftig aufs Gas, daß der Motor drohend aufheulte. Lucas trat verwirrt zur Seite, und David fuhr abrupt rückwärts aus der Parklücke heraus und davon.

Als er nach Hause zurückkehrte, fand er Rowena vor, die im Wohnzimmer auf und ab ging. Ihre Erregung trug dazu bei, seine eigene zu dämpfen. »Was ist los?« sagte er.

»Ich weiß nicht genau. Frag lieber deine Tante.«

»Wo ist sie?«

»In ihrem Zimmer, sie hat sich hingelegt. Ich weiß nur, daß sie nach oben gegangen war, um nachzusehen, ob die liebe kleine Iris wach wäre, und daß es so was wie eine Szene gab. Ich habe nur ein paar Wörter aufgeschnappt, aber ich kann dir sagen, das Mädchen hat ein Vokabular wie ein Hafenarbeiter.«

David knurrte: »Na, vielleicht bringt das Tante Faith ein wenig zur Besinnung. Ich werde nach ihr sehen und ihr sagen, daß ich das kleine Psychomonster dahin zurückbringen werde, wo es hergekommen ist...«

»Ich würde sie jetzt nicht stören, sie fühlt sich nicht wohl.«

»Dann werde ich mit dem kleinen Ungeheuer reden. Wo steckt es?«

»Neben uns, in Geraldines Zimmer.«

Vor der Tür hob er die Hand, um anzuklopfen, aber die Tür wurde aufgerissen, bevor noch seine Knöchel das Holz berührt hatten.

Iris schaute heraus. Das Haar war ihr über ein Auge gefallen. Bei seinem Anblick nahm ihr verdrießliches Gesicht einen sinnlichen Ausdruck an, und sie legte die Hände auf ihre gestaltlose Schuluniform, dort, wo ihre Hüften hätten sein sollen.

»Hallo, schöner Mann«, sagte sie. »Tantchen meinte, Sie wären für mich einkaufen gefahren.«

»Was hast du vorhin angestellt?« Er trat ins Zimmer und schloß die Tür. »Meine Tante ist nicht gesund, Iris, und wir werden kein schlechtes Betragen dulden. Also, was war hier los?«

Sie zuckte mit den Schultern und ging zum Bett zurück. »Nichts«, sagte sie mürrisch. »Ich hab ne Kippe in nem Aschenbecher gefunden und nen Zug genommen, da kam sie rein. Man hätte meinen können, ich hätte das Haus angesteckt, so hat sie gebrüllt.«

»Ich habe gehört, daß du selbst auch ganz hübsch herumgebrüllt hast. Haben dir das die Schwestern beigebracht?«

»Die haben mir überhaupt nichts Vernünftiges beigebracht.«

Ganz plötzlich veränderte sich Iris; ihr Gesicht, ihre Haltung, alles veränderte sich. In einer erstaunlichen Verwandlung wurde sie wieder zum Kind.

»Es tut mir leid«, wimmerte sie. »Es tut mir schrecklich leid, Mr. Wheeler. Ich wollte wirklich nichts Unrechtes tun.«

Er starrte sie verwirrt an und wußte nicht, wie er diesen Persönlichkeitswandel verstehen sollte. Dann aber bemerkte er, daß sich hinter ihm die Tür geöffnet hatte und Tante Faith hereingekommen war.

Iris sank aufs Bett und fing an zu schluchzen, und Tante Faith durchquerte mit vier langen Schritten den Raum und legte in mütterlichem Mitgefühl ihre rundlichen Arme um sie.

»Aber, aber«, sagte sie mit weicher Stimme, »es ist ja alles gut, Iris. Ich weiß, du hast es nicht so gemeint, was du vorhin gesagt hast, es ist halt diese Gabe, die dich so sein läßt. Und denk nicht mehr an das, worum ich dich gebeten habe. Nimm dir Zeit mit Geraldine, so viel Zeit, wie du magst.«

»Oh, ich *möchte* aber gern helfen!« sagte Iris eifrig. »Wirklich, Tante Faith.« Sie stand auf, und ihr Gesicht war voller Leben. »Ich kann deine Nichte hier im Haus *spüren*. Ich kann sie beinahe hören... mir zuflüstern hören... mir sagen, wo sie ist!«

»Das kannst du?« sagte Tante Faith voller Ehrfurcht. »Wirklich und wahrhaftig?«

»Beinahe, beinahe«, sagte Iris und drehte sich in einem unbeholfenen Tanz. Sie wirbelte vor einem Wandschrank herum und öffnete seine Tür; drinnen hingen noch ein halbes Dutzend Bügel mit Kleidern. »Das sind *ihre* Kleider. Oh, wie schön die sind! Sie muß wundervoll in ihnen ausgesehen haben!«

David schnaubte verächtlich. »Hat Iris je ein Foto von Geraldine gesehen?«

Das Mädchen nahm ein Abendkleid aus Goldlamé heraus und umschlang es mit den Armen. »Ach, wie schön! Ich kann sie in diesem Kleid *fühlen,* ich kann sie direkt spüren!« Sie sah Tante Faith mit wilder Glückseligkeit an. »Ich weiß ganz einfach, daß ich imstande sein werde, euch zu helfen.«

»Gott segne dich«, sagte Tante Faith. Ihre Augen waren feucht.

Den restlichen Tag zeigte sich Iris von ihrer besten Seite; diese Stimmung hielt auch während des ganzen Abendessens an. Mit Ausnahme des Mädchens, war es für alle ein unbehagliches Mahl. Noch vor dem Kaffee bat Iris, aufstehen zu dürfen, und ging nach oben.

Als das Hausmädchen den Tisch abdeckte, gingen sie ins Wohnzimmer, und David sagte: »Tante Faith, ich halte das alles für einen schrecklichen Fehler.«

»Fehler, David? Das mußt du mir erklären.«

»Diese wohlerzogene Tour von Iris. Siehst du nicht, daß das nur Pose ist?«

Die Frau wurde steif. »Du irrst dich. Du verstehst diese medial veranlagten Menschen einfach nicht. Nicht *sie* hat mir Kraftausdrücke an den Kopf geworfen, sondern das war dieser Dämon, der von ihr Besitz ergriffen hat. Derselbe Geist, der ihr die seherische Gabe verleiht.«

Rowena lachte. »Nach der Sprache zu urteilen, ist es wahrscheinlich der Geist eines alten Seemanns. Ehrlich, Tante Faith, mir kommt sie wie ein ganz gewöhnliches kleines Mädchen vor.«

»Ihr werdet ja sehen«, sagte Tante Faith störrisch. »Wartet mal ab, wie gewöhnlich sie wirklich ist.«

Als wollte sie Tante Faiths Behauptung bestätigen, kam Iris zwanzig Minuten später herunter und trug Geraldine Wheelers Kleid aus Goldlamé. Ihr Gesicht war mit einer Überdosis Make-up beschmiert und ihr strähniges Haar ungeschickt zu einer Hochfrisur aufgebunden, die sich weigerte, oben zu bleiben. David und Rowena starrten die Erscheinung an, aber Tante Faith war nur wenig beunruhigt.

»Iris, Liebes«, sagte sie, »was hast du gemacht?«

Iris trippelte geziert in die Mitte des Wohnzimmers. Sie hatte ihre flachen Schuhe anbehalten, und ihr Versuch, anmutig zu sein, wirkte fast komisch; David lachte aber nicht.

»Geh hinauf und zieh dich um«, sagte er kurz. »Du hast kein Recht, die Kleider meiner Schwester anzuziehen.«

Enttäuschung malte sich auf ihrem Gesicht, und sie sah Tante Faith an. »Oh, Tante Faith!« jammerte sie. »Du weißt doch, was ich dir gesagt habe! Ich *muß* die Kleider deiner Nichte tragen, damit ich ihre ... Aura spüren kann.«

»Aura, du liebe Güte!« sagte David.

Sie starrte ihn wie benommen an. Dann sank sie in den Ohrensessel am Kamin und schluchzte. Tante Faith wiederholte schnell ihren nachmittäglichen Liebesdienst und schalt David.

»Das hättest du nicht sagen dürfen!« sagte sie ärgerlich. »Da versucht das arme Kind, uns zu helfen, und du verdirbst alles, David!«

»Tut mir leid«, sagte er gequält. »Es sieht so aus, als gehörte ich nicht zu den Gläubigen, Tante Faith.«

»Du willst ihr ja nicht mal eine Chance geben!«

Tante Faith wartete mit nachdenklichem Gesicht, bis Iris aufhörte zu schluchzen, dann beugte sie sich dicht zum Ohr des Mädchens. »Hör mal, Iris. Du erinnerst dich doch daran, was du im Heim getan hast? Daran, wie du Schwester Theresas Sachen wiedergefunden hast?«

Iris zwinkerte die letzten Tränen fort. »Ja.«

»Glaubst du, du könntest das wieder tun, Iris? Sofort, hier für uns?«

»Ich... ich weiß nicht. Ich könnte es versuchen.«

»Läßt du sie's versuchen, David?«

»Ich verstehe nicht.«

»Ich möchte, daß du etwas versteckst, oder daß du uns einen Gegenstand nennst, den du verloren oder verlegt hast, vielleicht irgendwo hier im Haus.«

»Das ist doch albern. Das ist ein Gesellschaftsspiel...«

»David!«

Er runzelte die Stirn. »Na gut, wie du willst. Wie soll dies kleine Versteckspiel vor sich gehen?«

Rowena sagte: »Was ist mit der Katze, David?«

»Der Katze?«

»Du erinnerst dich doch. Du hast mir mal von einem Wollkätzchen erzählt, das du als Kind hattest. Du sagtest, du hättest es irgendwo im Haus verloren, als du fünf warst, und daß du so unglücklich darüber gewesen wärst, daß du tagelang nichts essen wolltest.«

»Das ist doch absurd. Das ist dreißig Jahre her...«

»Um so besser«, sagte Tante Faith. »Um so besser, David.« Sie wandte sich an das Mädchen: »Glaubst du, du kannst es finden, Iris? Kannst du Davids Stoffkätzchen finden?«

»Ich bin nicht sicher. Ich bin niemals sicher, Tante Faith.«

»Versuch's einfach mal, Iris. Wir werden dir keine Vorwürfe machen, wenn du's nicht schaffst. Jemand könnte es ja schon vor ewigen Zeiten weggeworfen haben, versuch's aber trotzdem mal.«

Das Mädchen setzte sich auf und legte das Gesicht in seine Hände.

»David«, flüsterte Tante Faith, »mach doch das Licht aus.«

David knipste die Tischlampe aus, die einzig den Raum erhellte. Die Flammen im Kamin erweckten ihre Schatten zum Leben.

»Versuch's mal, Iris«, ermutigte Tante Faith.

Plötzlich war das laute Ticken der Uhr auf dem Kaminsims hörbar. Dann ließ Iris die Hände schlaff in ihren Schoß fallen und lehnte sich mit einem langen, gequälten Seufzer in den Ohrensessel zurück.

»Sie ist in Trance«, flüsterte Tante Faith. »Du siehst es, David, du mußt es sehen. Das Mädchen ist in einer echten Trance.«

»Das kann ich nicht beurteilen«, sagte David.

Iris hielt die Augen geschlossen, und ihre Lippen bewegten sich. In ihren Mundwinkeln wurden kleine Tropfen Speichel sichtbar.

»Was sagt sie?« fragte Rowena. »Ich kann sie nicht verstehen.«

»Warte! Man muß warten!« mahnte Tante Faith.

Iris' Stimme wurde hörbar. »Heiß«, sagte sie. »Oh, es ist so heiß... so heiß...« Sie wand sich im Sessel, und ihre Finger zerrten am Halsausschnitt des Abendkleides. »So heiß hier hinten!« sagte sie laut. »Oh, bitte! Oh, bitte! Kätzchen ist so heiß! Kätzchen ist so heiß!«

Dann schrie Iris, und David sprang auf. Rowena trat zu ihm und ergriff seinen Arm.

»Es ist nichts!« sagte David. »Siehst du nicht, daß sie uns das alles nur vorspielt?«

»Still, bitte«, sagte Tante Faith. »Das Mädchen leidet Schmerzen!«

Iris stöhnte und warf sich im Sessel hin und her. Auf ihrer Stirn standen jetzt Schweißperlen, und ihr sich krümmender Körper sah ganz so aus wie eine Seele im Höllenfeuer.

»Heiß! Heiß!« kreischte sie. »Hinterm Herd! Oh, bitte, bitte, bitte... so heiß... Kätzchen ist so heiß...« Dann sackte sie stöhnend im Stuhl zusammen.

Tante Faith eilte zu ihr und nahm ihre dünnen Handgelenke auf. Sie rieb sie heftig und sagte: »Du hast's gehört, David, du hast es selbst gehört. Kannst du jetzt noch an dem Mädchen zweifeln?«

»Ich habe überhaupt nichts gehört. Eine Menge Schreie und Seufzer und Geschwafel über Hitze. Was soll das alles bedeuten?«

»Du *bist* ein störrischer Dummkopf! Das Kätzchen ist natürlich hinter dem Herd, wo du es wahrscheinlich noch als kleiner Bengel hingestopft hast.«

Rowena zog ihn am Arm. »Wir könnten das doch herausfinden, oder nicht? Steht in der Küche noch der alte Herd?«

»Das nehme ich an. Da gibt es zwar so eine Art Mikrowellenherd, aber soviel ich weiß, haben sie das alte eiserne Monstrum nie rausgeworfen.«

»Laß uns nachsehen, David, bitte!« drängte Rowena.

Iris kam wieder zu sich. Sie blinzelte, öffnete die Augen und schaute in die sie beobachtenden Gesichter. »Ist es dort?« fragte sie. »Ist es da, wo ich gesagt habe? Hinter dem Herd in der Küche?«

»Wir haben noch nicht nachgesehen«, sagte David.

»Dann tut das«, befahl Tante Faith.

David und Rowena gingen nachsehen, und es war tatsächlich da, ein staubbedecktes Stoffkätzchen, versengt und fast zerstört in den drei Jahrzehnten, die es der Hitze und dem Verfall ausgesetzt gewesen war – aber es war da.

David umkrampfte das alte Spielzeug mit seiner Faust, und sein Gesicht wurde weiß. Rowena sah ihn traurig an und dachte, ihn schmerze das Heimweh nach der Kindheit, aber das war nicht der Fall. Er litt Angst.

Anfang Mai ließ der Regen nach, und es folgte eine Reihe sonniger Tage. Iris Lloyd fing an, die meiste Zeit draußen zuzubringen, wo sie sich mit der Natur oder mit ihren eigenen rätselhaften Gedanken beschäftigte.

David fand sie eines Nachmittags mitten in der Woche in einem Gewirr von Gänseblümchen liegend. Sie war gerade dabei, eines von ihnen in einem uralten Ritual zu zerpflücken.

»Nun«, sagte David, »wie lautet die Antwort?«

Sie lächelte geziert und warf das verunstaltete Gänseblümchen fort. »Sag du mir's, Onkel David.«

»Spar dir den Onkel.« Er bückte sich, hob die verstümmelte Blume auf und zupfte die verbliebenen Blütenblätter ab. »Liebt mich nicht«, sagte er.

»Wer? Deine Frau?« Sie grinste ihn dreist an. »Du kannst mir nichts vormachen, Onkel David. Ich weiß alles.«

Er wollte sich abwenden, aber sie ergriff sein Fußgelenk. »Geh nicht weg. Ich möchte mit dir reden.«

Er drehte sich wieder zu ihr um und kauerte sich bei ihr nieder. »Also, was ist los mit dir, Iris? Du bist jetzt schon über eine Woche lang da, und du hast noch nichts getan... du weißt schon, was. Das ist alles eine wunderschöne Landpartie für dich, was?«

»Na klar«, sagte sie. »Glaubst du, ich will in das muffige Heim zurück? Hier gefällt's mir besser.« Sie legte sich ins Gras zurück. »Keine Uniformen. Keine Morgengebete um sechs. Nichts von dem Mist, den sie da Essen nennen...« Sie griente. »Und viel bessere Gesellschaft.«

»Ich nehme an, ich sollte mich jetzt bedanken.«

»Du kannst nichts sagen, was ich nicht schon weiß.« Sie kicherte. »Hast du's vergessen? Ich besitze übersinnliche Wahrnehmung.«

»Ist das wirklich wahr, Iris«, fragte er beiläufig, »oder ist es irgendein Trick? Ich meine, die Sachen, die du machst.«

»Ich werd dir zeigen, ob das ein Trick ist.« Sie bedeckte ihre Augen mit beiden Händen. »Deine Frau haßt dich«, sagte sie. »Sie hält dich für niederträchtig. Ihr wart noch kein Jahr verheiratet, als du schon angefangen hast, mit anderen Frauen herumzulaufen. Du bist nicht mal in die Spinnerei gegangen, nicht öfter als ein- oder zweimal im Monat, so hast *du* dich um's Geschäft gekümmert. Das einzige, wovon du was verstanden hast, war, wie man Geld ausgibt.«

Davids Gesicht war während ihres Vortrages immer blasser geworden. Jetzt ergriff er ihren dünnen Unterarm. »Du kleines

Miststück! Du bist nicht telepathisch veranlagt, du bist eine Lauscherin!«

»Laß meinen Arm los!«

»Dein Zimmer liegt direkt neben unserem. Du hast gelauscht!«

»Gut!« schrie sie. »Glaubst du, es wäre mir möglich gewesen, nicht mit anzuhören, wie ihr beide euch gestritten habt?«

Er ließ ihr Handgelenk los. Sie rieb es wehleidig, lachte dann aber und fand, daß das alles lustig war. Plötzlich warf sie sich an seinen Hals und küßte ihn auf den Mund, wobei sie ihn mit ihren dünnen, starken Fingern krampfhaft festhielt.

Er stieß sie überrascht zurück. »Was glaubst du, was das werden soll?« sagte er grob. »Du dumme Göre.«

»Ich bin kein Kind mehr!« sagte sie. »Ich bin fast siebzehn!«

»Du warst vor drei Monaten noch sechzehn!«

»Ich bin eine Frau!« kreischte Iris. »Aber du bist ja gar kein richtiger Mann.« Sie schlug ihm die geballte Faust gegen die Brust, daß ihm die Luft wegblieb. Dann drehte sie sich um und rannte den Hügel hinab zum Haus.

Er kehrte über den rückwärtigen Teil des Grundstücks nach Hause zurück und trat in die Küche. Am Küchentisch gab Tante Faith gerade Hattie ein paar Anweisungen zum Silberputzen. Sie blickte auf und sagte: »Hast du ein Taxi bestellt, David?«

»Ein Taxi? Nein, wieso?«

»Ich weiß es nicht. Aber das Taxi von Lucas steht draußen in der Auffahrt; er sagte, er wolle auf dich warten.«

Lucas kletterte aus dem Taxi, als er David kommen sah. Er zog die Strickmütze vom Kopf und drückte sie gegen seinen Bauch.

»Was willst du, Lucas?«

»Reden, Mr. Wheeler, wie ich schon letzte Woche sagte.«

David nahm auf dem Rücksitz Platz. »Na schön«, sagte er. »Fahr irgendwo hin. Wir können reden, während du fährst.«

»Ja, Sir.«

Lucas schwieg, bis sie außer Sichtweite des Hauses waren; dann sagte er: »Ich hab getan, was Sie mir aufgetragen haben, Mr. Wheeler, genau wie Sie's gesagt haben. Ich hab ihr sauber eins verpaßt, 's hat ihr nich wehgetan, kein Blut. Ging zu Boden grad wien alter Schlachtochse, Mr. Wheeler.«

»Gut«, sagte David schroff. »Ich will nichts mehr davon hören, Lucas, für mich ist die Sache erledigt. Das sollte sie für dich auch sein. Du hast dein Geld bekommen, vergiß das alles.«

»Ich hab sie aufgehoben«, sagte Lucas träumerisch. »Ich hab sie raus in den Wald gebracht, wie Sie's gesagt haben, und ich hab tief gegraben, so tief ich konnte. Der Boden war damals schrecklich hart, Mr. Wheeler, es war ne Menge Arbeit. Ich hab's nachher schön zugedeckt, damit niemand drauf kommen könnte, was da war. Niemand ... außer ... «

»Ist es das Mädchen? Ist es das, was dir Kummer macht?«

»Ich hab furchtbar komische Sachen über sie gehört, Mr. Wheeler. Wie sie Sachen wiederfindet, so wie sie das kleine Kind wiedergefunden hat, das beim Crompton Lake abgestürzt war. Sie hat komische Augen. Vielleicht kann sie direkt bis in das Grab von der Frau reinsehen ... «

»Halt an, Lucas!«

Lucas stellte seinen schweren Fuß auf die Bremse.

»Iris Lloyd wird sie nicht finden«, sagte David mit zusammengebissenen Zähnen. »Niemand wird sie finden, du mußt aufhören, dir Gedanken darüber zu machen. Je mehr du das tust, desto eher verrätst du dich.«

»Aber sie liegt direkt hinter'm Haus, Mr. Wheeler! Sie ist so nah, direkt da in dem Wäldchen ... «

»Du mußt es vergessen, Lucas. Als wenn es nie geschehen wäre. Meine Schwester ist verschwunden, und sie wird niemals wiederkommen. Was das Mädchen angeht, das laß nur meine Sorge sein.«

Er faßte Lucas an der Schulter, was als Geste der Beruhigung gemeint war – aber seine Berührung ließ Lucas erstarren.

»Fahr mich jetzt nach Hause«, sagte David.

Fünf weitere Tage lang machte er sich Sorgen wegen Iris, aber sie schien den Zweck ihres Aufenthaltes bei ihnen völlig vergessen zu haben. Sie war Hausgast, Ersatz für die vermißte Geraldine, und die Geduld, mit der Tante Faith auf das mediale Wunder wartete, schien unerschöpflich.

Am Abend des folgenden Donnerstags begegnete Rowenas Blick dem Davids im Spiegel des Toilettentischchens in ihrem Schlafzimmer, und sie fing an, etwas über die Spinnerei zu sagen.

»Halt die Klappe«, sagte er heiser. »Sag kein Wort mehr. Ich habe herausgefunden, daß Iris jeden miesen kleinen Streit in diesem Zimmer mit anhören kann, deshalb sollten wir einen Waffenstillstand schließen.«

»Sie braucht doch gar nicht zu lauschen, oder? Sie kann ja Gedanken lesen?« Sie drehte sich um und sah ihn direkt an. »Sie ist aber nicht die einzige Hellseherin hier. Ich kann ihre Gedanken auch lesen.«

»Oh?«

»Das ist nicht schwer«, sagte Rowena bitter. »Ich kann jeden sündhaften Gedanken in ihrem Kopf lesen, jedesmal, wenn sie dich anschaut. Es überrascht mich, daß du das nicht bemerkt hast.«

»Sie ist ein Kind, um Himmels willen.«

»Sie liebt dich.«

Er schnaubte verächtlich und begab sich zu seinem Bett.

»Du bist ihr Sir Galahad«, sagte sie spöttisch. »Du wirst sie aus der bösen Burg befreien, in der man sie gefangen hält. Wußtest du das nicht...?«

»Geh schlafen, Rowena.«

»Natürlich gibt es da noch ein kleines Hindernis für ihren Plan. Nämlich deine Frau. Aber schließlich war ich ja bei keiner deiner Affären ein allzu großes Hemmnis, oder?«

»Ich habe dich um einen Waffenstillstand gebeten«, sagte er.

Sie lachte. »Du bist ein Pazifist, David, das macht einen Teil deines berühmten Charmes aus. Deshalb bist du auch im März hier gewesen, nicht wahr? Um mit Geraldine eine Waffenruhe auszuhandeln.«

»Ich war geschäftlich hier.«

»Ja, ich weiß. Um Geraldine davon abzuhalten, dich ins Gefängnis zu schicken. War das nicht das Geschäft?«

»Du weißt überhaupt nichts darüber.«

»Ich habe Augen, David. Nicht solche wie Iris Lloyd, aber Augen. Ich weiß, daß du Geld aus der Spinnerei abgezogen hast, zu viel Geld. Und Geraldine wußte das auch. Wieviel Zeit hat sie dir gegeben, den Verlust auszugleichen?«

David hatte sich stets als einen Menschen von äußerster Gemütsruhe angesehen. Aber jetzt fand er, daß ihm die verlorengegangen war. »Kein Wort mehr, hörst du? Ich möchte kein Wort mehr darüber hören!«

Während der nächsten Stunde lag er wach und starrte in die Dunkelheit des Zimmers, ohne etwas zu sehen.

Er war immer noch wach, als er das Schlurfen von Füßen draußen auf dem Flur vernahm. Er setzte sich auf und hörte das leise Klicken eines Schnappriegels.

Er stand auf und zog sich Bademantel und Hausschuhe über. Ein kleiner Flecken Mondlicht lag auf dem Kopfkissen seiner Frau; Rowena schlief. Er ging lautlos zur Tür und öffnete sie.

Iris Lloyd ging im Nachthemd langsam die Treppe ins Erdgeschoß hinunter – ihr blonder Kopf saß starr auf ihren Schultern, und sie bewegte sich mit der mechanischen Anmut einer Schlafwandlerin.

Am Ende des Flurs öffnete Tante Faith ihre Tür und lugte mit weit aufgerissenen Augen heraus. »Bist du das, David?«

»Es ist Iris«, sagte David.

Tante Faith kam aus ihrem Zimmer und band mit zitternden Fingern den Gürtel ihres Morgenrocks zu. David versuchte, sie daran zu hindern, dem Mädchen nachzugehen, aber seine Tante war störrisch.

Sie verhielten auf dem Treppenabsatz. Iris lief mit offenen, starren Augen wie toll in der Eingangshalle herum.

»Was habe ich vergessen?« murmelte das Mädchen. »Was habe ich nur vergessen?«

Tante Faith griff nach Davids Arm.

»Sie sind spät dran«, sagte Iris, zur Haustür gewandt. »Es wird Zeit, daß wir aufbrechen...« Sie schwang herum und schien ihre Zuschauer direkt anzusehen, nahm sie aber nicht wahr.

»Wir müssen gehen!« sagte sie fast weinend. »Oh, bitte, holen Sie mein Gepäck. Ich bin sehr unruhig. Ich fürchte so sehr...«

»Sie ist in Trance«, flüsterte Tante Faith und drückte seine Hand. »Oh, David, jetzt geschieht es vielleicht.«

»Was habe ich vergessen?« stammelte Iris. »Gas, Strom, Telefon, Kamin... Brennt der Kamin noch? *Oh!*« Plötzlich schluchzte sie auf und legte das Gesicht in ihre Hände.

David machte einen Schritt auf sie zu, aber Tante Faith sagte: »Nicht! Weck sie nicht auf!«

Iris, die in ihrem wallenden Nachthemd wie ein Gespenst aussah, lief jetzt in den rückwärtigen Teil des Hauses. Sie ging in die Küche und öffnete die Tür nach draußen.

»Sie geht raus!« sagte David. »Wir können sie doch nicht...«

»Laß sie, David! Bitte, laß sie!«

Iris trat in den Hof hinaus und folgte einem Pfad aus Mondlicht, der in den dunklen Wald hineinführte.

»Iris!« rief David. »*Iris!*«

»Nicht!« schrie Tante Faith. »Weck sie doch nicht auf! Du darfst sie nicht wecken.«

»Willst du, daß sich das Mädchen eine Lungenentzündung holt?« sagte David wütend. »Bist du verrückt? Iris!« rief er wieder.

Sie hielt beim Klang ihres Namens an, wandte sich um, und das Nichts in ihrem Blick wandelte sich in Verwirrung. Als David sie in die Arme nahm, schrie sie und schlug nach ihm. Mit aller Macht bemühte er sich, sie zum Haus zurückzuziehen, und er drückte dabei ihre Arme fest an ihren Körper. Als er sie endlich im Haus hatte, schluchzte sie heftig.

Tante Faith umflatterte sie mit weinerlichen Klagen. »Oh, wie konntest du das nur tun, David?« ächzte sie. »Du weißt doch, daß man einen Schlafwandler nicht wecken darf, du weißt das doch ganz genau!«

»Ich wollte nicht, daß sich das Mädchen den Tod holt! Da hätten wir eine schöne Geschichte, die wir den Schwestern erzählen könnten, nicht wahr, Tantchen? Daß wir ihre Kleine an Lungenentzündung haben sterben lassen?«

Iris hatte sich beruhigt, hielt aber immer noch die Arme schützend um ihren Kopf gelegt. Jetzt blickte sie auf und forschte in ihren angespannten Gesichtern. »Tante Faith...«

»Ist alles in Ordnung, Iris?«

Noch immer war in ihren runden Augen etwas von dem abwesenden Blick der Schlafwandlerin. »Ja«, sagte sie. »Ja, ich bin in Ordnung. Ich glaube, ich bin jetzt bereit, Tante Faith. Ich kann es jetzt tun.«

»Jetzt tun? Du meinst... uns sagen, wo Geraldine ist?«

»Ich kann's versuchen, Tante Faith.«

Die alte Frau richtete sich auf, ihr Verhalten war verändert. »Wir müssen Lieutenant Reese herbitten, David. Sofort. Er wird alles mit anhören wollen, was Iris sagt.«

»Reese? Es ist nach zwei Uhr nachts.«

»Er wird kommen«, sagte Tante Faith grimmig. »Ich weiß es. Ich werde ihn selbst anrufen; bring du Iris auf ihr Zimmer.«

David half dem Mädchen die Treppe hinauf. Er runzelte die Stirn, weil sie sich so eng an ihn schmiegte. Sie war lammfromm. Mit geschlossenen Augen sank sie aufs Bett. Dann öffnete sie die Augen wieder und lächelte ihn an. »Du hast Angst«, sagte sie.

Er schluckte mühsam, denn sie hatte recht. »Ich schick dich zurück«, sagte er rauh. »Ich behalte dich keinen Tag länger hier im Haus. Du machst mehr Ärger als du wert bist, wie Schwester Klothilde gesagt hat.«

»Ist das der Grund, David?«

Sie begann zu lachen. Ihr Lachen ärgerte ihn, und er setzte sich zu ihr und legte die Hand über ihren Mund.

»Sei still!« sagte er. »Sei still, du kleine Närrin!«

Sie hörte auf zu lachen. Über die Finger seiner Hand hinweg drang ihr Blick in seine Augen. Er nahm seinen Arm herunter.

Iris beugte sich zu ihm. »David«, sagte sie voller Sinnlichkeit, »ich werde dich nicht verraten. Nicht, wenn du es nicht willst.«

»Du weißt nicht, wovon du sprichst«, sagte er unsicher. »Du bist eine Betrügerin.«

»Bin ich das? Das glaubst du doch selber nicht.«

Sie beugte sich noch näher zu ihm. Er ergriff sie mit brutaler Plötzlichkeit und küßte sie. Sie schmiegte sich stöhnend an ihn, und ihre dünnen Finger zupften am Aufschlag seines Bademantels.

Als sich ihre Lippen trennten, wischte er sich angeekelt den Mund und sagte: »Aus welchem Teil der Hölle kommst du bloß?«

»David«, sagte sie verträumt, »du wirst mich von diesem Ort da wegholen, ja? Du wirst mich nicht wieder dahin zurückgehen lassen, nicht wahr?«

»Du bist verrückt! Du weißt doch, daß ich verheiratet bin...«

»Das macht doch nichts. Du kannst dich von der Frau scheiden lassen, David. Du liebst sie doch sowieso nicht mehr, oder?«

Die Tür ging auf. Eine gebieterische Erscheinung in ihrem Nachthemd, sah Rowena sie mit einer Mischung aus Zorn und Verachtung an.

»Raus hier!« kreischte Iris. »Raus aus meinem Zimmer!«

David wandte sich zu ihr. »Rowena...«

Seine Frau sagte: »Ich bin nur herübergekommen, weil ich dir etwas sagen wollte, David. Du hattest recht mit den Wänden zwischen diesen Zimmern.«

»Ich hasse Sie!« schrie Iris. »David haßt Sie auch! Sag's ihr, David. Warum sagst du's ihr nicht?«

»Ja«, sagte Rowena. »Warum nicht, David? Das ist das einzige, was du bisher noch nicht getan hast.«

Sein Blick wanderte zwischen den beiden Frauen hin und her – zwischen dem glutäugigen Mädchen in dem schweren Flanellnachthemd und der kühl blickenden Frau in Seide, die auf eine Antwort wartete und verletzt werden wollte.

»Zum Teufel mit euch beiden!« murmelte er. Dann stürmte er an Rowena vorbei aus dem Zimmer.

Lieutenant Reese schien noch immer halb zu schlafen; die vereinzelten Haare auf seinem kahl werdenden Schädel waren zerzaust, und seine Kleidung sah ganz so aus, als sei sie sehr hastig angelegt worden. Rowena, die immer noch ihre Nachtsachen anhatte, saß offensichtlich desinteressiert am Fenster. Tante Faith kniete am Kamin und entlockte der Glutasche neue Flammen.

Iris saß im Ohrensessel, die Hände im Schoß gefaltet. Ihr Gesichtsausdruck war rätselhaft.

Als das Feuer aufflammte, sagte Tante Faith: »Wir können anfangen. David, würdest du bitte das Licht ausmachen.«

David nahm sich einen Drink, bevor er das Licht abdunkelte, und ging dann zu dem Stuhl hinüber, der dem von Iris gegenüberstand.

Tante Faith sagte: »Bist du bereit, mein Kind?«

Iris nickte. Ihre Lippen waren blutleer.

David blickte ihr in die Augen, bevor sich diese in der einsetzenden Trance schlossen. Sie schienen seine unausgesprochene, klagende Frage zu erkennen, aber sie gaben nicht die Andeutung einer Antwort.

Dann schwiegen alle. Hundertmal tickte die Uhr auf dem Kaminsims in diese Stille.

Langsam fing Iris Lloyd an, sich im Stuhl hin und her zu wiegen, und ihre Lippen bewegten sich.

»Es fängt an«, flüsterte Tante Faith. »Es fängt an...«

Iris begann zu stöhnen. Sie gab gequälte Laute von sich, und ihr junger Körper wand sich in schmerzvoller Ekstase. Ihr Mund öffnete sich, und sie atmete schwer; Speichel schäumte in ihren Mundwinkeln und tropfte auf ihr Kinn.

»Ihr müßt das beenden«, sagte David mit zitternder Stimme. »Das Mädchen hat einen Anfall.«

Lieutenant Reese sah beunruhigt aus. »Mrs. Demerest, meinen Sie nicht...«

»Bitte!« sagte Tante Faith. »Das ist nur die Trance. Du hast das doch schon erlebt, David, du weißt...«

Iris schrie auf.

Reese schnellte hoch. »Vielleicht hat Mr. Wheeler recht. Das Mädchen könnte sich etwas antun, Mrs. Demerest...«

»Nein, nein! Sie müssen warten!«

Dann stieß Iris einen Entsetzensschrei aus, der immer mehr anschwoll, so daß alles Glas im Raum in sympathetische Schwingungen versetzt wurde und Rowena sich die Ohren zuhielt.

»*Tante Faith! Tante Faith*!« schrie Iris. »Ich bin hier! Ich bin hier, Tante Faith, komm und finde mich. Hilf mir, Tante Faith, es ist dunkel! So dunkel! Oh, will mir denn niemand helfen?«

»Wo bist du?« rief Tante Faith, und die Tränen strömten ihre Wangen herab. »Oh, Geraldine, mein armer Liebling, wo bist du?«

»Ach, hilf mir! Hilf mir, bitte!« Iris krümmte und wand sich in ihrem Sessel. »Es ist so dunkel, ich habe solche Angst! Tante Faith! Hörst du mich? Kannst du mich hören?«

»Wir hören dich! Wir hören dich, Liebling!« schluchzte Tante Faith. »Sag uns, wo du bist! Sag es uns!«

Iris hob sich im Sessel hoch, schrie erneut auf und sank dann mit einem Weinkrampf zurück. Wenig später wurde sie ruhig, und ihre Augen öffneten sich langsam.

David wollte zu ihr gehen, aber Lieutenant Reese trat dazwischen. »Einen Augenblick, Mr. Wheeler.«

Reese ließ sich auf die Knie nieder und fühlte dem Mädchen den Puls. Mit der anderen Hand hob er das Licht ihres rechten Auges und besah sich die Pupille. »Kannst du mich hören, Iris? Alles in Ordnung?«

»Ja, Sir, alles in Ordnung.«

»Weißt du, was gerade passiert ist?«

»Ja, Sir, alles.«

»Weißt du, wo Geraldine Wheeler ist?«

Sie blickte auf den Kreis der Gesichter um sich herum und ließ den Blick dann auf dem Gesicht Davids ruhen.

In seinen Augen stand eine flehentliche Bitte.

»Ja«, flüsterte Iris.

»Wo ist sie, Iris?«

Ihr Gesichtsausdruck wurde abwesend. »Irgendwo weit weg. Ein Ort mit Schiffen. Die Sonne scheint dort. Ich sah Berge und grüne Bäume... Ich hörte in den Straßen Glocken läuten...«

Reese wandte sich zu den anderen um, um festzustellen, ob sie so verwirrt waren wie er.

»Ein Ort mit Schiffen... Sagt Ihnen das was?«

Er erhielt keine Antwort.

»Es ist eine Stadt«, sagte Iris. »Sie ist weit weg...«

»Jenseits des Ozeans, Iris? Ist Geraldine da?«

»Nein, nicht jenseits des Ozeans. Irgendwo hier in Amerika, wo es Schiffe gibt. Ich sah eine Bucht und eine Brücke und blaues Wasser...«

»San Francisco!« sagte Rowena. »Ich bin sicher, sie meint San Francisco, Lieutenant.«

»Iris«, sagte Reese streng, »du mußt dir deiner Sache wirklich sicher sein, wir können ja nicht das ganze Land absuchen. War es San Francisco? Hast du Geraldine da gesehen?«

»Ja!« sagte Iris. »Jetzt weiß ich's. Da waren Straßenbahnen, komische Straßenbahnen, die bergauf fuhren... Es ist San Francisco. Sie ist in San Francisco!«

Reese erhob sich und kratzte sich im Nacken. »Nun, wer

weiß?« sagte er. »Es ist jedenfalls die beste Vermutung, die ich bisher zu hören bekommen habe. Ist Geraldine vorher schon jemals in San Francisco gewesen?«

»Nein, nie«, sagte Tante Faith. »Warum sollte sie dahin gefahren sein, David?«

»Das weiß ich nicht«, grinste David. Er ging zu Iris hinüber und klopfte ihr auf die Schultern. »Aber Iris meint, daß sie da ist, und ich nehme an, daß die Geister wissen, wovon sie reden. Stimmt's, Iris?«

Sie wandte sich ab. »Ich möchte nach Hause«, sagte sie. »Ich möchte Mutter Klothilde...« Dann begann sie zu weinen, still wie ein Kind.

Es war Frühling, aber der Tag hatte schon etwas Sommerliches. Als David und Tante Faith vom Mädchenheim zurückkehrten, sah die alte Frau aus dem Wagenfenster, aber die Schönheit der Landschaft vermochte ihre Stimmung nicht aufzuheitern.

»Na, komm schon, du alte Zigeunerin«, lachte David, »deine kleine Hellseherin war doch ein Riesenerfolg. Alles, was der Polizei jetzt noch zu tun bleibt, ist, Geraldine in San Francisco zu finden – wenn sie nicht inzwischen auf einem Schiff in Richtung Südsee unterwegs ist.«

»Ich verstehe das nicht«, sagte Tante Faith. »Es ist nicht Geraldines Art, einfach ohne ein Wort davonzulaufen. Warum hat sie das getan?«

»Ich weiß es nicht«, antwortete David.

Später an diesem Tage fuhr er in die Stadt. Als er Lucas am Depot neben seinem schwarzen Taxi stehen sah, hielt er an und stieg aus, ein breites Lächeln auf dem Gesicht. »Hallo, Lucas. Wie geh'n die Geschäfte?«

»Könnten besser sein.« Lucas sah ihn forschend an. »Irgendwelche Neuigkeiten für mich, Mr. Wheeler?«

»Schon möglich. Vielleicht können wir in dein Büro gehen?«

Er schlug Lucas auf die Schulter, und dieser ging ihm ins Büro voran. Er schloß sorgfältig die Tür und bedeutete dem Taxifahrer, er solle sich hinsetzen.

»Es ist alles überstanden«, sagte David. »Ich komme gerade vom Mädchenheim. Wir haben Iris Lloyd zurückgebracht.«

Lucas ließ seiner breiten Brust einen tiefen Seufzer entfahren. »Sie hat's also nicht gewußt? Sie hat nicht gewußt, wo die... diese Frau steckt?«

»Sie wußte es nicht, Lucas.«

Der Taxifahrer lehnte sich zurück und drückte seine Handflächen gegeneinander. »Dann hab ich das Richtige getan. Ich wußte, daß es richtig war, Mr. Wheeler, ich wollte es Ihnen aber nicht sagen.«

»Das Richtige? Was meinst du damit?«

Lucas kniff schlau, wie er meinte, die Augen zusammen. »Ich dachte mir, daß das Mädchen es rausfinden könnte, wenn die Leiche direkt beim Haus begraben ist. Daß sie sie aber niemals finden würde, wenn sie woanders wäre. Stimmt's nicht? Irgendwo weit weg?«

Es würgte David im Hals. Er stürzte sich auf Lucas und packte ihn am Kragen seiner Wolljacke.

»Wovon redest du? Was meinst du mit irgendwo anders?« Lucas war zu erschrocken, um antworten zu können. »Was hast du gemacht?« schrie David.

»Ich hab' schon befürchtet, daß Sie sauer sein würden«, winselte Lucas. »Ich wollte es Ihnen nicht sagen. Letzte Woche bin ich mal nachts rausgegangen in den Wald und hab die Leiche der Frau ausgegraben. Ich hab sie in den Schrankkoffer von ihr getan, Mr. Wheeler, und den hab ich mit der Bahn weggeschickt, so weit weg, wie's ging. Zum entferntesten Ort, den ich kannte, Mr. Wheeler. Deshalb konnte Iris Lloyd sie nicht finden. Sie ist jetzt zu weit weg.«

»Wo? Wo ist sie, du Idiot? In San Francisco?«

Lucas murmelte entsetzt etwas und nickte dann mit seinem struppigen Kopf.

Der Chef der Gepäckabteilung hörte sich die Fragen der beiden Polizisten in Zivil aufmerksam an, zuckte mit den Achseln, als sie ihm die Fotografie der Frau zeigten, und führte sie dann zu dem Raum im rückwärtigen Teil des Bahnhofes, wo die nicht abgeholten Gepäckstücke aufbewahrt wurden. Als er auf den Schrankkoffer deutete, auf dem die Initialen G.W. standen, wechselten die beiden Männer einen Blick. Dann gingen sie langsam hinüber. Sie erbrachen das Schloß und hoben den Deckel hoch.

Dreitausend Meilen entfernt setzte sich Iris Lloyd in ihrem schmalen Bett im Schlafsaal des Mädchenheims auf und starrte keuchend in die Dunkelheit – sie fragte sich, was für ein seltsamer Traum ihren unbeschwerten Schlaf gestört haben mochte.

Tödliche Eifersucht

Meine Frau war mit Leona Blackburn seit ihrer Kindheit befreundet, und durch sie lernte ich Charlie Blackburn kennen, einen Mann, den ich nacheinander beneidete, bedauerte und betrauerte. Mit einer Ausnahme war Charlie in jeder Hinsicht erfolgreich und sympathisch; man war gern mit ihm zusammen. Als amtlich zugelassener Wirtschaftsprüfer war er eine Quelle für gerissene Steuertips und realistische Markteinschätzungen, und nachdem die Freundschaft zwischen uns vieren fester geworden war, leistete er mir bei meinen eigenen verworrenen Geldangelegenheiten unschätzbare Dienste. Seine verhängnisvolle, othellohafte Schwachstelle zeigte sich erst eine ganze Zeit später.

Audrey, die Amateurpsychologin, war es, die die Symptome zuerst erkannte und sie mir eines Abends beschrieb, nachdem wir mit den Blackburns zusammen im Theater gewesen waren.

»Du mußt das doch bemerkt haben«, sagte sie, während sie versuchte, einen Lockenwickler mit den Zähnen zu öffnen. »Ich meine, wie er sie die ganze Zeit *ansieht*. Ich habe noch nie in meinem Leben einen Mann so eifersüchtig dreinblicken sehen.«

»Eifersüchtig?« sagte ich. »Nun ja, das kannst du dem Mann vielleicht nicht verübeln. Leona ist wirklich sehr sexy.« Ich dachte, Audrey würde bei dieser Bemerkung hochgehen, aber sie sah nur nachdenklich vor sich hin.

»Ja, das stimmt wohl. Sie sah schon immer sexy aus, selbst als sie noch zur Schule ging. Wahrscheinlich können Männer gar nicht anders, als ein Mädchen wie Leona anzusehen, aber es bringt Charlie mit Sicherheit um den Verstand.«

»Jetzt übertreibst du«, sagte ich. Doch als wir das nächste

Mal mit den Blackburns zusammen waren, riß ich meinen Blick von Leonas bemerkenswerten Proportionen los und beobachtete Charlies Gesicht. Es bestand kein Zweifel – er bedachte jeden Mann, der zufällig in Leonas Richtung sah, mit einer leise kochenden Wut, die unter der Oberfläche vermutlich vulkanische Ausmaße hatte.

Dann, eines Abends, nach einem reizenden Abendessen zu Hause bei den Blackburns in Connecticut, ließ Charlie ein wenig heiße Lava heraustreten. Wir waren gerade mit unserem Kaffee fertig, und die Frauen hatten sich in Leonas Schlafzimmer zurückgezogen, um ein Weilchen kichernd die Köpfe zusammenzustecken. Charlie und ich gingen in sein Arbeitszimmer, um ein paar Steuerfragen zu besprechen, und er kam mir ungewöhnlich still vor. Er spielte mit den Gegenständen auf dem Kaminsims herum und sagte auf einmal:

»Du, Paul, tu mir einen Gefallen und hör auf, in dieser Art und Weise an meine Frau zu denken, ja?«

Es war, wie wenn man ruhig in einem geparkten Auto sitzt und einem plötzlich jemand hinten reinfährt. Einen Augenblick lang konnte ich nicht antworten, und dann brachte ich bloß ein schuldbewußtes Stottern hervor.

»Reden wir nicht mehr darüber«, sagte Charlie gnädig. »Sie sollte auch wirklich nicht solche Kleider tragen. Mich hat bloß geärgert, was du gedacht hast. Deshalb laß es in Zukunft bitte.«

»Hör zu, Charlie«, sagte ich mit erstickter Stimme, »ich bin eines jener seltenen Exemplare, ein glücklich verheirateter Mann nämlich. Leona ist eine sehr schöne Frau, aber...«

»Ich sagte, reden wir nicht darüber.« Er lächelte wie der Filmheld, dem gerade die Kugel mit dem Taschenmesser herausgeholt wird.

Ich erzählte Audrey nichts von dem Vorfall – aus Angst, mißverstanden zu werden. Um die Wahrheit zu sagen, es war mir wirklich während des Abendessens flüchtig ein lüsterner Gedanke durch den Kopf gegangen. Wenn ich mich richtig erinnere, war es der Moment, als Leona sich vorbeugte, um die

Kerzen auf dem Tisch anzuzünden. Es bekümmerte mich, daß mich mein Gesichtsausdruck so ohne weiteres verraten hatte, und ich beschloß, mir an den ausdruckslosen Indianern ein Beispiel zu nehmen.

In der darauffolgenden Woche erfuhr ich dann, daß Charlies Intuition sehr viel komplexer und auch erstaunlicher war. Wir vier waren in ein französisches Restaurant gegangen, und während des Essens goß Charlie dem Kellner plötzlich ein Glas Wein ins Gesicht. Das magere, flache Gesicht war unbewegt wie das eines Buddhas gewesen, doch Charlie hatte seinen Bordeaux hineingeschüttet. Um einer Szene aus dem Weg zu gehen, blieb uns nur der sofortige Aufbruch. Auf der Fahrt zu unserer Wohnung war Leona starr vor Entrüstung, und Charlie preßte in unerklärlichem Groll die Lippen zusammen. Ich versuchte, ihn zur Vernunft zu bringen, indem ich ihm sagte, daß er sich das beleidigende Verhalten des Kellners nur eingebildet habe, aber er war davon überzeugt, daß er es besser wisse. Aber woher konnte er das?

»Es ist ein Fluch, ein verdammter Fluch«, stöhnte er. Wir waren allein in dem vollgestopften Alkoven, den ich mein Refugium nenne. »Ich nehme an, daß ich schon so lange in Leona vernarrt bin, daß es meinen Kopf in Mitleidenschaft gezogen hat. Es ist ja nicht so, daß ich dieses verdammte Kunststückchen bei etwas anderem fertigbrächte. Lieber Gott, ich wäre ein reicher Mann, wenn ich das könnte! Nein, nur durch Leona, einzig und allein durch Leona funktioniert es.«

»Funktioniert was?« fragte ich.

»Meine verfluchte Telepathie. Lach mich nicht aus, Paul, es ist wahr! Ich kann Gedanken lesen. Ich meine das im wahrsten Sinne des Wortes, ich kann jedes gemeine Wort, jeden miesen, schmutzigen Gedanken in ihren Köpfen hören, wenn sie sie ansehen. Selbst *du*«, sagte er vorwurfsvoll, »ich konnte genau hören, was du an jenem Abend dachtest, als Leona die Kerzen ansteckte.«

Ich hustete ein bißchen.

»Schau mal, Charlie«, sagte ich begütigend, »niemand kann Gedanken lesen, die sind Privateigentum. Du bist einfach auf ganz altmodische Weise eifersüchtig, Junge, und das macht dich überempfindlich, wenn jemand deine Frau ansieht.«

»Ich sag dir doch, ich kann! Heute abend habe ich die Gedanken des Kellners gelesen, Paul – und zwar auf Französisch! Ich weiß nicht mal, was er wirklich gedacht hat, ich spreche kein Wort Französisch. Es war einfach sein innerliches Feixen, das die Gedanken begleitete...«

»Ich kann ein bißchen parler«, sagte ich. »Was hat er – gedacht?«

Charlie sagte es mir, und ich wurde rot.

»Du weißt gar nicht, wie mir das zusetzt«, jammerte er und massierte mit beiden Händen seine Stirn, »es wird schlimmer und schlimmer. Ich kann nicht die Straße entlanggehen, ohne diesen Schwall schmutziger Gedanken, der sich über uns ergießt. Ich möchte jeden Mann, der sie ansieht, umbringen. Ich bin die ganze Zeit so voller Wut, daß ich weder richtig essen kann, noch schlafen, noch...«

»Nun mach mal nen Punkt«, sagte ich. »Selbst wenn es stimmt, selbst wenn du Gedanken lesen kannst, darfst du dich davon nicht zugrunde richten lassen. Du weißt schließlich, wie die Männer sind. Es ist bloß natürlich, sich über eine attraktive Frau Gedanken zu machen, das liegt in der menschlichen Natur. Das ist doch nicht persönlich gemeint...«

Er lachte bitter. »Das sagst du. Weil du nämlich nicht weißt, wie persönlich es wird, wenn es sich um deine Frau handelt, die der Gegenstand ihrer Gedanken ist. Es macht mich einfach krank, Paul!«

»Charlie«, fragte ich, »hast du jemals daran gedacht, zu einem Psychiater zu gehen?«

»Ich war mal bei einem«, sagte er müde. »Nach meiner dritten Sitzung kam Leona, um mich abzuholen. Ich habe den alten Lustmolch fast erwürgt, als ich hörte, was er dachte.«

Als ich Audrey von unserer Unterhaltung berichtete, schnappte sie nach Luft und sagte dann:

»Also, das war es, was Leona meinte! Ich nehme an, er hat mit Mr. Luppman dasselbe gemacht. Arme Leona!«

»Wer ist Mr. Luppman?«

»Charlies Chef. Charlie ist gestern gefeuert worden, wußtest du das nicht?«

Nach jenem Abend sahen wir die Blackburns über einen Monat lang nicht mehr. Tatsächlich bildeten wir nie wieder ein Quartett, aber ich traf Charlie zufällig in einem Selbstbedienungsrestaurant in der 58. Straße. Er saß allein an einem Tisch und nagte an einem Hamburger, und einen Augenblick lang erkannte ich ihn nicht wieder. Er war dünner geworden, er war blaß, und um seine Augen lagen so tiefe Schatten, daß ich zuerst dachte, er trüge eine Sonnenbrille. Als ich auf ihn zuging, sah er mich verwirrt an, fast so als kenne er mich nicht.

»Charlie«, sagte ich, »um Himmels willen, warst du krank?«

Er zog die Lippen zurück, aber ein Lächeln war das nicht. »Mir geht's gut«, sagte er. »Es war ein schlimmer Monat, aber jetzt geht es wieder. Ich bekomme wahrscheinlich einen Job bei Merrill Lynch. Jetzt wird alles gut.«

»Und wie geht es Leona?«

»Leona ist okay«, sagte er verbissen. »Solange sie bleibt, wo sie ist, ist sie okay.«

»Bleibt, wo sie ist? Wo ist sie denn?«

»Im Haus! Wo sie hingehört!« Er schrie es fast und lenkte die Aufmerksamkeit der anderen Gäste auf sich. Er entschuldigte sich und beugte sich über seinen Kaffee. »Du weißt noch, was ich dir erzählt habe«, sagte er leise, »über das Gedankenlesen?«

»Ja?«

»Es ist so schlimm geworden, Paul«, flüsterte er. »Neuerdings kriege ich davon Kopfschmerzen, entsetzliche Kopfschmerzen. Aber es geht, wenn Leona sich nicht aus dem Haus rührt...« Er sah auf seine Uhr und stand auf. »Ich muß los«, sagte er. »Muß sehen, daß ich diesen Job kriege. Bis bald, Paul.«

Er ging, und wie sich später herausstellte, hatte er sich in doppelter Hinsicht geirrt. Er bekam weder die Stelle, noch sahen wir uns je wieder.

Fast ein Jahr verging, ehe ich wieder von den Blackburns hörte – und zwar unerwarteterweise durch Audrey. Sie hatte eines Morgens einen Anruf von Leona bekommen und mit ihr in der Stadt zu Mittag gegessen. Als ich an jenem Donnerstagabend nach Hause kam, wartete Audrey schon ungeduldig auf mich, um mir die tragischen Einzelheiten zu berichten.

»Die arme Leona!« sagte sie. »Du hast ja keine Ahnung, was diese Frau durchgemacht hat. Ehrlich, wenn sie nicht so verflixt gut aussähe, hätte ich heulen können. Sie trug einen Nerz, der ging ihr bis hierher.«

»Na, wie schön, daß Charlie wieder obenauf ist.«

»Ich fürchte, die Sache ist anders«, sagte Audrey unglücklich. »Der arme Charlie ist tot, Paul. Den Nerz verdankt sie seiner Lebensversicherung.«

»Charlie tot?«

»Ist das nicht schrecklich? Natürlich wußten wir beide, wie krank er war, aber ich hätte nie gedacht, daß es tödlich sein könnte. Leona ebensowenig. Er fing an, diese gräßlichen Kopfschmerzen zu kriegen, und er nahm sehr ab. Dann fingen diese Anfälle an, richtige Schlaganfälle. Er rollte sich dann auf der Erde und schrie vor Schmerzen, manchmal mitten auf der Straße. Sie klapperten alle möglichen Ärzte ab, aber keiner konnte helfen. Einen von ihnen griff Charlie sogar an, so wie damals den Psychiater. Natürlich verlor er immer wieder seine Arbeit. Sie mußten das Haus verkaufen und sich etwas ganz Billiges suchen. Sie wären glatt verhungert, wenn Leona nicht die Initiative ergriffen und eine Stellung angenommen hätte.«

»Leona ist arbeiten gegangen?«

»Sie mußte ja. Und da kam es schließlich auch zur Katastrophe. Sie hatte erst seit einer Woche dort gearbeitet, als Charlie kam, um sie um fünf Uhr abzuholen. Und genau da passierte es. Er hielt sich den Kopf und fing an zu schreien, und dann stürzte er zu Boden. Er starb, im Angesicht des ganzen Büros.«

»Wie furchtbar«, sagte ich. »Armer Charlie!«

»Und arme Leona«, sagte Audrey. »Aber wenigstens war Charlie weitblickend genug, eine Versicherung abzuschließen, so daß sie nicht mehr zu arbeiten braucht.«

»Was hat sie denn gemacht?«

»Sie war Stenotypistin«, sagte Audrey. »Beim US-Flottenstützpunkt in New London.«

Die Läuterung des Salvadore Ross

Salvadore Ross, arm, mager und verschmäht von dem einzigen Mädchen, das er je geliebt hatte, hatte an jenem Freitagnachmittag in der Abfüllanlage mehr als das ihm eigene Glück. Er rutschte auf dem Laufsteg in einer glitschigen Pfütze aus und stürzte vier Meter tief auf den Betonboden. Er brach sich das rechte Bein und wurde fluchend mit dem Notarztwagen zum Städtischen Krankenhaus gefahren. Auf der Station dort kam er neben einem keuchenden alten Mann mit Lungenentzündung zu liegen. Als ihn am nächsten Tag ein Arzt abtastete, schrie Salvadore auf und bedeutete Doktor, Krankenhaus, Greis und Abfüllanlage, sie sollten sich zum Teufel scheren.

Am folgenden Tag war er ruhiger; sein junges Gesicht mit der eingedrückten Boxernase war in das Kissen eingemeißelt wie das wuschelhaarige Haupt eines Wasserspeiers. Dann begann der Alte, Klagen vor sich hin zu murmeln.

»Ach, du bist doch gar nicht so schlecht dran«, sagte Sal. »Du solltest dir nur mal ein Bein brechen wie ich, Freund, dann wüßtest du, was Probleme sind.«

»Gebrochenes Bein!« Der alte Mann wischte sich verächtlich über den Mund. »Hör mal, ich tausche jederzeit dein gebrochenes Bein ein. Mußt mich nur fragen.«

Sal griente. »Also gut, ich frag dich. Du gibst mir deine kleine Erkältung da und kannst mein gebrochenes Bein dafür haben. Sieh halt zu, wie dir das gefällt, Opa.«

»Du weißt ja nicht, was du sagst. Ein junger Gaul wie du kann sich doch beide Beine brechen und in einem Monat schon wieder zum Tanz gehen.«

»Was ist los, Opa, willste kein Geschäft machen? Los, tausch dir mein Bein ein, abgemacht?«

Der Alte kicherte. »Na klar, abgemacht.«

Am nächsten Morgen meinte Sal, daß irgendwo in der Nähe seines Bettes ein Fenster offengestanden haben mußte, denn er wachte mit einem trockenen Husten und einem tief in seiner Brust sitzenden Keuchen auf. Die neuen Symptome lenkten ihn von seinen Schmerzen im Bein ab, und als der Arzt vorbeikam, um die Bruchstelle zu untersuchen und fürs Eingipsen vorzubereiten, lachte Sal und meinte hustend, das verdammte Ding habe sich wohl ganz von selbst geheilt.

Der Arzt warf nur einen Blick auf das Bein, eilte dann aus dem Krankenzimmer und kam schon fünf Minuten später in Begleitung eines säuerlich blickenden, mit einem Stethoskop bewehrten Herrn in einem zerknitterten grauen Anzug wieder. Sie untersuchten beide das Bein, und der Sauergesichtige murmelte etwas von einer falschen Diagnose. Dann ordnete er eine Reihe von Tests an. Erst als sie ihn endlich in Ruhe ließen, fing der alte Mann im Nachbarbett an zu stöhnen und über sein Bein zu klagen. Sal sah der neuerlichen Untersuchung interessiert zu, aber er kannte ihr Ergebnis, noch bevor die Experten es verkündet hatten. Er lachte in sich hinein und erinnerte sich an das Tauschgeschäft. Das amüsierte ihn so sehr, daß er sich nicht einmal über diese mysteriöse Transaktion wunderte. Er war höchst zufrieden. Der Alte meckerte mehr denn je, und Sal hatte recht behalten. Ein gebrochenes Bein war wirklich tausendmal schlimmer als so eine lausige Erkältung.

Es bedurfte zehn weiterer Tage, um seine Lungen wieder frei zu bekommen, aber dann war er fit genug, um das Krankenhaus verlassen zu können. Sein erster Gedanke bei der Entlassung war, zu sehen, wieviel Mitgefühl er bei dem Mädchen finden würde, das er liebte.

Leah Maitland war das hübscheste Mädchen der Umgebung, und Sal war ihr schon seit der Schulzeit hoffnungslos verfallen. Aber sie war zu hübsch für ihn; sie hatte große braune Augen und eine Figur, die die billigsten Fetzen wie aus Seide gemacht und teuer aussehen ließ. Sie war zudem viel zu klug für ihn; ihr Vater war ein pensionierter Lehrer, der ein Umhängetuch um die Schultern trug wie eine alte Dame und der jedesmal mißbilligend schnalzte, wenn er Sals ungehobelte Reden vernahm. Als Sal an Leahs Tür klopfte, hoffte er, ihr Vater wäre nicht zu Hause. Aber er war.

»Leah ist nicht da«, sagte er. »Sie ist in der Schule.«

»Schule?« Sal staunte den alten Mann an und schaute töricht auf das zerlumpte Stück Stoff auf seinen gebeugten Schultern.

»Sie besucht das Lehrerseminar, wußtest du das nicht? Sie müßte aber bald kommen, wenn du warten willst.«

»Macht nichts«, sagte Sal. »Sagen Sie ihr bloß, daß ich da war. Sagen Sie ihr...« Er hielt inne. »Sagen Sie ihr, daß ich krank war, daß ich jetzt aber wieder in Ordnung bin. Sagen Sie ihr, daß ich sie bald mal anrufen werde.«

Der alte Mann runzelte die Stirn, und das zerfurchte, mißbilligende Gesicht ließ Sal zu Lügen Zuflucht nehmen.

»Sagen Sie ihr, daß ich meinen Job in der Fabrik gekündigt habe. Sagen Sie ihr, daß ich einen viel besseren Job habe und daß jetzt alles ganz anders ist bei mir.«

»Anders? Wie anders?«

»Eben anders«, sagte Sal. »Einstweilen denn, Mr. Maitland.« Er hakte die Daumen in seine Hosentaschen, stieg die Treppenstufen hinunter und fühlte sich unerklärlicherweise besser.

Eine seiner Lügen ließ er wahr werden. Er rief in der Fabrik an und teilte dort mit, daß er kündige. Dann feierte er.

»Kannst du das auch bezahlen?« fragte der Barkeeper und hielt die Flasche fest. »Du hast gesagt, du hättest gekündigt.«

»Klar, Phil, ich hab Geld. Entschädigung von der Firma.«

Phil, ein schwergewichtiger, kahlköpfiger Mensch, der einen Anhänger mit religiösem Motiv an einer klirrenden Kette um seinen verschwitzten Hals trug, grunzte und schenkte ein. Dann nahm er Sals Dollar und legte ihn in die Registrierkasse. Er machte eine wahre Zeremonie daraus, wie er die Kasse klingelnd aufspringen ließ und den Geldschein hineinschob. Sal beobachtete ihn und leckte sich beim Anblick des dicken grünen Stapels die Lippen. »Ich wünschte, ich hätte deine Knete da«, sagte er.

»Sei dankbar für das, was du hast«, sagte Phil fromm.

»Und das wäre?«

Der Barkeeper dachte über die Frage nach. Dann lächelte er gutmütig. »Na, du hast Haare. Das ist mehr, als ich habe.«

»Möchtest du das Haar haben? Nimm's.« Sal zupfte an seinen Locken. Phil lachte, nicht aber Sal. »Nein, wirklich. Wenn du das Haar haben möchtest, ist es deins. Weißt du, was im Krankenhaus passiert ist? Ich hab von einem alten Kerl die Lungenentzündung eingetauscht. Er kriegte mein gebrochenes Bein und ich seine Lungenentzündung. Was sagste dazu?«

»Ich hör ne Menge komischer Geschichten.«

»Was ist los, Phil? Du hast doch diesen Glaubenskram voll drauf. Ich werd dir was sagen. Du gibst mir die Mäuse in deiner Kasse und kannst dafür mein Haar haben. Ist das nix?«

»Klar, das issen Geschäft.« Phil lachte. Er wischte mit einem Feudel um Sals Ellenbogen herum und ging dann weg, um einem anderen Barbesucher ein Bier zu bringen. Er kam aber zurück und wiederholte alles. »Du gibst mir das Haar, Sal, und dafür kannst du alles da haben.«

»Zähl's.«

Phil zählte und lachte dabei die ganze Zeit. In der Kasse waren 108 Dollar. Im Verlaufe des Abends erhöhte Sal die Gesamtsumme um weitere vier Dollar. Er kam völlig besoffen heim in seine Bude. Am nächsten Morgen erwachte er mit einem gewaltigen Kater. Als er die Hand an seinen schmerzenden Kopf legte, berührte sie glatte Haut.

Er ging zum Spiegel und sah die sauber glänzende Wölbung, die seine mageren Gesichtszüge und seine eingedrückte Nase übertrieben stark hervorhob. Er begann, am ganzen Leib zu zittern, und wünschte, er hätte was zu trinken da. Das ließ ihn an Phil denken. Er rief in der Bar an, aber niemand hob ab. Er rief Phil zu Hause an.

»Heilige Mutter Gottes, Sal, wie hast du das gemacht? Es ist ein Wunder!« sagte Phil. »Ich hab noch nie nich sowas gesehn. Meine Frau glaubt, dasses ne Perücke is.« Er lachte hysterisch. »Zieh dran, mein Engel, los, reiß sie nur runter, Liebling. Au! Au!« rief er ausgelassen, ja ekstatisch. Sal warf den Hörer auf die Gabel und weinte in seine Hände.

Am Nachmittag brachte ihm ein Junge einen Umschlag, der mit Geldscheinen vollgestopft war. Er legte sie auf dem Bett aus, und es erschien ihm ein bemitleidenswert kleiner Betrag angesichts dessen, was er dafür eingetauscht hatte. Er schwor sich, nicht noch einmal ein so schlechtes Geschäft zu machen.

An diesem Abend ging er, mit einem neuen Hut, einem neuen Anzug und neuen Schuhen ausstaffiert, in eine ihm fremde Bar. Er suchte etwas. Da war ein Stadtstreicher mit dichtem schwarzem Haar, halb geschlossenen Augen und einem trockenen Mund, der mit flüsternder Stimme Drinks schnorrte. Sal bestellte ihm einen und sagte:

»Hast wirklich 'n Tatterich, was, Opa?« Er sah auf dessen Haar. »Das is aber 'n schöner Haarschopf für 'n Mann in deim Alter, Opa.«

»Verdammt kalter, mieser Monat!« wimmerte der Alte.

»Trink noch ein«, sagte Sal. »Siehste, was du brauchst, sind ein paar Flaschen, die 'n Weilchen reichen. Verstehste, was ich meine?«

»Nein.«

»Wozu braucht 'n alter Kerl wie du Haare? Alte Leute wie du, was die brauchen, das issen warmes Plätzchen und ein bißchen Whiskey, stimmt's nich? Ich sag dir was, Opa. Was hältst du vonnem Tauschgeschäft?«

In seine Bude zurückgekehrt, beschloß Sal, wach zu bleiben und zuzuschauen, wie das Wunder geschah. Daran war kein Sinn für das Wunderbare beteiligt, sondern nur ein technisches Interesse an dem Vorgang. Gegen drei Uhr jedoch wurde er schläfrig und döste auf seinem Stuhl ein, von Leah träumend. Als der Morgen dämmerte, riß er die Augen auf, und seine Hand fuhr an seinen Kopf. Zwischen seinen Fingern war dichtes, rauhes, schmutziges, wunderschönes Haar. Er ging zum Spiegel und schrie vor Freude laut auf. Nicht nur wegen des Haars, sondern auch, weil er nun sicher war, wirklich *sicher*, daß er es tun konnte, wann immer er wollte, daß er sich alles ertauschen konnte, was er haben wollte.

Dann erinnerte er sich an Jan. Jan war ein großer, muskulöser Bursche mit blondem Haar und dem Temperament eines Cockerspaniels – und der schlechteste Pool-Spieler, der je aus P. S. 19 hervorgegangen war. Sal hatte schon viele Male den Tisch vor Jan abgeräumt; er war sicherlich kein Superspieler, aber neben diesem großen, ungeschlachten Kerl nahm er sich ganz so aus. Jan arbeitete augenblicklich als Chauffeur bei einem Burschen namens Halpert, der unanständig reich sein sollte. Und Halpert war alt. Reich und alt und über Jan zu erreichen – die Kombination stimmte.

Er fand Jan bei Grimski. Er stand auf sein Queue gestützt und hatte sein unschuldiges Vergnügen daran, wie sein Gegenspieler vier Kugeln nacheinander versenkte. Sal zog ihn beiseite und stellte ihm die Frage: Würde er ihn mit seinem Boss bekanntmachen?

»Mr. Halpert?« Jan machte ein langes Gesicht. »Mann, das kann ich nich. Mr. Halpert empfängt niemanden nich, du weißt, wie das is. Er verläßt kaum noch seine Wohnung.«

»Aber ich hab ihm einen Handel vorzuschlagen«, sagte Sal heftig. »Es ist wichtig!«

Jan lachte freundlich. »Der wird über keine Geschäfte reden, Sal, mach dir nix vor. Er is ja 'n komischer alter Kauz, aber *so* komisch nu auch wieder nich.« Er blickte auf, als sein Gegenspieler eine angespielte Kugel verfehlte und vom Tisch zurücktrat. Jan überblickte die Lage der Kugeln auf dem leuchtend grünen Filz, schob seine Zunge in die Backe und verfehlte seinerseits. Er kicherte und rieb sein Queue mit Kreide ein.

»Hör zu«, sagte Sal verzweifelt. »Du lotst mich rein, daß ich den Halpert sprechen kann, und ich geb dir was für deine Bemühungen.«

»Was zum Beispiel?«

»Ich hab kein Geld, aber ich werd dir was andres geben. Du kannst mein Spiel haben.«

»Dein was?«

»Du kannst so gut spieln wie ich, ich tausch mein Billardspiel dagegen ein. Is das ein Angebot?«

»Ich versteh nich. Du meinst, du willst mich trainieren?«

»Das brauch ich nich. Du spielst so gut wie ich, das is alles. Ich kann sowas. Ich kann's nich erklärn, ich kann's eben. Sag einfach ja, Jan, das is alles, was du sagen mußt. Wenn du anfängst, prima zu spielen, wirste mich dann mit Halpert zusammenbringen?«

»He«, sagte Jans Partner, »du bist dran.«

»Abgemacht!« Jan lachte. Er nahm sein Queue auf und vermasselte ein Spiel, bei dem die Kugeln nicht günstiger hätten liegen können.

Am frühen Nachmittag des folgenden Tages rief Jan ihn direkt von Grimski aus an. Jan war viel zu erregt, um zusammenhängend sprechen zu können, weshalb Sal zum Billardsalon ging und sich die gestotterte Geschichte seiner plötzlichen Könnerschaft anhörte. Er hatte gerade Grimski selbst geschlagen, und der Inhaber des Billardsalons hatte verwirrt eine Wette von 3:1 auf das Spiel ausgezahlt. Jan erbot sich, nun sogar gegen Sal anzutreten, aber Sal war klüger. Er kam statt dessen lieber auf den alten Halpert zu sprechen.

Zwei Tage später holte der Chauffeur Sal in Halperts funkelndem Bentley ab und brachte ihn zu dem großen Apartmentblock an der unteren Fifth Avenue. Die Innenausstattung des Autos ließ Sal ergriffen verstummen, ebenso der erste Anblick von Halperts eine ganze Etage einnehmender Wohnung. Halpert war in der Bibliothek; dort gab es einen richtigen Kamin.

»Das ist der Bursche, von dem ich Ihnen erzählt habe«, sagte Jan.

»Der sieht mir gar nicht wie ein Arzt aus.« Halpert sagte das mit Verachtung. Er war ein kleiner, dicker Mann mit einem fleckigen, rosa Gesicht. Zu seinem dunkelgrauen Anzug gehörte eine Weste mit weißer Paspelierung. Beim Sprechen keuchte er, und Sal konnte die winzigen Adern auf seiner Nase und seinen Backen sich bei jedem Atemzug zusammenziehen und wieder ausdehnen sehen.

Als Jan sie allein ließ, räusperte sich Sal. »Nicht direkt Arzt, Mr. Halpert, hat Jan das gesagt?«

»Was willst du, Junge?«

»Ich möchte ein Geschäft machen. Nur wird es sich verrückt anhören, deshalb schmeißen Sie mich nich gleich raus. Wissen Sie, wie alt ich bin?«

»Was zum Teufel soll das?« murrte Halpert.

»Ich bin sechsundzwanzig. Wie alt sind Sie, Mr. Halpert?«

»Hör mal...« sagte Halpert.

»Nein, warten Sie einen Augenblick. Es ist mir egal, wie alt, Mr. Halpert. Ich meine, es spielt keine Rolle. Was ich wissen möchte ist, wieviel Sie dafür geben würden, wenn Sie so wie ich wären. Sechsundzwanzig, meine ich.«

Halperts kleine Augen bewegten sich schnell, als wenn er Angst hätte.

»Glauben Sie nicht, daß ich verrückt bin, Mr. Halpert. Ich möchte einen Tausch machen. Sie müssen mir nicht glauben, noch nicht. Aber wenn der Preis stimmt, tausche ich meine sechsundzwanzig Jahre gegen Ihr Alter, wie hoch auch immer.«

»Jan!« rief Halpert.

»Bitte, urteilen Sie nicht zu schnell, Mr. Halpert. Wieviel würden Sie dafür geben, wenn Sie wieder sechsundzwanzig sein könnten – sagen Sie mir nur das, und ich gehe.«

»Ist das ein Versprechen?«
»Wieviel, Mr. Halpert?«
Der alte Mann entspannte sich ein wenig und ging sogar so weit, ein ganz kleines Lächeln zu lächeln. »Ich würde eine Million Dollar geben, so viel, ja. Mit was für Pillen gehst du denn hausieren, Bursche?«
»Sie haben so viel Geld?«
»Und mehr. So, willst du dich jetzt wohl zum Teufel scheren?«
»Wollen Sie tauschen, Mr. Halpert? Geben Sie mir eine Million Dollar für meine sechsundzwanzig?«
»Einfach so?«
»Sie müssen nur ja sagen, Mr. Halpert. Der Rest ist leicht. Versuchen Sie nur nich, mich reinzulegen, da würde nix draus. Wenn wir erst getauscht haben, ist die Sache endgültig. Ich kriege die eine Million Dollar, Sie werden sechsundzwanzig. Was meinen Sie, Mr. Halpert?«
Vier Tage später heuerte Mr. Halpert eine Vierercrew an, zwei davon wohlproportionierte Damen, und begab sich mit einer kleinen Yacht auf eine Kreuzfahrt in die Südsee. Sein Verschwinden ließ zwar die Aktien seiner Gesellschaft ins Trudeln geraten, aber das hatte keinen Einfluß auf das Vermögen, welches in die Hände von Salvadore Ross übergegangen war.

Der Makler, der Sal in dem Penthouse an der East Side untergebracht hatte, wollte sich mit seiner Frau ausschütten vor Lachen über diese Transaktion. Wenn ein steinalter, verschrumpelter Knilch wie Ross so eine Art von Junggesellenbehausung haben wollte, dann konnte man über diese Ungereimtheit schon lachen. Auch die Angestellten im Haus kicherten, aber nur hinter dem Rücken des alten Mannes. Schließlich war er zu reich, als daß man ihn hätte beleidigen dürfen.
Albert – der Junge, der bei Nacht den Lift bediente – war ganz besonders höflich. Der Alte fand Gefallen an ihm; sein erstes Trinkgeld hatte zur Anschaffung eines schicken,

gebrauchten Anzuges gereicht. Albert, der neunzehn Jahre alt war, hatte außer Frauen vor allem Kleider im Kopf.

Eines Nachts brachte er den Alten nach oben, und dieser war noch netter zu ihm als sonst – er lud ihn sogar nach Dienstschluß zu einem Drink in seine Wohnung ein. Und bei der Gelegenheit stellte er ihm viele Fragen.

»Wie alt bist du, Albert?«

»Im vergangenen April bin ich neunzehn geworden.«

»Wieviel verdienst du im Jahr?«

Albert wurde rot. »Weiß nicht. Ich kriege 36 Dollar die Woche.«

»Was meinst du, wie lange es dauern würde, tausend Dollar zusammenzusparen?«

»Nie«, griente Albert, »ich könnte nie so viel sparen.«

»Was würdest du für so viel Geld geben?«

»Wie?«

»Du bist erst neunzehn. Was, wenn du zwanzig wärst? Würde dir das viel ausmachen?«

»Nee, neunzehn, zwanzig, was macht's für'n Unterschied?«

»Würdest du so einen Tausch machen? Ein Jahr gegen tausend Dollar eintauschen?«

»Mann, und ob!«

Ross lächelte. Sein Mund war eine schwarze Höhle. Er zog eine Schreibtischschublade auf und entnahm ihr ein Scheckheft. Er schrieb umständlich. Albert besah sich die zittrige Schrift und pfiff durch die Zähne.

»Wau, ist das für *mich*, Mr. Ross?«

»Klar doch«, gackerte der alte Mann. »Dafür hast du doch gerade das Tauschgeschäft gemacht, Albert, ein sehr gutes Geschäft. Und wenn du mal wieder Jahre verkaufen möchtest, dann wende dich nur an mich. Und erzähl auch deinen Freunden davon; bei mir gibt's immer gutes Geld gleich auf die Hand.«

Eine Woche später kam Albert wieder. Abgesehen von dem neuen Anzug, den er anhatte, zeigte seine Erscheinung keine erkennbare Veränderung. Als er ging, hatte er einen Scheck über fünftausend Dollar in der Tasche.

Mit diesem neuen Vermögen bedacht, kündigte Albert seinen Job und ging auf einen Trip nach Westen. Der junge Mann, der seine Stelle beim Lift einnahm, hieß Russell und war erst siebzehn Jahre alt. Er ging einen Monat später unter dem Vorwand einer ernsthaften Erkrankung. Die Hausverwaltung hatte keine Probleme, ihm das abzunehmen – Russell sah um gut zehn Jahre gealtert aus.

Und es kamen andere.

Sechs Monate später trat Salvadore Ross vor den Ankleidespiegel in seinem mit dicken Teppichen ausgelegten Schlafzimmer und sah sich wieder als jungen Mann von sechsundzwanzig Jahren.

Er stattete Leah Maitland an einem kalten Nachmittag im Oktober seinen Besuch ab. Er fand ihren alten Herrn im Rollstuhl vor, das Umhängetuch um seine Knie statt um seine Schultern geschlungen. Er war krank gewesen; seit Sal ihn zum letzten Mal gesehen hatte, hatte er einen Schlaganfall erlitten; so, wie die ärmliche Wohnung aussah, war das letzte Jahr hart gewesen. Selbst Leah sah schmaler aus, ihre großen Augen waren glänzender, ihr Blick verzweifelter.

»Wo hast du denn gesteckt?« fragte sie leichthin. »Du warst jetzt schon fast ein ganzes Jahr nicht mehr hier, Sal.«

»Ich hatte viel zu tun.« Er lächelte. »Arbeit neu, Wohnung neu, alles neu. Es geht mir ziemlich gut jetzt, Leah.«

Der alte Mann grunzte, sagte aber nichts. Er wandte sein kreidebleiches Gesicht von Sal ab und rollte ins Schlafzimmer.

»Es tut mir leid, das mit deinem alten Herrn«, sagte Sal. »Es tut mir leid, daß er krank war. Muß alles ganz schön hart für dich gewesen sein.«

»Du siehst ... verändert aus, Sal.«

»Ich habe mich verändert«, sagte er stolz. »Schau her,

glaubst du, daß du mal für ne Weile weg kannst? Zu einer kleinen Spazierfahrt?«

»Spazierfahrt?«

»Ich hab jetzt ein Auto«, sagte Sal beiläufig.

Der Wagen stand draußen. Es war ein Rolls-Royce ›Silver Cloud‹ ohne Chauffeur, denn Sal wollte, daß nur seine Hände das seidig glänzende Lenkrad berührten. Leah mußte tief Luft holen, als sie den Wagen sah. Als sie unter dem Eingangsbaldachin des funkelnden Wohnhauses am East River ausstiegen, sah Leahs Gesicht vor lauter Verwirrung fast dümmlich aus. Sie glaubte, er mache Scherze – oder schlimmer, er wäre in irgendwelche einträglichen, aber ruchlosen Geschäfte verwickelt. Er lachte über jeden neuen Ausdruck ihrer Bestürzung. Es war der schönste Tag seines Lebens.

In der folgenden Woche lud er sie in das teuerste Restaurant der Stadt ein und startete danach auf der weißen Ledercouch seines Wohnzimmers einen unbeholfenen Versuch, sie zu lieben. Sie wehrte ihn ab, aber in ihrem Verhalten lag keine endgültige Zurückweisung. Er zündete ein echtes Feuer in dem echten Kamin an, und Leah kauerte sich zufrieden davor und beobachtete die tanzenden Flammen. Sal wußte, daß dies der richtige Augenblick war – der romantische Augenblick, wie ihn Leah erwarten würde, und er sprach die passenden Worte. Sie antwortete lange nicht.

»Ich weiß einfach nicht, Sal«, sagte sie dann.

»Was gibt's da zu wissen? Ich möchte dich heiraten, Leah. Du weißt, daß ich schon immer verrückt nach dir war.« Er legte seinen Arm um ihre Schultern. »Ich kann alles sein, was du willst, Leah. Wenn du willst, daß ich so klug bin wie dein alter Herr, dann könnte ich selbst das sein.« Er bemerkte die dunkle Veränderung in ihrem Ausdruck und sagte: »Es ist der alte Herr, der dir Sorgen macht, nicht wahr? Er mag mich immer noch nicht, was?«

»Nein«, flüsterte sie. »Er mag dich nicht, Sal.«

»Und du hältst viel von ihm ...«

»Es ist nicht bloß, weil er klug ist. Es ist was viel Wesentlicheres, Sal, etwas...«

»Etwas, was ich nicht habe?« Er drehte sie zu sich, damit sie ihn ansähe. »Was ist es? Sagst du mir, was es ist?«

»Ich weiß kein Wort dafür...«

»Dann erfinde eins!«

»Herz. Mitgefühl. Ich weiß nicht...«

»Mitgefühl...«

»Ich denke, das ist es. Solange ich lebe, solange ich denken kann, hat er diese Eigenschaft. Ich möchte nie ohne sie sein, Sal. Kannst du das verstehen?«

Während Leah zu ihrem morgendlichen Unterricht fort war, besuchte Sal ihren Vater. Der alte Mann schien nicht überrascht, ihn zu sehen, aber in seiner Begrüßung lag eine zusätzliche Feindseligkeit.

»Seit wann kommst du her, um mich zu besuchen?« knurrte Maitland. »Du weißt doch, daß Leah vormittags nicht da ist.«

»Ich wollte mit Ihnen reden, Mr. Maitland, unter vier Augen.«

»Ich hab dir nichts zu sagen, Salvadore.« Sein Gesicht lief rot an. »Wenn's über Leah ist, dann schon gar nichts. Du weißt, daß ich krank bin, oder? Ich habe nicht mehr lange auf dieser Erde, Salvadore, ein paar Monate, vielleicht nur Wochen. Ich würde meine Leah nur ungern in den Händen von jemandem wie dir zurücklassen...«

»Aber Sie irren sich. Ich bin nicht hergekommen, um über Leah zu reden.«

Der alte Mann schien verwirrt; er hatte wohl eine formelle Bitte um Leahs Hand befürchtet. »Worüber denn dann?«

»Über Sie, Mr. Maitland. Sehen Sie, ich weiß, daß Sie mich nie gemocht haben, und ich bin nicht gekommen, damit Sie Ihre Meinung über mich ändern. Ich bin aus geschäftlichen Gründen da. Ich möchte einen Handel abschließen. Etwas kaufen.«

»Wovon redest du?«

»Sie haben etwas, was ich haben möchte, Mr. Maitland. Ich bin bereit, dafür zu zahlen, jeden Preis, den Sie mir nennen. Sie könnten Geld gebrauchen, Mr. Maitland, ich weiß das. Nicht für sich selbst; ich meine, für Leah ...«

»Ich hab nichts, was ich dir verkaufen kann. Ich besitze nichts.«

»Doch«, sagte Sal eifrig. »Sie haben etwas, was ich wirklich dringend brauche, Mr. Maitland. Ich weiß nicht, wie Sie's genau nennen würden, Leah meint, es ist so was wie Mitgefühl.«

»Was ist das eigentlich für ein verrücktes Gerede? Weißt du überhaupt so richtig, wovon du sprichst?«

»Ich weiß es, haben Sie keine Angst. Viele Leute dachten schon, ich wäre verrückt, wenn ich ihnen diese Art von Handel anbot. Aber ich war durchaus erfolgreich. Ich gebe Ihnen mein Wort«, sagte er stolz, »ich hatte großen Erfolg!«

»Du meinst, du kannst so was *kaufen*? Dafür bezahlen wie für'n Dutzend Eier?«

»Ich weiß, daß ich's kann, Mr. Maitland. Alles, was Sie zu tun haben, ist ja zu sagen, und ich gebe Ihnen soviel Knete, wie Sie haben wollen. In Grenzen«, fügte er sanft hinzu, »in Grenzen, Mr. Maitland.«

»Ich glaube, du gehst besser«, sagte der alte Mann. »Ich glaube, dir ist nicht ganz wohl, Salvadore.«

»Hunderttausend Dollar, Mr. Maitland. Wie gefällt Ihnen das? Würden Sie dafür den Tauschhandel machen?«

»Ist das wirklich dein Ernst?«

»Ich werde Ihnen den Scheck morgen vorbeibringen; genug Geld, daß es für den Rest Ihres Lebens ausreicht.«

Der alte Mann lachte leise. »Abgemacht«, sagte er. »Ich weiß nicht, was das für eine Verrücktheit bei dir ist, Salvadore. Aber abgemacht.«

Am nächsten Morgen erwachte Salvadore Ross mit Tränen auf seinen Wangen. Er fuhr mit der Hand darüber und schaute staunend auf seine feuchten Fingerspitzen. Worüber weinte er? Was für einen blödsinnigen Traum hatte er in der vergangenen Nacht gehabt?

Er zuckte die Achseln, stand auf und kleidete sich langsam an. Er frühstückte, und die seltsam traurige Stimmung hielt an. War das das Mitgefühl, um das er gefeilscht hatte? Dieses Gefühl der Melancholie, diese ungewollten Tränen? Er ertappte sich dabei, wie er Menschen auf der Straße mit eigentümlichem Mitgefühl ansah und dabei nachzuempfinden vermochte, was er in ihren Gesichtern las. Ein Schnorrer haute ihn an, und er drückte ihm einen Fünf-Dollar-Schein in die schmutzige Hand. Ein Kind wurde auf der Straße ausgeschimpft; er wollte hingehen und es trösten. Er dachte an Leah, und seine Gedanken waren vielschichtiger und wunderbarer als alle Gedanken, die er je gehabt hatte; es war ihm, als sei sie in diesem Augenblick schon bei ihm, als liebe sie ihn.

Er winkte einem Taxi und fuhr zu Leahs Wohnung.

»Mr. Maitland?« Er klopfte kräftig an die Tür, denn er brannte darauf, das gütige Gesicht des alten Mannes zu sehen, die Hand von Leahs Vater zu berühren. Die Tür öffnete sich.

»Hallo, Mr. Maitland«, lächelte Sal, »Mann, ist das gut, Sie zu sehen.«

»Komm rein«, sagte der alte Mann. »Hast du den Scheck mit?«

»Habe ich«, sagte Sal.

»Ist er bestätigt?«

»Es ist ein Barscheck, so gut wie bares Geld also.«

»Leg ihn auf den Tisch«, sagte Maitland kalt.

Sal wollte eine kleine Rede halten, irgend etwas sagen, das jenen verstehen ließe, was er fühlte, aber seine Emotionen waren größer als sein Wortschatz. Er langte in seine Tasche, nahm den Scheck heraus und legte ihn sorgfältig neben dem alten Mann auf das Tischtuch.

Dann wandte er sich Leahs Vater zu, und ein Lächeln verschönte sein Gesicht, als er die Hand ausstreckte.

Der alte Mann ergriff sie nicht. Seine Gesichtszüge waren steinern. Er zog das Tuch in seinem Schoß beiseite – und da wurde eine Pistole sichtbar, die er fest in der Hand hielt. Das Lächeln stand noch auf dem Gesicht von Salvadore Ross, als der alte Mann abdrückte und ihn tötete – ohne Zögern, ohne Gnade, ohne Mitgefühl.

Verabredung auf Zimmer 806

Fletcher betrat die Saville Bar des Hotels. Er sah aus wie jemand, der den Drink wirklich brauchte, den er bestellte. Normalerweise war er ein ordentlich gekleideter, militärisch kurz geschorener und glattrasierter Mann, aber seit ihn seine Frau vor fast vier Monaten verlassen hatte, war er Spiegeln gegenüber zurückhaltend, Friseurläden gegenüber gleichgültig und Reinigungen gegenüber saumselig geworden.

Er ließ sich Zeit damit, die Barbesucher an den kleinen Tischen zu mustern, denn er wollte vermeiden, daß seine Suche auffiel. Natürlich war es leicht, sie ausfindig zu machen. Sie trug eine rote Rose, wie Max, sein Rechtsanwalt, es gesagt hatte. Sie war an das Oberteil ihres Kleides geheftet, als handele es sich um irgendein lächerliches Erkennungszeichen balkanischer Spione. Von der Bar aus vermochte er nicht zu sagen, wie sie aussah, ganz gewiß aber nicht billig. Dem Himmel sei Dank, dachte Fletcher.

Er nahm sein Glas und ging zu ihrem Tisch. »Ich bin Harry Fletcher«, sagte er in streitsüchtigem Ton. Sie lächelte zu ihm auf, und er sah, daß sie wirklich eine schöne Frau war, voll erblüht, blond und mit Händen, die begabt aussahen. Er setzte sich und schob den Stuhl zurück, damit sich ihre Knie nicht berührten.

»Wollen wir erst noch was trinken«, sagte sie, »oder möchten Sie gleich nach oben gehen?«

»Lassen Sie uns doch austrinken«, sagte Fletcher. Sie hatte eine angenehme Stimme, und ihre Sprache verriet Bildung; er wußte auch nicht, warum er erwartet hatte, daß sie heiser und unangenehm sein würde. Fletcher hatte wenig Erfahrung mit professionellen Dirnen, er verdankte seine Vorstellungen vielmehr Romanen und Männergesprächen. Aber schließlich war dies hier ja auch eine spezielle Aufgabe, die wahrscheinlich einen gehobeneren Typ von Frau erforderte.

»Schon lange verheiratet?« fragte sie. »Ach ja, mein Name ist Harriet.«

»Erst ein Jahr«, sagte Fletcher. »Keine Kinder, Gott sei Dank. Um ehrlich zu sein, ich mach mir nicht viel aus diesem Unternehmen. Aber wir dachten, dies wäre vielleicht einfacher als Reno oder irgendein anderer Ort.«

»Ja, natürlich«, sagte die Frau mitfühlend.

»Eine blöde Situation. Ich meine, man könnte glauben, wir lebten noch im Mittelalter oder so was. Es gibt tausenderlei Gründe für eine Scheidung, selbst in New York. Außer Ehebruch, meine ich.« Er trank sein Glas aus.

»Gewiß«, sagte Harriet. »Ich verstehe, was Sie sagen wollen. Wir haben das Zimmer 806, wenn Sie jetzt hinaufgehen möchten.«

Fletcher sah finster in sein leeres Glas. »Warum nicht?«

Er blickte sie nicht direkt an, als sie aufstanden. Aber auch ohne einen solchen direkten Blick wußte er, daß Max eine gute Wahl getroffen hatte. Jedenfalls für den vorgesehenen Zweck. Sie war von einer ganz offenen Sinnlichkeit.

An der Tür von Zimmer 806 angekommen, steckte sie den Schlüssel in das Schloß und lächelte ihn an. Es war ein Hotelzimmer vom Fließband, aber Fletcher kam es so vor, als sei das Bett unverhältnismäßig groß und ins Auge fallend. Harriet ging hinein und setzte sich auf die Bettkante. Sie schüttelte ihre Schuhe von den Füßen und schien sich ganz zu Hause zu fühlen.

»Ich verstehe nicht viel von diesen Dingen«, sagte Fletcher. »Ich nehme an, Sie haben ... Erfahrung mit dieser Art von Job?«

»O ja. Und es ist eine schöne Arbeit. Ich meine, man begegnet vornehmeren Menschen, und außerdem ... na ja, Sie wissen schon.«

Das traf zu, aber er sprach nicht darüber. Er sagte: »Was

muß ich als nächstes tun?« – und kam sich bei dieser Frage albern vor.

»Ach, machen Sie sich's einfach bequem. Legen Sie Ihr Jackett ab und den Schlips, vielleicht auch die Schuhe. Noch besser, wenn Sie auch das Hemd ausziehen. Ich meine, das sieht dann auf den Fotos besser aus. Es werden doch Fotos gemacht?«

»O ja. Der Detektiv bringt eine Kamera mit, damit es gar keinen Zweifel geben kann. Meine Frau kommt auch. Das macht Ihnen doch nichts aus?«

»Warum sollte es?« Sie hob die Arme und zog ihr kurzes Bolerojäckchen aus. Das dazu passende Kleid darunter lag eng an, und sein eckiger Ausschnitt reichte tief herab.

»Ich wollte nicht, daß sie mitkommt«, sagte Fletcher, der mit den Händen im Schoß auf dem Frisierbänkchen saß. »Das war wirklich nicht unbedingt erforderlich. Aber in gewisser Hinsicht ist Carol ein nüchternes Mädchen. Und sie dachte, es wäre nur fair.«

»Klingt, als wäre sie nett.«

»Sie ist nett. Deshalb wollte ich ja, daß sie zu Hause bleibt, bis diese Sache hier vorbei ist.«

»Warum legen Sie nicht Ihr Jackett ab?« sagte Harriet. »Ist sie hübsch?«

»Carol? Aber ja, *ich* finde sie jedenfalls hübsch. Ich meine, sie ist nicht so eine Reklameschönheit oder so was, aber man kann nicht bestreiten, daß sie hübsch ist.« Er entledigte sich seines Jacketts und seiner Krawatte und legte sie auf den Stuhl neben sich.

»Darf ich Sie etwas fragen?«

»Gewiß doch.«

»Waren's die angeheirateten Verwandten oder so was? Das geht mich zwar nichts an...«

»Nein, nein, die waren es nicht. Es war nichts Besonderes, nichts, worauf man den Finger hätte legen können. Sie hatte ihre Vorstellungen, ich hatte die meinen, na ja, Sie wissen ja, wie das ist.«

Harriet hob ihren Rock und begann, einen Strumpf herunterzurollen. »Sie werden mich nicht für zudringlich halten?«
»Wieso?«
»Wenn ich etwas sage?«
»Nein.«
»Ich denke, daß Sie sie vielleicht immer noch lieben.«
»Habe ich was anderes gesagt?« Fletcher wandte den Blick von ihrem nackten Knie und sah statt dessen sein eigenes mürrisches Gesicht im Spiegel des Frisiertischchens. »Diese Scheidung war nicht meine Idee«, sagte er zu seinem Abbild. »Carol ging auf und davon, nicht ich. Sie wollte es so, also kann sie es so haben. Zum Teufel, ich werde sie zu nichts zwingen.«
»Aber warum?« Harriet lehnte sich auf dem Bett zurück. Fletcher sah sie im Spiegel an und schluckte schwer. Sie bot nicht eben einen beruhigenden Anblick für einen Mann, der fast ein halbes Jahr lang im Zölibat gelebt hatte.
»Warum? Weil sie sich zu schnell an mich gewöhnt hat, darum. Sechs Monate waren wir verheiratet, aber es hätten auch sechzig Jahre sein können. Der Anblick eines neuen Dampfkochtopfes erregte sie mehr, als wenn sie mich im Haus erblickte.«
Harriet schnalzte mit der Zunge.
»Vielleicht habe ich zuviel erwartet«, sagte Fletcher düster. »Vielleicht sind alle Frauen so. Aber bei ihr war das schon übermäßig stark ausgeprägt...«
»War es wirklich so schlimm?«
»Ach, ich weiß auch nicht«, seufzte Fletcher. Er machte seine Schnürsenkel auf. »Vielleicht übertreibe ich. Vielleicht war's auch meine Schuld. Vielleicht sollte ich das alles gar nicht erzählt haben.«
»Sie hatten Streit?«
»Ein wahres Prachtstück. Ich meine, ein Prachtstück von Streit. Das ist ja mein Problem. Ich errege mich und kann dann nicht mehr aufhören. Ich kann dann einen Haufen Zeug sagen, das ich gar nicht so meine, dumme Sachen, wie so'n Kind.«

»Und da ist sie weggelaufen?«

»Ja.« Fletcher stellte seine Schuhe unter das Bänkchen.

»Ich ersticke in diesem Kleid«, sagte Harriet. »Ich mag's, weil es gut aussieht, aber es ist so verdammt eng. Macht's Ihnen was aus, wenn ich's ausziehe?«

»Nein, natürlich nicht. Sieht wahrscheinlich besser aus. Auf dem Foto, meine ich.«

Sie hüpfte vom Bett und zog sich das Kleid über den Kopf. Sie trug nicht das geringste darunter, und Fletcher bereute seine schnelle Zustimmung zu ihrem Vorschlag. Sie hüpfte wieder aufs Bett zurück, und alles hüpfte mit ihr. Fletcher zündete sich eine Zigarette an, um seine Nervosität zu verbergen. Sie sagte: »Kann ich auch eine haben?«

»Klar.« Er wollte ihr die Schachtel zuwerfen, besann sich dann aber anders und brachte sie ihr. Sie nahm eine heraus, und er gab ihr Feuer.

»Auwei, Ihre Hände zittern aber«, sagte sie. »Entspannen Sie sich. Sie werden in einer halben Stunde hier sein, dann ist's vorbei. Sagen Sie mal, warum setzen Sie sich nicht aufs Bett? Ist doch viel bequemer als das Bänkchen da.«

Er setzte sich und sagte schnell: »Wissen Sie, was das Problem mit Carol ist? Sie ist *zu* praktisch, zu nüchtern. Bevor wir heirateten, hatte sie ihr eigenes Geschäft, eine Stellenvermittlung. Sie ist daran gewöhnt, daß alles sauber und geschäftsmäßig abläuft...«

Harriet stellte einen Aschenbecher in seinen Schoß. Sie langte herüber, um ihre Zigarettenasche abzustreifen, und ihr nackter Arm berührte den seinen.

»Sie erregt sich nicht genug«, sagte Fletcher und leckte seine trockenen Lippen. »Nichts kann sie aufregen. Selbst als sie mich verließ, war das eher wie das Zerbrechen einer Partnerschaft als einer Ehe. Verstehen Sie, was ich meine?«

»Wie spät ist es?« fragte Harriet.

»Fünf nach halb neun.«

Sie gähnte und reckte sich, und Fletcher fand, daß er die Auswirkungen dieses Tuns mit unverhohlenem Interesse beobachtete. Als sie dann ihre Arme wieder sinken ließ, ergriff er ihr Handgelenk und ließ seine Finger an ihrem Unterarm hinaufgleiten. Dabei sprach er weiter, als sei nichts. Harriet schloß die Augen und lächelte schläfrig.

»Ich mag Carol wirklich«, sagte Fletcher heiser. »Ich glaube, ich liebe sie noch immer. Es ist halt nicht so einfach, alles so hinzukriegen, daß es klappt...«

Seine Hand folgte der Biegung ihres Armes und berührte ihre Schulter. Dann stellte er den Aschenbecher auf den Boden und beugte sich über sie, um versuchsweise einen Kuß auf ihre vollen Lippen zu drücken. Sie lächelte, weshalb er sie wieder küßte. Sie murmelte: »Wir haben noch Zeit.«

Fletcher sah nicht auf die Uhr, um das zu überprüfen. Er vergaß vollkommen, daß er überhaupt eine Uhr besaß. Sie tickte dreißig Minuten lang, ohne daß er auch nur ein einziges Ticken gehört hätte.

Dann wurde die Tür aufgestoßen.

Natürlich war alles vorher sorgfältig arrangiert worden: seine Frau Carol, sein Anwalt Max – und Bennet, der phlegmatische Herr von der Detektei, der die Kamera in der Hand hielt. Alles war genau vorherberechnet; es bestand kein Grund zu Überraschung.

Fletcher aber war überrascht. Er glotzte sie an, als wären sie die allerletzten Besucher der Welt, die in Zimmer 806 zu sehen er erwarten konnte.

Max sprach als erster.

»Na«, sagte er sarkastisch, »das nenne ich mal eine ordentliche Inszenierung, Fletch.«

»Soll ich Fotos machen?« Der Detektiv hob die Kamera.

»Ich denke doch«, sagte Max grinsend. »Sie haben sicherlich die richtige Positur.«

»Einen Augenblick«, sagte Fletcher.

»Wozu? Du weißt doch, warum wir hier sind. Das hast du ganz prima gemacht. Meinen Glückwunsch, Fletch.«

»Wartet!«

Diesmal war es Carol. Sie sah nicht gut aus, und der wilde Blick in ihren Augen machte es nicht besser.

»Ich mache da nicht mehr mit!« sagte sie. »Hörst du, Max? Ich will keine Fotos!«

»Sie haben gehört, was ich gesagt habe!« Sie stampfte lautlos mit dem Fuß auf den Teppich. »Ich lasse nicht irgend so eine billige Nutte...« Sie hielt inne, und Tränen traten in ihre Augen. »Kümmert euch nicht drum. Ich mache da ganz einfach nicht mehr mit. Wenn er die Scheidung haben will, dann soll er mit mir darum *kämpfen*!«

Sie starrte die Frau im Bett an. Dann stolzierte sie aus dem Zimmer 806 und warf die Tür hinter sich zu.

»Himmeldonnerwetter!« sagte Max. »Siehst du, was du angestellt hast, Fletch! Ich hoffe, du bist ordentlich stolz auf dich...«

Nach dem breiten und törichten Grinsen auf Fletchers Gesicht zu urteilen, war er das.

Eine neue Antwort

Sie hatten einen ganzen Marmorbruch geplündert, um das Traumschloß zu erbauen, in dem Wilson Crandall lebte. Die vordere Eingangshalle war mit säuberlich gefügten Quadraten gelb geäderten Lumachelle-Marmors aus Frankreich ausgekleidet. Säulen aus feinstem Carrara-Marmor strebten im Salon in schwindelnde Höhen. Er mochte den hallenden Klang des Marmors unter seinen Füßen, die Glätte und Kühle des Steins unter seinen Händen.

Zu seinem sechzigsten Geburtstag verehrte ihm die Eugenische Regierung zwei Marmorstatuen. Die eine Statue stellte ihn selbst dar, und der Bildhauer hatte sein zerfurchtes Gesicht, seine feinen, adlerartigen Züge und seinen großen, stolzen Leib mit den muskulösen Armen und der breiten Brust gut herausgearbeitet.

Die andere Statue stellte die Frau dar. Ihre Konturen waren mit unendlicher Weichheit gestaltet. In richtiger Weise neben seinem Standbild postiert, blickte sie in demütiger Bewunderung zu Crandall auf.

Die Schenkungszeremonie war wie stets sehr eindrucksvoll. Ein Chor von mehreren hundert Nachkommen Crandalls sang ihm zu Ehren. Der Präsident der Eugenischen Regierung enthüllte die Statuen – begleitet von den Ahs und Ohs Zehntausender von Crandall-Müttern und -Kindern.

Als aber die Menschenmenge die weitläufige Rasenfläche vor seinem Palast wieder verlassen hatte, war Wilson Crandall traurig.

Er ließ seinen guten Freund Alfred Newman zu sich rufen, der zum Stab der vierzehn, ausschließlich für sein Wohlergehen zuständigen Ärzte gehörte.

Newman traf unmittelbar nach dem Abendessen ein. Er fand Crandall im Salon, matt in einem pneumatischen Lehnstuhl hingestreckt und exquisiten Weinbrand aus Estland schlürfend.

»Na«, sagte er, über den marmornen Boden schreitend, »das ist mir wirklich eine schöne Art, seinen Geburtstag zu verbringen.«

»Ich wollte allein sein«, sagte Crandall. »Aber dann habe ich zuviel nachgedacht, gebrütet. Ich dachte, wir könnten ein wenig Schach spielen.«

»Gute Idee«, sagte der Doktor mit bemühtem Enthusiasmus. Er war ein rotgesichtiger Mann mit einem stets fröhlichen Gesichtsausdruck, der dem Gedanken an Hormongaben und Pigmentpillen widerstanden hatte und sein zerfurchtes Gesicht und schütteres weißes Haar anzeigen ließ, daß er fünfundsiebzig war.

Bevor noch eine Figur auf dem marmornen Schachbrett bewegt worden war, sagte Crandall:

»Ich habe über die Statue nachgedacht, Alfred. Sie zeigt eigentlich keine große Ähnlichkeit.«

»Wirklich nicht? Mir erschien sie hervorragend.«

»Deine Augen lassen nach. Du und deine anderen Leichenschänder, ihr habt mich in der letzten Woche untersucht. Ich habe nicht mehr den Körper eines Knaben, und du weißt das.«

»Nun, ein bißchen künstlerische Freiheit...«

»Ich bin sechzig Jahre alt.« Crandall nahm den elfenbeinernen König auf und drehte ihn in seinen Fingern. »Seien wir doch ehrlich, Alfred.«

»Das hat heute nichts zu sagen, Wilson. Du bist in der Blüte deiner Jahre. Die letzte Spermienzählung, die wir bei dir vorgenommen haben, war ausgezeichnet. In den nächsten vier Monaten werden fünfundvierzig- bis fünfzigtausend Crandallkinder geboren werden...«

Crandall zuckte mit den Achseln, und sie begannen das Spiel. Sie spielten schweigend, bis Crandall die Königin des

Doktors durch eine kunstvoll aufgebaute Springer-Läufer-Bauern-Falle in die Enge getrieben hatte. Der Doktor gab lachend auf und sagte:

»Die allmächtige Königin! Was wäre dieses Spiel ohne sie?«

Crandall sah ihn scharf an, aber die Augen des Arztes waren ausdruckslos.

Sie saßen eine Weile in tiefem, verstehendem Schweigen da, dann sagte Crandall:

»Vor dir kann man aber auch gar nichts verbergen, du alter Fuchs. Du weißt, was mir Kummer macht. Es ist dieses Mädchen.«

»Du meinst Celeste?«

»Natürlich meine ich Celeste«, grummelte Crandall. Der Klang ihres Namens zauberte ihr goldenes Bild vor sein inneres Auge. Celeste mit dem golden strömenden Haar und dem schmalen, abgehärmten, lieblichen Gesicht. Celeste, deren kühler, junger Leib etwas so Entferntes und Unerreichbares an sich hatte wie die marmornen Statuen, die jetzt seine Heimstatt zierten. Er mühte sich, ihr Bild aus seinem Kopf zu verbannen. Das war nicht leicht.

Er hatte ihr die außergewöhnliche Ehre zuteil werden lassen, für begrenzte Zeit seine Geliebte zu sein. Er hatte sie selbst ausgewählt, statt sich auf die Dienste des kichernden jungen Regierungsvertreters zu verlassen, der sich hinter seinem Rücken ›Crandalls Kuppler‹ nannte. Er hatte sie bei einer der vielen Crandall-Zeremonien erblickt – in ihrem weißen Seidenkleid, das ihren Status als Jungfrau anzeigte, die noch nicht das Alter erreicht hatte, Kinder von Crandall auszutragen. Sie hatte sein Angebot angenommen; eigentlich war sie sich nicht ganz sicher gewesen, ob sie wirklich eine andere Wahl gehabt hatte.

Celeste war nur eine der etwa dreißig Frauen, die Crandalls Privatleben mit ihm geteilt hatten. Aber von allen Frauen, die auf diesen Marmorfliesen umhergegangen waren, war sie die einzige, die auch in Crandalls Kopf umherging.

»Was ist mit ihr?« fragte der Doktor und zündete sich seine Pfeife an.

»Weißt du das nicht? Hast du keine Vermutung?«

»Nein.«

Crandall runzelte die Stirn und nippte an seinem Weinbrand, ohne etwas zu schmecken.

»Sie verschmäht mich, Doktor. Oh, sie ist nicht irgendwie arrogant. Sie weint, wenn ich ihr nahekomme, sie weint dann einen ganzen Salzsee. Den ganzen Tag schmollt sie in ihrem Zimmer – und nachts schließt sie die Tür ab.«

Dr. Newmans Augenbrauen hoben sich. »Nun, ich glaube gern, daß das irritierend ist. Du kannst jedoch immer...« Er deutete durch eine Geste die Leichtigkeit an, mit der sich Crandalls Appetit befriedigen ließe.

»Du verstehst nicht. Ich möchte dieses Mädchen haben. Sie bedeutet mir etwas – mehr, als die anderen mir je bedeutet haben. Ich habe ihr das auch gesagt. Ich habe ihr gesagt, daß sie meine letzte Gefährtin sein, daß ich sie niemals verlassen würde. Aber sie weint bloß.«

Der Doktor räusperte sich.

»Ich weiß, was du denkst«, sagte Crandall. »Ein närrischer alter Mann, betört von einem siebzehnjährigen Kind. Vielleicht haben Sie recht, Doktor. Aber sie verweigert mir alles, selbst ihre Gesellschaft.« Er rieb sich die Stirn. »Jeden Morgen versteckt sie sich in ihrem Zimmer. Wenn dann die Schwester kommt und ihr das Frühstück bringt, findet sie, daß ihr schlecht gewesen ist, sie sich übergeben hat...« Er blickte auf. »Vielleicht ist sie krank. Wäre das möglich?«

»Unsinn. Sie ist einer strengen ärztlichen Untersuchung unterzogen worden.« Dr. Newman sog Rauch in seinen Mund. »Sie erbricht sich, sagst du?«

»Ja. Morgens...«

Der Doktor lachte in sich hinein. »Nun, das ist ein altbekanntes Symptom. Es könnte sein, mein lieber Wilson, daß du noch ein weiteres Crandallkind in die Welt gesetzt hast.«

Crandall setzte das Glas ab. »Unmöglich. Ich bin dem Mädchen niemals nahegekommen.«

»Gut, vielleicht erlaubt sie mir, mit ihr zu reden. Frauen scheinen Ärzten zu vertrauen. Sie glauben, wir seien gefühllose Maschinen. Wenn die wüßten!«

Er kicherte von neuem vor sich hin und stellte das Schachspiel wieder auf.

Am nächsten Morgen kehrte Dr. Alfred Newman in Crandalls Marmorschloß zurück und unterzog das Mädchen namens Celeste ein paar einfachen medizinischen Tests.

Als er fertig war, strich er über die in weichen Wellen herabfallenden goldenen Haare und bedeutete dem Mädchen, es solle sich nicht aufregen.

Dann suchte er nach Wilson Crandall.

Er fand ihn auf der Terrasse vor dem östlichen Flügel seines Schlosses, die auf die sich grenzenlos bis zum Horizont hin erstreckenden Gärten hinausging und auf der die Morgensonne hell und stark schien. Er setzte seinen kleinen Arztkoffer auf einen Stuhl und betrachtete Crandalls starkes, wie aus Felsen herausgemeißeltes Profil. Dann räusperte er sich.

»Ach, du bist es«, sagte Crandall verträumt. »Was bringt dich so früh hierher?«

»Das habe ich dir doch schon gestern abend gesagt. Ich dachte mir halt, ich sollte mir mal deine kleine Freundin anschauen und sehen, ob sie sich nicht vielleicht irgendeine unersprießliche Infektion geholt hat.«

»Und?«

Der Arzt lächelte. »Gratuliere. Du wirst Vater.«

»Mach keine Scherze. Was fehlt Celeste?«

Crandall wandte sich ihm langsam zu. Sein Gesicht, das sich scharf gegen das weiße Strahlen der Sonne abhob, war selbst aus Marmor.

»Das ist unmöglich«, sagte er leise. »Du weißt, daß das nicht sein kann. Ich hab es dir gesagt. Sie hat hier gelebt wie ... wie meine eigene Tochter. Sie ist nie im Klinikum A1 gewesen. Sie kann nicht schwanger sein. Nicht in dieser sterilen Welt...«

»Wilson, du sagst mir nicht die Wahrheit.« In das Gesicht des Arztes kam Farbe. »Du kannst mir nicht die Wahrheit gesagt haben. Wenn doch, weißt du, was das bedeutet?«

»Es ist unmöglich!« rief Crandall.

Der Doktor setzte sich und fuhr sich mit seiner blau geäderten Hand an die Stirn.

»Es sei denn«, sagte er und schüttelte den Kopf, »es sei denn, dieser Fluch ist gewichen. Es sei denn, der Alptraum ist vorbei... und die Welt kann wieder die gleiche sein...«

»Nein!« sagte Crandall. »Ich kann es nicht glauben. Zwei Generationen schon hat es keine natürliche Geburt mehr gegeben. Nur eine Handvoll Männer – ich selbst, Conover in England, diese beiden Russen...«

»Ja, ja, ich weiß. Aber es könnte geschehen! Vielleicht ist es passiert.« Er stand auf.

»Wo gehst du hin?« fragte Crandall.

»Mit dem Mädchen reden. Um herauszufinden...«

»Nicht ohne mich!«

Die Schwester brachte Celeste zu ihnen.

»Setz dich, mein Liebes«, sagte Newman zu ihr.

Sie warf einen erschrockenen Blick auf Crandall und verbarg sich in den Tiefen eines übergroßen Sessels.

»Hör zu, Celeste«, sagte der Arzt sanft. »Du kennst diese kleinen Tests, die wir heute morgen gemacht haben?«

Sie nickte.

»Gut, ich habe jetzt eine Nachricht für dich. Du wirst Mutter werden, verstehst du mich?«

Sie starrte ihn mit leerem Blick an.

»Ich weiß, was du denkst. Man hat dich in dem Glauben erzogen, daß du nur Crandallkinder bekommen könntest. Ich selbst habe das auch geglaubt, immer. Die Männer unserer Welt sind steril, ausgenommen die wenigen, die dank der wunderbaren Wege der Natur verschont geblieben sind. Aber es ist möglich, ja, es ist durchaus möglich, daß unsere Probleme ebenso plötzlich und unerklärlich aufhören, wie sie begonnen haben. Deshalb muß ich dir eine Frage stellen, Celeste. Eine sehr wichtige Frage.«

Crandall beugte sich vor; das Mädchen begegnete seinem steinernen Blick und sah fort.

»Du mußt mir sagen«, drängte der Arzt, »du mußt mir sagen, wer der Junge ist.«

Sie schüttelte wild den Kopf, und ihr goldenes Haar flog um ihr Gesicht. Ihre Augen weiteten sich und blickten mit unverhüllter Angst in Crandalls steiniges Gesicht.

»Nein!« sagte sie.

»Du mußt keine Angst haben«, sagte Crandall mit erstickter Stimme. »Du weißt, ich habe dir nie etwas angetan, Celeste. Du mußt die Frage des Doktors beantworten.«

Sie blickte zu Boden. Ihre Hände umklammerten die Seitenlehnen des Sessels, daß die Knöchel spitz und weiß hervortraten.

»Nein«, flüsterte sie, »ich kann es nicht.«

»Das ist nicht mehr nur dein *persönliches* Problem«, sagte der Doktor mit Nachdruck. »Du mußt das verstehen. Es könnte sehr viel bedeuten... zu wissen...«

Sie sah in seine freundlichen Augen, und ihr Blick klammerte sich an den seinen. Dann öffneten sich ihre Lippen zu einer Antwort.

»Er heißt Joel. Joel Harper.«

Dann senkte sie den Kopf und weinte, sei es aus Scham oder Angst oder Erleichterung.

Wilson Crandall verbrachte den Rest des Tages allein. Er lief eilig in den marmornen Korridoren seines Schlosses auf und ab, als habe er ein bestimmtes Ziel. Mit lauten, gehetzten Schritten erklomm er die Treppen. Er schloß die Glasvitrinen auf, in welchen die Schätze verwahrt lagen, die einst die nationalen Museen geziert hatten. Er wanderte in den Gärten umher und schüttelte die Leibwache ab, die ihn vor den Angriffen jener Fanatiker schützen sollte, welche glaubten, kein Mensch dürfe wie ein Gott leben.

Als schließlich die Sonne vor den Fenstern des westlichen Schloßflügels zu sinken begann, rief er einen kahlköpfigen Diener namens Graille herbei und flüsterte ihm einen Befehl zu.

Graille eilte rasch davon. Er blieb nur eine Stunde fort. Als er zurückkehrte, war er in Begleitung eines grimmig dreinblickenden Leibwächters mit Namen Briggs, und sie beide hatten einen schlanken Jüngling mit einem blassen, erschreckten Gesicht und herausfordernden Blicken zwischen sich.

»Ist das der Junge?« fragte Graille.

»Das weiß ich nicht. Ist es Joel Harper?«

»Ja«, sagte der Junge trotzig. »Was wollen Sie?«

Der Leibwächter hob eine Hand, um diese Frechheit zu bestrafen. Crandall gebot ihm Einhalt.

»Nichts dergleichen. Ich möchte nur mit dir reden, Joel.«

»Wozu?«

Crandall zwang sich zu einem Lächeln. »Wir beide, du und ich, haben etwas gemeinsam.« Er winkte mit der Hand, und die beiden Männer verließen den Raum. »Wir wollen uns setzen und miteinander reden.«

Der Junge sah unsicher umher. Dann erblickte er eine Sitzgelegenheit auf der gegenüberliegenden Seite des Raumes und setzte sich dort voll Nervosität hin.

»Sag mal«, sagte Crandall, »kennst du ein Mädchen namens Celeste?«

Das glatte Gesicht des Jungen verdüsterte sich. »Ja«, antwortete er.

»Und du magst dieses Mädchen?«

»Sie wissen, daß ich sie mag!«

»Und weißt du auch, was aus ihr geworden ist?«

»Ja!«

Crandall faltete seine Hände im Schoß. »Ich nehme an, daß du sehr wütend bist. Ich kann mir vorstellen, daß dir ein paar gefährliche Gedanken gekommen sind, als du die Geschichte von Celeste und mir erfahren hast. Stimmt's?«

»Vielleicht.«

Der Ältere lächelte. »Dann möchte ich dich beruhigen. Deine Celeste hat hier bei mir unter denselben Bedingungen gelebt, wie es meine eigene Tochter...«

Der Junge schürzte die Lippen. »Sie ist Ihre Tochter.«

»Natürlich. So, wie du mein Sohn bist. Aber jetzt sag mir die Wahrheit. Sollte es zwischen einem Vater und seinem Sohn eine solche Feindseligkeit geben?« Sein Tonfall war alles andere als väterlich.

Der Junge stand auf und straffte die Schultern.

»So einfach ist das nicht. Sie sind nicht mein echter Vater. Sie sind nur eine biologische Monstrosität...«

Crandalls Gesicht verfinsterte sich. »Du irrst, weißt du. Die Welt ist die Monstrosität. Ich bin normal.«

»Wo ist Celeste?«

»Möchtest du sie sehen?«

Er ließ sich auf den Stuhl zurückfallen. »Nein«, sagte er müde, »nicht jetzt.«

Crandall lehnte sich zurück und betrachtete den Jungen. Er studierte sein Gesicht und suchte dort eine Ähnlichkeit mit sich. Aber nie schien er seine eigene Jugend in jenen Gesichtern wiederfinden zu können, die sein Samen erzeugt hatte. Es war wie eine Strafe...

»Ich möchte dir etwas sagen, Joel. Ich habe mich, was Celeste anbetrifft, anders besonnen. Sie hat mir von dir erzählt, und ich will ihr wahrhaftig nicht im Wege sein.«

Der Junge schrak hoch. »Wie meinen Sie das?«

»Ich meine, daß ich sie gehen lasse. Zu dir zurück, wenn das ihr Wunsch ist. Wirst du nun besser über mich denken?«

»Donnerwetter, Mr. Crandall! Natürlich. Ich meine... ich habe nie wirklich geglaubt...«

Crandall lachte leise. »Ja, ich weiß. Du hast nie geglaubt, daß ich wirklich ein Ungeheuer bin. Aber laß uns alle feindseligen Gefühle auslöschen. Hier und jetzt.« Er erhob sich und ging zur Wand hinüber. Sein Finger stach auf einen Klingelknopf herab.

Graille erschien, sein kahler Kopf glänzend und seine Augen halb geschlossen.

»Ja, Sir?« sagte er.

»Ich denke, jetzt«, lächelte Crandall.

Graille trat auf den Jungen zu.

»Was wollen Sie tun?« fragte Joel.

Crandalls Lächeln wurde breiter.

»Alle feindseligen Gefühle auslöschen«, sagte er.

Grailles Hand preßte sich auf Joels Mund, bevor dieser noch schreien konnte. Crandall wandte den Blick ab.

»Wartet!«

Es war Newman, der Arzt, der sich in Crandalls Schloß frei bewegen konnte. Er ging schnell auf sie zu, und Graille lokkerte überrascht den Griff, mit dem er den Jungen festhielt.

»Was willst du?« fragte Crandall drohend. »Warum belästigst du mich jetzt?«

»Laß den Jungen in Ruhe.« Der Arzt hatte einen gequälten Gesichtsausdruck.

»Das geht Sie nichts an, Dr. Newman.«

»Doch. Weil du einen Fehler machst...«

Crandalls Gesicht verhieß Sturm. »Ich bin Crandall!«

»Das gibt dir nicht das Recht...«

»Graille!«

»Nein, Augenblick!« rief Newman. »Du kennst die Wahrheit nicht, Wilson. Du kennst die Fakten nicht...«

»Was für Fakten?«

»Ihn betreffend. Den Jungen betreffend.«

»Was ist mit ihm?«

»Er stellt keine Bedrohung für dich dar, Crandall. Nicht die geringste Bedrohung.«

»Du lügst!«

»Ich sage dir die Wahrheit! Ich habe ihn noch vor deinen Schergen aufgespürt. Ich habe ihn untersucht...«

»Was?«

»Hast du gedacht, ich würde auch nur eine Minute zögern? Wenn die Hoffnung besteht, daß die Welt wieder normal werden könnte? Nein, Wilson. Ich habe ihn ausfindig gemacht und ins Labor gebracht. Deshalb weiß ich Bescheid. Er stellt keine Bedrohung dar, Crandall.« Der Arzt ließ die Schultern sinken. »Er ist steril. Wie wir alle...«

»Dann hat das Mädchen gelogen«, donnerte Crandall. »Es ist jemand anderes!«

»Nein, das Mädchen hat die Wahrheit gesagt.«

»Aber wie dann? Wie konnte es dann geschehen?«

Der Arzt setzte sich, und seine Schuhsohlen schurrten über den Marmorboden unter seinen Füßen.

»Die Natur hat eine neue Antwort gefunden«, sagte er. »Einen neuen Weg...«

»Was meinst du damit?«

»Jungfernzeugung. Geburt ohne Vaterschaft. Celeste ist nur die erste, Crandall. Andere werden folgen...«

Crandall starrte ihn an, dann hallten die Gänge seines Schlosses von seinem trotzigen Brüllen wider.

Er stürzte aus dem Saal und eilte die Wendeltreppe zum Obergeschoß hinauf.

Mit Macht riß er die Tür zu Celestes Räumen auf.

Sie saß nahe beim Fenster, ein Bündel Stoff im Schoß. Sie hielt eine Nadel in der Hand, die sie flink durch das Gewebe führte.

»Oh!« sagte sie. »Du hast mich erschreckt.«

Er stand da und starrte sie an.

»Ich... ich nähe gerade ein bißchen«, sagte sie schüchtern. »Ich dachte, ich könnte dich mit ein paar Vorhängen an den Fenstern überraschen. Dieses Zimmer ist so kalt. All dieser Marmor...« Sie erschauerte.

Dann erhob sie sich aus ihrem Stuhl und lächelte zum ersten Mal, seit sie sein Haus betreten hatte. Sie nahm den Stoff zusammen und trug ihn zu dem marmorumrahmten Fenster, das auf die Gärten hinausging. Sie hielt ihre Arbeit, ein zartes Gebilde aus Rüschen und Falten, in die Höhe.

»So«, sagte sie befriedigt. »Macht das nicht alles viel hübscher?«

»Ja«, sagte Wilson Crandall, sich wie in einem Traum bewegend.

Eine Brise strich von draußen herein, und der Vorhang flatterte in der Hand des Mädchens wie ein Siegesbanner.

Crandalls Gedanken aber weilten woanders. *Die Natur entläßt mich also*, dachte er. *Crandall – arbeitslos.* Er lächelte voller Zufriedenheit.

Es wird euch leid tun,
wenn ich tot bin

In der Südostecke der Dachkammer, wo das Licht durch das Bodenfenster auf ihr Schreibpapier fiel, befeuchtete Susie die Spitze ihres Bleistiftstummels. Ihre hohe, weiße Stirn legte sich in Falten, als sie das Vokabular der Zehnjährigen nach einer passenden Begrüßungsformel für den Brief durchforschte, den zu schreiben sie gerade im Begriff war. Schließlich entschied sie sich für das direkte »Lieber Mr. Hudson« und kritzelte die Worte umständlich oben auf die Seite.

Sie war sich nicht ganz sicher, ob es richtig war, Rock Hudson mit ihren Familienproblemen zu behelligen. Die Mädchen, die sie aus der Schule kannte, wären in schwärmerische Bewunderung ausgebrochen oder hätten um Bilder und Autogramme gebeten. Susies Brief aber sollte anders sein und einem ernsthaften Anliegen dienen.

»Lieber Mr. Hudson, würden Sie mir bitte helfen? Ich wohne in der Elm Avenue Nr. 80 in Mount Colony, New York. Mein Stiefvater ist ein Scheusal. Er schlägt meine Mutter, trinkt und flucht und hat ihr einmal das Handgelenk gebrochen. Manchmal schlägt er mich auch, einmal war ich so grün und blau, daß ich deshalb nicht zur Schule gehen konnte. Ich weiß, wieviel Sie zu tun haben, aber...«

Irgendwo im Haus schlug eine Tür zu. Dieses alltägliche Geräusch stieß Susie in die Wirklichkeit zurück und ließ sie mit der plötzlichen Einsicht auf die gerade niedergeschriebenen Zeilen blicken, daß sie keine Bedeutung für den Schattenmann haben würden, der sich heroisch über die Leinwand des ›Leuchtturm‹, des Kinos von Mount Colony, bewegte. Trotzdem kehrte sie wieder zu ihrer Traumvorstellung zurück, zu ihrer Vision von dem schwarzglänzenden Straßenkreuzer, der vor ihrem Haus vorfuhr, und von Rock Hudson, der, grimmig und entschlossen dreinblickend, auf die Haustür zukam, bereit, Susie und ihre leidende Mutter zu befreien. Sie sah sein Gesicht ganz deutlich vor sich, ein gutes, warmes Gesicht voller Tatkraft und Freundlichkeit. Manchmal verwechselte sie es mit dem Gesicht von Onkel Harold, nur daß Onkel Harold nicht annähernd so gut aussah. Er war nicht ihr richtiger Onkel, aber der engste Freund ihrer Mutter, vielleicht ihr *einziger* Freund, und einmal, als Susies Stiefvater wieder sternhagelvoll und gemein war, hatten sie beide ein paar Sachen zusammengepackt und waren zu Onkel Harolds Hütte in den Poconos gezogen, wo der Onkel den ganzen Sommer zubrachte und als irgendwas für die Parkverwaltung tätig war. Das war Susies schönster Sommer gewesen, aber er hatte nicht lange gedauert. Eines Abends hatte sie gehört, wie ihre Mutter und Onkel Harold leise miteinander sprachen, zumeist über Geld, und ehe sie es sich versah, waren sie wieder in dem großen, im Kolonialstil erbauten Haus in der Elm Avenue gewesen...

Susie sah mit dem duldsamen, leicht amüsierten Blick eines Erwachsenen auf den Brief in ihrem Schoß. Dann zerriß sie ihn in kleine Schnipsel. Rock Hudson würde ihre Mutter und sie nicht vor dem Ungeheuer im Tweedanzug retten, das dort wohnte; sie wußte das mit kalter Gewißheit. Sie fühlte sich in den wenigen Minuten, die sie gerade durchlebt hatte, erwachsen und weiser geworden.

Sie ging nach unten. Das Hausmädchen Bella kam aus dem Schlafzimmer ihrer Mutter, und als es Susie erblickte, fing das fette alte Huhn zu gackern an. »Nun *sieh* dir mal den Staub auf deinem Kleid an. Dafür wird dir deine Mutter eine Tracht Prügel verpassen.«

»Wird sie *nicht*«, sagte Susie trotzig und schüttelte ihr dünnes Goldhaar.

»Na gut, aber du kommst ihr besser nicht so unter die Augen. Ich weiß schon, wo du warst. Wieder da oben in der schmutzigen alten Dachkammer, wo du weiß Gott was getrieben hast.«

»Was ist los, Bella?« Susies Mutter erschien auf halber Höhe der Treppe. »Was hat Susie angestellt?«

»Fragen Sie sie selbst, Mrs. Grayson, ich bin doch kein Spitzel.«

Murrend ging die alte Frau ihren Geschäften nach, und Susies Mutter sagte: »Was gibt's, Susie? Wo hast du den ganzen Nachmittag gesteckt?«

»Ich ... ich habe einen Brief geschrieben.«

»An wen?«

»Kann ich dir nicht sagen.«

Das Gesicht ihrer Mutter, das wunderschönste, traurigste Gesicht der Welt, nahm einen unerklärlich ärgerlichen Ausdruck an.

»Du wirst ein widerspenstiges, stures Ding. Antworte gefälligst – an wen hast du geschrieben?«

»An Onkel Harold!« platzte Susie heraus.

Die Reaktion ihrer Mutter war bestürzend. Sie ergriff Susies Arm, zerrte sie in ihr Schlafzimmer und schlug die Tür hinter ihnen zu.

»Du sollst ihn hier nie erwähnen!« flüsterte sie wild. »Ich habe dir doch gesagt, daß du niemals über Harold reden sollst! Dein Vater wird dann sehr wütend.«

Tränen stiegen Susie in die Augen. »Aber ich dachte, er wäre dein *Freund* ...«

»Gib mir den Brief, Susie.«

»Ich ... ich habe ihn zerrissen.«

»Was hast du geschrieben? Was hast du Harold erzählt?«

»Ich habe ihm von ... von Mr. Grayson geschrieben. Wie er sich betrinkt und dich schlägt ...«

»O Susie!«

»Ich wollte, daß er uns hilft!« Susie schluchzte, und die Tränen erleichterten sie. »Ich wollte, daß er herkommt und uns rettet!«

Plötzlich spürte sie die Arme ihrer Mutter um sich, die sie in mütterliche Wärme einhüllten. Sie sagte nichts mehr, sondern überließ sich ganz dem freudevollen Augenblick. Ihre Mutter hielt sie umschlungen, bis die Tränen versiegten und sie sich müde fühlte.

»Du verstehst diese Dinge noch nicht, Susie. Wenn du älter bist, dann vielleicht. Mr. Grayson ist kein schlechter Mensch. Er ist nur irgendwie krank, das ist alles...«

»Ich hasse ihn!«

»Susie, Susie«, sagte ihre Mutter. »So etwas darfst du nicht sagen, nie. Und du darfst Harold nie wieder erwähnen. Versprichst du mir das? Willst du das Mutter zuliebe tun?«

»Gut«, murmelte Susie schläfrig und mit einem letzten Schluchzer. »Gut, Mutter...«

Als sie an diesem Abend im Dunkel ihres Schlafzimmers dem Heimchen zuhörte, das sich auf ihrem Fensterbrett häuslich niedergelassen hatte, vernahm sie unten im Haus Stimmen.

Sie sprang aus dem Bett und lief zur Tür, aber die Laute, die sie hörte, waren keine Wörter, sondern nur Melodien. Die eine war eine zornige, häßliche – der heisere Bariton ihres Stiefvaters; die andere war der tiefe, besänftigende Tonfall ihrer Mutter. Sie öffnete die Tür einen Spalt.

»... dummen Anschuldigungen«, sagte ihre Mutter. »Du sagst solche Dinge nur, wenn du in diesem Zustand bist, morgen tun sie dir dann leid.«

»Hör damit auf, mich um Schläge anzubetteln, Laura! Glaubst du, ich weiß nicht, was mit dir los ist? Du *möchtest*, daß ich dich schlage. Da kannst du dir dann richtig gut und gerechtfertigt vorkommen – damit du wieder mit deinem naturliebenden Freund abhauen kannst...«

Ihre Mutter schrie auf. Mit einem Stöhnen kam Susie aus ihrem Schlafzimmer und lief zum Treppenabsatz.

»Hör auf!« schrie sie. »Hör auf!«

Einen Augenblick lang herrschte Schweigen. Dann erschien *er*, noch immer im Mantel, einen weißen Seidenschal lose um seinen Stiernacken geschlungen. Sein großes, rotes Gesicht war erregt und die dünnen, grauen Haarsträhnen auf seinem Kopf zerzaust. Er schaute herauf und grinste.

»Ah, die kleine Miss Bringtsinordnung ist also wach?« sagte er mit schwerer Zunge. »Geh wieder ins Bett, Susie, das hier ist eine Party für Erwachsene.«

»Laß sie in Frieden! Laß meine Mutter in Frieden!«

Er stampfte donnernd mit dem Fuß auf die erste Treppenstufe und tat so, als wolle er auf sie losstürzen. Als Susie sich panikartig umdrehte und in das Schlafzimmer zurückhastete, lachte er.

Drinnen warf sie sich auf das Bett und zog sich die Kissen über den Kopf.

»Das wird dir leid tun«, murmelte sie mit zitternder Stimme, die Zähne so fest aufeinandergepreßt, daß es wehtat. »Es wird dir leid tun, wenn ich tot bin...«

Damit hatte sie sich das Stichwort für die Wachträume dieses Abends gegeben. Sie sah die Szene ganz klar vor sich, so als erschiene sie auf einem Fernsehschirm. Ihre Mutter, tragisch schön in Schwarz, ungezügelt schluchzend vor einem rührend kleinen Sarg. Bella, das Hausmädchen, schmerzgebeugt, Vergebung von dem stillen, toten Kind erflehend. Dahinter ihre Schulfreundinnen, schluchzend und schniefend, insgeheim neidisch. Und der Wichtigste von allen, Mr. Grayson, ihr Stiefvater, zitternd und bleich, wieder und wieder sich selbst verdammend: »Was hab ich getan? Was hab ich nur getan? Es ist meine Schuld, alles meine Schuld...«

Im allgemeinen glitt Susie leicht aus ihren abendlichen Phantasievorstellungen in den Schlaf hinüber. Heute aber blieb sie wach, zu tief bewegt von ihrer eigenen Beerdigung. Der Tod war eine abstrakte, erwachsene Sache, heute aber dachte Susie an den Tod – und der Gedanke war süß. »Es wird ihm leid tun«, flüsterte sie. »Es wird *allen* leid tun...«

Getröstet von diesem Gedanken, schlief sie ein.

Der nächste Tag war ein Sonnabend. Sie verbrachte den verregneten Vormittag in der Geheimecke der Dachkammer und verfaßte schön formulierte Abschiedsbriefe. Schließlich entschied sie sich für einen, der kurz war und ohne Umschweife. Sie würde bei Einbruch der Dämmerung das Haus verlassen und langsam den Pfad zum Fluß hinuntergehen, der sich etwa einen Kilometer von der Elm Avenue dahinschlängelte. Und dann...

Sie klemmte den Brief unter das Zierdeckchen auf ihrer Frisierkommode und ging hinunter, um einen letzten Blick auf ihre Mutter zu werfen.

Aber sie war nicht da. Sie fand Bella in ihrem Zimmer und erfuhr, daß ihre Mutter in die Stadt gegangen war, um irgendeine Besorgung zu machen. Bella zog sich auch um, denn es waren ihre anderthalb freien Tage und sie wollte mit dem Vieruhrzug in die Stadt fahren. »Du wirst aber trotzdem nicht allein sein«, sagte Bella gehässig. »Dein Vater ist in seinem Arbeitszimmer.«

»Er ist *nicht* mein Vater«, sagte Susie.

Als das Mädchen ging und sie mit Mr. Grayson allein im Haus war, verspürte Susie eine seltsame Ruhe. Sie fürchtete sich nicht mehr vor ihm; es gab nichts, womit er sie jetzt noch verletzen konnte.

Als es sechs wurde, fing sie an, sich Sorgen zu machen. Wenn es noch viel später würde, könnte sie ihren Plan nicht mehr ausführen. Sie würde keinen Vorwand mehr finden können, um das Haus nach Einbruch der Dunkelheit zu verlassen. Sie müßte bald gehen, jetzt gleich. Sie würde halt darauf verzichten müssen, ihre Mutter noch einmal zu sehen.

Sie ging die Treppe hinauf und hörte hinter sich die Stimme ihres Stiefvaters.

»Susie?«

Sie drehte sich um und sah ihn an. Er trug eine schwarze, rot paspelierte Hausjoppe aus Samt und eine kleine, randlose Brille, was ihn alt und harmlos aussehen ließ.

»Susie, es tut mir leid, was gestern abend...«

»Ich hasse dich«, sagte sie sanft.
»Sprich nicht so. Du weißt, wie ich bin, wenn ich... krank bin.«
»Ich wünschte, du wärst wirklich krank«, sagte sie und fühlte sich dabei stolz und kühn. »Ich wünschte, du wärst so krank, daß du sterben würdest.«
Sein Gesicht veränderte sich, es lief rot an und erstarrte. Das war um so erschreckender, als er nüchtern und bei klarem Verstande war...
»Du kleines Luder«, zischte er. »Du gemeines kleines Luder...«
»Laß mich in Ruhe!« schrie Susie und kletterte die Stufen hoch – sicher, daß er wieder hinter ihr her war. Sie schlug die Tür ihres Zimmers hinter sich zu, atmete schwer und lauschte. Als sie nichts hörte, ging sie zur Frisierkommode und fand dort ihren Abschiedsbrief. Sie las ihn noch einmal durch, und es kam ihr eine neue, bessere Fassung in den Sinn. Sie zerriß den Brief in kleinste Fetzchen. Dann setzte sie sich hin und schrieb einen neuen Abschiedsgruß.
»Mein Stiefvater haßt mich. Er wird mich töten. Er hat gesagt, daß er mich zum Fluß bringen und wie eine Katze ersäufen wird. Laßt ihm diesen Mord nicht ungestraft durchgehen.«
Sie unterstrich das Wort ›Mord‹ dreimal und überprüfte dann den Text, bis sie sicher war, daß er seinen Zweck erfüllen würde. Sie legte ihn sorgfältig auf ihr Kopfkissen und ging zum Wandschrank. Sie zog sich ihre roten Gummistiefel über die Schuhe, legte sich ihren hübschesten buntkarierten Wollschal um den Hals und setzte sich eine Baskenmütze auf. Dann zog sie sich den blauen Frühjahrsmantel mit den blinkenden Messingknöpfen an und ging zur Tür.
Als sie auf Zehenspitzen die Treppe hinunterschlich, erblickte sie flüchtig ihren Stiefvater im Wohnzimmer. Er stand an der Bar und eröffnete gerade eine weitere Trinkernacht. Dann hastete sie durch den Hintereingang auf die Straße.

Es war ein weiter Weg bis zum Fluß, und als sie endlich die stillen, träge gleitenden Wasser erreichte, in denen sich die orangefarbene Glut des Sonnenuntergangs spiegelte, wurde sie, was ihren Plan anbetraf, immer unsicherer. Es war eine Sache, sich den Schmerz vorzustellen, den ihr Tod mit sich bringen würde; eine andere war es aber zu wissen, daß sie selbst dem allen nicht würde beiwohnen können. Wenn sie nur *gewiß* sein könnte, daß es einen Himmel gab, von dem aus sie die Erde mit einem starken Fernglas beobachten konnte... Aber Susie war sich dessen nicht sicher. Sie blieb am Ufer des Flusses stehen und verspürte Zweifel. Was, wenn Tod nur Dunkelheit und Vergessen bedeutete?

Sie erschauerte und steckte einen Finger ins Wasser. Es war kalt.

Wenn sie ganz langsam anfinge, dachte sie, Stückchen um Stückchen... Sie nahm die Baskenmütze ab und warf sie aufs Wasser. Sie glitt stromabwärts davon, ein Schiff mit einer Troddel als Schornstein. Dann legte sie Schal und Gummistiefel ab und verfuhr mit ihnen ebenso. Sie zog den Mantel aus und schleuderte ihn so weit hinaus, wie sie nur konnte.

Dann stieg sie zögernd das Ufer hinunter.

In dem Augenblick, als das Wasser ihre Fußgelenke umspülte, schrie sie auf und brachte sich taumelnd in Sicherheit. Es war ihr vorgekommen, als hätte der Fluß mit Millionen eisiger Finger nach ihr gegriffen. Es war schrecklich. Der Tod war schrecklich!

Das kam wie eine Offenbarung über sie, traf sie als Schock. Sie legte die Hand auf ihr Herz und spürte dankbar sein Pochen. Dann wandte sie sich um und floh vor der Drohung, die von dem Fluß ausging, vor der Dunkelheit, die der Tod war.

Mit schwankenden Schritten folgte sie dem Weg, der nach Hause führte. Aber sie wußte, daß sie da nicht hingehen konnte; sie konnte ihn *jetzt* nicht ertragen. Er würde vom Trinken entstellt sein. Er würde furchtbar sein... Nein, dachte

Susie. Sie würde in die Stadt gehen. Das war nicht weit, und sie konnte den Abend in der geheiligten Zuflucht des Kinos verbringen. Wenn es dann ganz dunkel geworden war, konnte sie unbemerkt ins Haus schlüpfen, durch den Hintereingang.

Erst als sie die gelben Lichter am Eingang des ›Leuchtturm‹ sah, fiel ihr ein, daß sie kein Geld bei sich hatte. Aber es gab da doch einen Weg. Sie erinnerte sich daran aus jener weit zurückliegenden Zeit, als sie sieben oder acht Jahre alt gewesen war und das Geheimnis des freien Zutritts zum Kino entdeckt hatte – nämlich die offene, unbewachte Seitentür.

Sie ließ sich auf einem der rückwärtigen Sitze nieder und sah sich den neuen Rock Hudson-Film gleich zweimal an.

Als es Zeit war, nach Hause zu gehen, war es so dunkel, wie sie es noch niemals erlebt hatte. Sie ging schnell, bis sie das große weiße Haus auf dem Hügel, seine hellerleuchteten Fenster sah.

Sie schloß die Außentür ganz leise hinter sich. In der Vorratskammer war es dunkel, und hinter der Pendeltür waren undeutlich Stimmen zu hören.

Sie legte das Ohr ans Holz und lauschte.

»Aber das ist idiotisch, absolut idiotisch!« sagte ihr Stiefvater mit vom Trinken verzerrter Stimme. »Ich hab das blöde Balg nicht angerührt...«

Eine Stimme antwortete, und Susie war erstaunt, als sie ihre tiefen und männlichen Töne vernahm.

»Wie erklären Sie sich dann den Zettel, den ihre Frau gefunden hat, Mr. Grayson? Und wie erklären Sie sich diese Sachen hier? Ihre Mütze, ihren Schal, ihren Mantel... Sie erkennen sie doch wieder, oder nicht?«

»Susie!« schrie die Stimme ihrer Mutter gequält auf, »o Susie!«

Sie wollte durch die Pendeltür stürzen, sich in die Arme ihrer Mutter werfen und ausrufen: »Mir ist nichts passiert, Mutter, mir ist nichts passiert!« Aber die Angst ließ sie wie angewurzelt stehenbleiben. Sie konnte ihrem Stiefvater nicht gegenübertreten und auch nicht dem Fremden mit der harten Stimme, der ihm diese scharfen Fragen stellte...

»Ja, natürlich erkenne ich sie. Die gehören Susie, gut, aber ich schwöre zu Gott, daß ich niemals...«

»Wir wollen das alles hier nicht fortsetzen, Mr. Grayson. Ich glaube, es wäre vielleicht das beste, wenn Sie mit uns kämen.«

»Aber ich hab das Gör nicht angefaßt! Laura, um Himmels willen, hilf mir doch, damit sie mir glauben...«

Susie hielt sich die Ohren zu.

Als sie die Hände wieder herunternahm, war es still.

Sie öffnete die Tür einen Spalt breit. Draußen auf der Auffahrt hörte sie einen Motor und das Knirschen von Autoreifen auf dem Kies. Sie wartete mit angehaltenem Atem. Dann machte sie die Tür ein Stück weiter auf.

»Mutter...« flüsterte sie.

Irgendwie kam der Schrei nicht aus dem geöffneten Mund der Mutter heraus. Ihre Mutter schlug die Hand davor – und dann öffnete sie die Arme und nahm Susie in ihre mütterliche Wärme auf.

»O Susie, Susie«, murmelte sie, »wo bist du nur gewesen? Wie konntest du uns so erschrecken?«

»Es tut mir leid, Mutter, es tut mir leid«, schluchzte Susie. »Ich dachte, ich würde es wirklich schaffen, in den Fluß zu springen... damit alle glauben sollten, daß *er* es getan hat...«

Ihre Mutter stieß sie von sich, forschte ungläubig in dem tränenüberströmten Gesicht.

»Susie, wie konntest du dir nur so was ausdenken!«

»Ich hasse ihn! Ich hasse ihn!«

»Still!« sagte ihre Mutter und zog sie wieder fest an sich.

So blieben sie fast eine Minute lang stehen. Dann wischte die Mutter ihr Tränen und Schmutz von den Wangen und nahm sie bei der Hand.

»Komm mal mit«, sagte sie und führte sie zur Treppe. »Du kommst mit mir und tust genau, was ich dir sage.«

Sie gingen die Treppe hoch, an den Schlafzimmern vorbei bis hinauf zur Dachkammer.

»Du magst die Kammer, nicht wahr, Susie?«

»Ja, Mutter.«

»Würdest du gerne für eine Weile hier oben wohnen und auch schlafen?«

Susies Augen leuchteten. »O ja, Mutter!«

»Und würdest du gern in ein, zwei Tagen Onkel Harold in den Poconos besuchen? Nur du allein?«

»O Mutter!« Susie schrie vor Freude auf.

Die Arme ihrer Mutter umschlangen sie wieder. »Du wirst einen herrlichen Sommer verleben«, sang sie leise und mit weicher Stimme. »Und später komme ich dann zu dir. Später...« Sie räusperte sich. »Hat dich irgend jemand gesehen? Nachdem du aus dem Haus gegangen bist? Irgend jemand?«

»Nein, Mutter.«

»Mein gutes kleines Mädchen«, sagte ihre Mutter und wiegte sie sanft in den Armen. »Mein liebes kleines Baby...«

Henry Slesar
im Diogenes Verlag

Coole Geschichten für clevere Leser
Aus dem Amerikanischen von Thomas Schlück. detebe 21046

Fiese Geschichten für fixe Leser
Deutsch von Thomas Schlück. detebe 21125

Schlimme Geschichten für schlaue Leser
Deutsch von Thomas Schlück. detebe 21036

Das graue distinguierte Leichentuch
Roman. Deutsch von Paul Baudisch und Thomas Bodmer. detebe 20139

Vorhang auf, wir spielen Mord!
Roman. Deutsch von Thomas Schlück
detebe 20216

Erlesene Verbrechen und makellose Morde
Geschichten. Deutsch von Günter Eichel Vorwort von Tomi Ungerer. detebe 20225

Ein Bündel Geschichten für lüsterne Leser
Deutsch von Günter Eichel. Vorwort von Alfred Hitchcock. Zeichnungen von Tomi Ungerer. detebe 20275

Hinter der Tür
Roman. Deutsch von Thomas Schlück
detebe 20540

Aktion Löwenbrücke
Roman. Deutsch von Günter Eichel
detebe 20656

Ruby Martinson
Geschichten vom größten erfolglosen Verbrecher der Welt. Deutsch von Helmut Degner
detebe 20657

Böse Geschichten für brave Leser
Deutsch von Christa Hotz und Thomas Schlück. detebe 21248

Die siebte Maske
Roman. Deutsch von Gerhard und Alexandra Baumrucker. detebe 21518

Frisch gewagt ist halb gemordet
Geschichten. Deutsch von Barbara und Jobst-Christian Rojahn. detebe 21577

Das Morden ist des Mörders Lust
Sechzehn Kriminalgeschichten. Deutsch von Barbara Rojahn-Deyk und Jobst-Christian Rojahn. detebe 21602

Meistererzählungen
Deutsch von Thomas Schlück. detebe 21621

Dolly Dolittle's Crime Club im Diogenes Verlag

Band 1
Schreckliche Geschichten von Joan Aiken,
Patricia Highsmith, Margaret Millar,
Celia Fremlin, Robert Bloch,
Ross Macdonald, Cornell Woolrich,
Edward D. Hoch und anderen
detebe 20277

Band 2
Schreckliche Geschichten von
Patricia Highsmith, Henry Slesar, Eric Ambler,
F. Scott Fitzgerald, W. Somerset Maugham,
Fletcher Flora, Ed Dumonte und anderen
detebe 20278

Band 3
Schreckliche Geschichten von Jack Ritchie,
Victor Canning, Robert Graves, Francis Clifford,
John Wyndham, Julian Symons und anderen
detebe 20279

Band 4
Schreckliche Geschichten von Helen Nielsen,
Joan Aiken, Ray Bradbury, Joan Fleming,
Richard Matheson, Celia Fremlin, David Ely,
Jane Speed und anderen
detebe 20664

Band 5
Schreckliche Geschichten von Jack Ritchie,
Patricia Highsmith, Joan Aiken und anderen
detebe 21564

Band 6
Schreckliche Geschichten von Clark Howard,
Cornell Woolrich, E.W. Heine, Celia Fremlin,
Charlotte Armstrong, Patricia Highsmith,
Jack Ritchie und anderen
detebe 21701